城市发展与管理导论

寇晓东　编著

西北工业大学出版社

西　安

【内容简介】 本书旨在帮助学生、读者形成认知、理解城市并开展初步城市研究的知识与方法基础。全书内容分为四部分：引言部分对城市的概念、作用及观察维度做总体引介；理论基础篇主要介绍中国城市发展与规划的历史过程，界定城市、城市化与城市管理，探讨城市管理理论与国内外市政体制；研究示范篇提供基于物理（Wuli）—事理（Shili）—人理（Renli）（简称"WSR方法论"）的城市发展研究系统框架和基于大西安开发区融合发展的城市管理研究个案，给出城市政策评估和城市战略管理的研究文本示范；实践探索篇选取课程学生代表性成果，包括城市更新中的空间治理创新和城市老旧街区微更新。

本书定位于工科院校通识课程教材，可供公共管理及相关专业研究生及本科生阅读、参考。

图书在版编目（CIP）数据

城市发展与管理导论 / 寇晓东编著． — 西安：西北工业大学出版社，2021.12
ISBN 978 - 7 - 5612 - 8048 - 5

Ⅰ.①城… Ⅱ.①寇… Ⅲ.①城市发展-研究-中国 ②城市管理-研究-中国 Ⅳ.①F299.2

中国版本图书馆 CIP 数据核字（2021）第 268934 号

CHENGSHI FAZHAN YU GUANLI DAOLUN
城 市 发 展 与 管 理 导 论

责任编辑：隋秀娟　马婷婷	**策划编辑：**李　杰
责任校对：陈　瑶	**装帧设计：**李　飞

出版发行：西北工业大学出版社
通信地址：西安市友谊西路 127 号　　　邮编：710072
电　　话：（029）88491757，88493844
网　　址：www.nwpup.com
印　　刷：陕西向阳印务有限公司
开　　本：787 mm×1 092 mm　　　1/16
印　　张：11.75
字　　数：308 千字
版　　次：2021 年 12 月第 1 版　　　2021 年 12 月第 1 次印刷
定　　价：42.00 元

如有印装问题请与出版社联系调换

序

这可能是一本略显"离经叛道"的教科书,就本质而言,它更为接近一本讲义。无论内容结构设计,还是语言文字组织,本书整体上是基于实际的教学开展与师生互动,同时贯穿了笔者对城市及其发展与管理研究的认知与理解。因此,本书不是一本常规意义上的教科书,而是立足笔者思考逻辑、研究经验与认知界限的,定位于工科院校通识课程、服务于公共管理及相关专业研究生及本科生教学的教材。

本书内容分为四个部分:

(1) 引言。总体介绍城市的概念、作用及其观察维度,引介未来城市研究。

(2) 理论基础篇。整体介绍中国城市发展与规划的历史过程,综合界定城市、城市化与城市管理,在此基础上集中讨论重要的城市管理理论,并先后介绍国内外的市政体制。此外给出了围绕城市性质、规律、政策等方面的重要文本。

(3) 研究示范篇。首先提供了基于 WSR 方法论的城市发展研究系统框架,然后引入基于大西安开发区融合发展的城市管理研究个案,此外给出了城市政策评估、城市战略管理两个主题的研究文本示范,其中前者偏重学术研究,而后者偏重咨政应用。

(4) 实践探索篇。选取了课程学生的代表性研究成果,主要包括城市更新中的空间治理创新和城市老旧街区微更新等案例研究。

就整体而言,本书通过"建立基本概念—了解基础理论—理解研究过程—开展初步研究"的学生本位及研究导向的逻辑框架,帮助学生去形成认知、理解城市并开展初步城市研究的知识与方法基础。

希望这是一本尚有"可取之处"的教科书。

写作本书曾参阅了相关文献、资料,在此,谨向其作者深致谢忱。

衷心期待学生以及其他各领域读者对书中的不足之处给予批评和指正。

是为序。

编著者
2021 年 7 月

目　录

引言 ·· 1
　第一节　课程的基石 ·· 1
　第二节　城市的概念 ·· 2
　第三节　城市的作用 ·· 6
　第四节　观察城市的三个维度 ··· 6
　延伸阅读 ·· 12

上篇　理论基础篇

第一章　中国城市发展与规划的历史回顾 ·· 19
　第一节　中国古代的城市发展与规划 ·· 19
　第二节　中国近现代城市发展与规划 ·· 25
　第三节　中国现代城市发展与规划 ·· 28
　延伸阅读 ·· 31

第二章　城市、城市化与城市管理 ··· 34
　第一节　城市的性质与功能 ·· 34
　第二节　城市化及其发展阶段 ··· 35
　第三节　中国的城市化政策 ·· 36
　第四节　建制市与城市管理 ·· 38
　延伸阅读 ·· 42

第三章　城市管理理论 ·· 46
　第一节　从城市公共部门到城市公共产品 ··· 46
　第二节　三类典型的城市管理理论 ·· 49
　第三节　城市发展的两阶段增长模型 ·· 53
　延伸阅读 ·· 56

第四章　国内外市政体制概要 ... 60
第一节　西方国家市政体制 ... 60
第二节　中国的市政管理体制 ... 64
延伸阅读 ... 69

参考文献 ... 73

中篇　研究示范篇

第五章　城市发展研究：一个系统框架 ... 77
第一节　对框架的基础介绍 ... 77
第二节　自组织城市的建模与仿真 ... 80
第三节　城市管理的整体框架 ... 85
第四节　城市可持续发展的预警与评价 ... 87
第五节　城市制度与城市和谐 ... 90
延伸阅读 ... 91

第六章　城市发展管理研究：一个个案示范 ... 96
第一节　个案简介：大西安开发区及其融合发展问题 ... 96
第二节　主体内容：科学布局与利益格局——大西安开发区融合发展研究 ... 100
延伸阅读 ... 110

第七章　城市政策评估：以西安市创新创业政策评估为例 ... 112
第一节　问题的提出 ... 112
第二节　西安市双创政策的文本评估 ... 113
第三节　西安市双创政策的执行评估 ... 119
第四节　结论 ... 122

第八章　城市战略管理：以大西安"转方式"与"换动力"为例 ... 124
第一节　"转方式"与"换动力"有机统一，关键在创新 ... 124
第二节　找准发展短板，聚焦"转""换"的着力点 ... 126
第三节　"八大创新"引领城市发展方式转变 ... 129
第四节　"五型""五化"带动大西安经济增长动力转换 ... 132

参考文献 ... 135

下篇 实践探索篇

第九章 城市更新中的空间治理创新:以西安老城根 Gpark 为例 ………………… 139
  第一节 因由:机遇中谋发展 ………………………………………………………… 139
  第二节 结缘:老城根与红庙坡 ……………………………………………………… 142
  第三节 发展:政企创新求突破 ……………………………………………………… 143
  第四节 腾飞:涅槃中获新生 ………………………………………………………… 145
  第五节 创新:内涵及其实现 ………………………………………………………… 148

第十章 城市老旧街区微更新:以西安建国门老菜场为例 ……………………… 154
  第一节 对老菜场创意街区的基础调查 …………………………………………… 154
  第二节 对老菜场创意街区的几点思考 …………………………………………… 162
  第三节 对老菜场创意街区的双重理论分析 ……………………………………… 165
  延伸阅读 ………………………………………………………………………………… 170

参考文献 ………………………………………………………………………………… 180

引 言

第一节 课程的基石

- ◆ 三个关键词:城市、发展、管理
- ◆ 两个主题词:城市发展、城市管理
- ◆ 一个核心:城市"有机体"(城市整体)
- ◆ 作为整体的城市发展与管理

这门课的名称里面,其实有一些非常重要的词。因为课程叫"城市发展与管理导论",那么除掉"导论"不管,我们有三个关键词:城市、发展、管理。

—课堂提问—

问:怎么理解城市?如果让你给它下一个定义,你会怎么定义它?

答:"城市的话,就是拥有一定数量级的人口,有比较完备的基础设施,比如交通、通信之类的东西。"

问:怎么定义发展?我们整天都在说经济发展、社会发展,那么什么是发展?

答:"发展就是用一些具体的指标,去看一下它在一段时间内的变化。"

问:什么又是管理?

答:"管理首先要有一个管理者,然后他有一定的目标,通过一定的手段来控制协调、激励监管,使这个组织或者团体达到一定的发展。"

简单来讲,城市就是一个人口聚居的区域,城市人口主要从事非农产业,当然也有很便利的设施和集中的公共服务与之配套。

发展呢,刚才有同学讲到了一个比较重要的方面,就是所谓变化。但是还需要往前界定一步,就是说发展是一种优化演化。比如我们国家为什么讲高质量发展,那肯定是希望它向好。但是演化是无所谓好坏的,哪怕是一种退化。

至于管理,刚才这位同学已经讲的比较好,就是有管理主体、管理对象,以及特定的管理目标,特定的管理手段、技术等。

接下来看城市发展、城市管理这两个主题。城市是一个大型的社会空间,同时有相应的物理空间作为承载,其发展也是一个优化演化的过程。也就是说,城市发展即城市作为一个完整的社会-物理复合空间,在政治、经济、文化、生态等方面进行的不断优化。而城市管理,就是城市管理者围绕城市发展这个目标,通过各种各样的技术、方法、手段、途径,去实现城市更好的发展。显然,城市管理一定是围绕着城市发展的目标,即城市管理是为城市发展而管理;反过来讲,城市发展也离不开城市管理,城市管理实际上是嵌入在城市发展过程中的。

我们讲城市有机体,或者叫城市整体。

—课堂提问—

问:什么是城市有机体?你的理解是怎样的?

答:城市里面有各种系统和组成部分,包括它的人口分布、工业商业、行政管理等,这些系统组成一个整体,所以才把它叫为城市有机体。

问:那钟表也是这样的,它包含各种复杂的系统,这些系统各具功能,是吧。那为什么城市叫有机体?

答:因为城市的发展是有活力的,它是发展变化的,不同时期的城市发展是不一样的。

问:这是你的理解。我们多问一位同学,你怎么理解有机体这个概念?

答:首先就是说城市在管理上发挥一些功能,把不同部门、不同资源进行一个优化配置,形成一种协同效应。然后这个有机体的话,就相当于生命吧,有一定的活力。不管是在商业还是在教育、医疗各个方面,它这个活力能带动功能向更好的方向发展。

问:行,越来越接近了。我们再问一位同学,你怎么理解这个有机体?因为有机体我们一般认为它是有生命的,那么城市有生命吗?

答:有机体是有活力的一个整体,处于一个不断发展的过程中,它也会面临外界因素的干扰,但它有自己的成长空间。我想城市是有生命的。

对,我们讲到有机体,其实一个比较核心的,就是它有新陈代谢,对吧?钟表好像不存在这个问题。

新陈代谢意味着城市作为一个整体,有它的所谓输入、输出。比如城市每天要消耗大量的水、电力、粮食等,都是城市的输入;每天城市里的工业排放、生活垃圾排放等,都是城市的输出。进一步,城市都有工业区、商业区、居住区,还有基础性的交通干道,以及信息流、资金流等。如果你去细分的话,城市就像人体一样,有很多的功能系统,但最核心的是它每天都在进行新陈代谢的这样一种机制,每天都会有新的输入和对应的输出。从这个意义上讲,我们可以把城市看作一个有机体。

此外,大家刚才都不同程度谈到,城市本身就是一个所谓的系统或者叫大系统,这样的话,我们就有理由认为它是一个整体性的概念,可以把城市理解为或者界定为"城市整体"。

这样一来,针对城市发展与管理,可以相对分离地看待这两个概念,但实际上它们是比较紧密的、耦合在一起的,即城市发展一定离不开城市管理,而城市管理恰恰是服务于城市更好的发展。因此,我们可以认为:城市发展与管理在本质上是一个整体。

第二节　城市的概念

我们看看怎么界定城市。

不同的学科,比如地理学、经济学、社会学、城市规划等,对城市都有特定的定义,包括公共管理学科,对城市也有自己的界定。但是这里,我想跟大家介绍的是这样一个概念:

引 言

城市既是一个景观,一片经济空间,一种人口密度,也是一个生活中心和劳动中心,更具体点说,也可能是一种气氛,一种特征或者一个灵魂。

——菲利普·潘什梅尔

尽管这不是一个严格意义上的、学理性很强的概念,但它在整个城市研究里面的影响是比较大的,很多人在谈到城市的时候,都会引用这样一个概念。

为什么觉得这个概念比较好?请大家先看以下的一组图片。

(1)城市:一个景观。图0-1展现的是西安城墙的东南角,特别是在2021年春节的时候,这个地方还有很棒的灯光秀。西安城墙,当然是一个典型的城市景观。

(2)城市:一片经济空间。上海大家都知道,大部分同学可能都去过。图0-2展现的是上海的陆家嘴,是我们国家最重要的金融中心。这个地方,它就是一个典型的经济空间。

图0-1 西安城墙东南隅

资料来源:http://5b0988e595225.cdn.sohucs.com/images/20170930/7824ae1b321241e19d5b8b4171b161fb.jpeg

图0-2 上海陆家嘴

资料来源:https://www.163.com/dy/article/D5VLO5MD0524R03M.html

(3) 城市:一种人口密度。图0-3是日本东京涩谷的全向十字路口,也被叫作"全世界最大的十字路口",这个地方的人流量、人口密度都非常大。

图0-3 东京涩谷十字路口

资料来源:https://www.sohu.com/a/166533021_409747

(4) 城市:一个生活中心和劳动中心。图0-4展现的是成都的宽窄巷子,大家也不陌生。作为游客、消费者来到这里,他就是享受生活;而这个地方的经营者,则是劳动者。所以说,这个地方一定程度上可以反映所谓的生活中心和劳动中心。

图0-4 成都宽窄巷子

资料来源:http://travel.qunar.com/p-pl4433297

(5) 城市:一种气氛。图0-5展现的是位于英国牛津郡牛津市的牛津大学。看到它的建筑群落及其周边环境,我们很难不被这样一座久负盛名的大学的氛围所吸引。

(6) 城市:一种特征。图0-6展现了法国巴黎的塞纳河。提起巴黎,大家很容易会想到"浪漫""时尚"这样的词汇,而这些词汇也恰恰是巴黎所具有的特点、特征。

(7) 城市:一个灵魂。最后,还是让我们回到西安。图0-7展现了大明宫国家遗址公园的丹凤门，它是一个在原址上复建的宏伟建筑。对于西安这座城市来讲，盛唐文化很可能是它的灵魂所在。如果西安没有这些重要的历史遗存及其表达，它就会显得非常普通。

图 0-5　英国牛津大学

资料来源：http://travel.qunar.com/p—pl4433297

图 0-6　巴黎塞纳河

资料来源：http://img1.qunarzz.com/vc/93/a8/80/333e66ad37d74c074b4df1d382.jpg_92.jpg

图 0-7　西安大明宫丹凤门

资料来源：https://www.163.com/dy/article/GBD7NH5O051495SS.html

与其他学科的专门界定相比,潘什梅尔的城市概念给人以更多的想象空间,也更具开放性,虽然只用了七个简单的修饰词汇,但城市的确就是——景观、经济空间、人口密度、生活与劳动中心乃至氛围、特征、灵魂的融合体。

第三节 城市的作用

说完城市的概念,再简单说一下城市有什么用。实际上,亚里士多德早就说过:"人们来到城市是为了生活,人们居住在城市是为了生活得更好。"2010年上海世博会宣传语"城市,让生活更美好",实际上也是在重复亚里士多德的这个界定。

我们再从"城市"的字面来分析一下。城市的英文很简单,就是 city。但在中文里,其实是两个字,而且每个字都有自己的含意。"城"是什么?是一个封闭的空间。"市"是什么?是一个交易的地方。比如隋唐长安城,就由四面城墙包裹起来,在其中又有所谓"西市"和"东市"。

第四节 观察城市的三个维度

一、时间维度

刚才提到隋唐长安城,也是当时最重要的国际化大都市。大家都知道,日本的京都、奈良,在城市空间布局乃至建筑形态上,很大程度就是在复制唐长安城。这里提起日本,是为了引出我们观察城市的第一个维度,即时间维度。

当今的日本,已经是一个发达国家,而中国目前还是一个发展中国家。著名的中国经济问题专家巴里·诺顿在《中国经济:适应与增长(第2版)》一书中,有这样一段话:

"仅就人均GDP而言,中国2017年的人均GDP还是日本1973年人均GDP的水平(1.5万美元,以2011年美元购买力平价计)。如果经济增长依然强劲,中国将在2023年达到韩国1997年的水平(2.08万美元),再过10年,可以达到日本1992年人均3万美元的水平。"[①]

通俗地说,就是我们再发展10多年到2033年,人均GDP能够达到日本1992年的水平,这中间差了40年。也就是说,虽然我们处在同一个地球上,但大家的发展阶段是不一样的,这就是一个时间的概念。所以我们国家目前为止也没有松口,我们仍然是一个发展中(developing)国家,而日本则是发达(developed)国家,这中间有一个发展的时序。

所以观察城市,第一个比较重要的维度就是时间维度。你去认识、观察,特别是研究任何一个城市,首先要知道它大体上处在一个什么样的发展阶段,这一点是非常重要的。判断城市所处发展阶段的一个重要指标,就是它的经济发展水平,简单处理的话,看一看它的人均GDP就可以了。

二、空间维度

第二个问题,就是在我们进入到一个特定城市以后,需要注意它的空间结构。因为就一个城市的内部观察和研究而言,它的空间结构是很重要的。前面已经提过,城市里大体上有两个

---

① 诺顿.中国经济:适应与增长:第2版[M].安佳,译.上海:上海人民出版社,2019.

空间,就是社会空间和物理空间,其实这两个空间是耦合在一起的,城市空间就是指它们的耦合体。也因为城市空间的这种耦合属性,所以从内部,你能看到它的所谓功能分区。以西安市为例。

假定你现在位于西安市的钟楼,如果沿着南大街一路往南边走,你能看到什么样的景观呢?——南大街、南门、长安路、南稍门、省体育馆、西安音乐学院、小寨、纬二街、电视塔、南三环、绕城高速等,最后一直到秦岭北麓的环山公路。

你可以想象这一路上的景观有什么样的特征,其实也意味着一个个的城市功能分区。比如南大街两侧,有很多酒店、商场,是一个商贸区;从南门到南稍门这一段,有很多的金融机构,是一个金融区;再到省体、音乐学院,则是文教区;等到了小寨,又成了商业区;如果是出了南三环,特别是到了长安区的郊区部分,实际上就是到了西安的城乡接合部;最后到达的秦岭北麓,则是整个城市的生态屏障。如果我们梳理一下,大体就能看到商贸、金融、文教、城乡接合部、农村、生态这样一个空间脉络或是空间的功能结构。

类似地,如果是从钟楼往北走,在北大街上,一样能看到很多的商贸、金融机构,出了北门以后,还会看到市行政中心、高铁站,跨过渭河以后,还有长安大学的新校区,同时也进入了西咸新区的秦汉新城,最后是到达西安咸阳机场。大体上也是一个从商贸、金融、行政、文教到城乡接合部再到生态的一个空间脉络,但是交通枢纽的功能有所强化。

结合以上的分析,可以基本了解如何从空间维度去认识、理解城市的结构。这样一种空间布局,特别是功能分区,实际上反映了城市从中心到外围的一般结构,即从商业区、居住区、文教区,再到工业区以及城郊、农村,最后就是山脉等生态屏障。

三、组织维度

除了从时间维度判断城市所处的发展阶段,从空间维度了解城市的内部结构和功能分区,还有第三个观察城市的重要维度,即组织维度。它对于公共管理,特别是城市管理研究来说,非常重要。因为当我们说到中国语境下的城市管理时,每一个城市其实都是在整个国家的政府管理体系当中,对应的市委市政府,也是整个管理网络当中的一个重要节点。概括起来,我国的政府管理是五级体系,即中央、省、市、县(区)、镇(街),城市一级恰好处在"承上启下"的中间位置。下面我们具体来看。

(一)中央层面

首先是党中央的机构组成,包括中共中央纪律检查委员会、中华人民共和国国家监察委员会机关、中共中央办公厅、中共中央组织部(对外加挂国家公务员局牌子)、中共中央宣传部(对外加挂国务院新闻办公室、国家新闻出版署、国家版权局、国家电影局牌子)、中共中央统一战线工作部(对外加挂国家宗教事务局、国务院侨务办公室牌子)、中共中央对外联络部、中共中央政法委员会、中共中央政策研究室(中央全面深化改革委员会办公室)、中央国家安全委员会办公室、中央网络安全和信息化委员会办公室(国家互联网信息办公室)、中央军民融合发展委员会办公室、中共中央台湾工作办公室(国务院台湾事务办公室)、中央财经委员会办公室、中央外事工作委员会办公室、中央机构编制委员会办公室、中国共产党中央委员会中央和国家机关工作委员会、中央空中交通管理委员会。此外,党中央的直属事业单位包括中央党校(国家行政学院)、中央党史和文献研究院、人民日报社、求是杂志社、光明日报社、中国浦东干部学院、中国井冈山干部学院、中国延安干部学院、中央社会主义学院。

其次是国务院的机构组成[见图0-8(a)~图0-8(d)]。

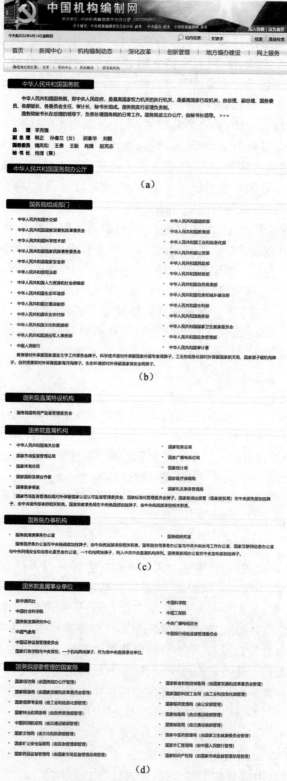

图0-8 国务院机构

图0-8(b)中的国务院组成部门,就是我们一般说的狭义的政府部门。其他相关部门,还有直属特设机构、直属机构、办事机构等。

再来看一个国务院的组成部门,国家发展改革委的内设机构组成(见图0-9),主要涉及机关司局、派驻机构和直属联系单位。

图0-9 国家发展改革委内设机构

(二)省级层面

以陕西省为例。图0-10所示为陕西省人民政府的各类组织机构。其中,首先是省政府办公厅;然后和国务院机构类似,也分为组成部门、直属特设机构、直属机构、部门管理机构、直属事业单位等;比较特殊的有两个,一个是"省政府派出机构",即陕西西咸新区管委会,另一个是"部省双重管理单位",包括陕西煤矿安全监察局、省通信管理局等。另外,还有一些比较特殊的部门,像"国家税务总局陕西省税务局",一方面国家税务总局是国务院的直属机构,另一方面陕西省税务局则不是陕西省政府的直属机构,也不在它的任何一类机构里,这种情况,就是我们一般常说的"垂直管理部门"。

(三)市级层面

以西安市为例。图0-11所示为西安市人民政府的各类组织机构,主要分为市政府部门、直属事业单位、派出机构、区县政府等。在市政府部门里,比较引人注意的是行政审批服务局、大数据资源管理局、秦岭生态环境保护管理局等新近成立的部门;在派出机构里,有一批市级开发区的管委会,这也是西安发展的特色之一。

(四)城区层面

以西安市莲湖区为例。图0-12所示为西安市莲湖区人民政府的各类组织机构,主要分为区政府工作部门、垂直管理机构、直属事业单位、其他机构以及街道办事处等。这里面需要注意的,一是垂直管理机构,如公安莲湖分局、市资源规划莲湖分局等,二是作为区政府派出机构的街道办事处。

(五)街道层面

街道办事处,也就是平常大家说的"街道办"或者"街办",属于城区政府的派出机构。即使是在街办层面，它也有一系列内设的组织机构，以莲湖区的北院门街办为例，其组织机构主要包括：党政综合办公室，党建工作办公室（人大工委办公室），社会治理和平安建设办公室，区域发展办公室，城市综合管理办公室，社会事务办公室，党群服务中心，综合治理和网格化服务管理中心，综合保障服务中心，历史街区应急保障服务中心，以及街道的综合执法队，即"六办四中心一队"。

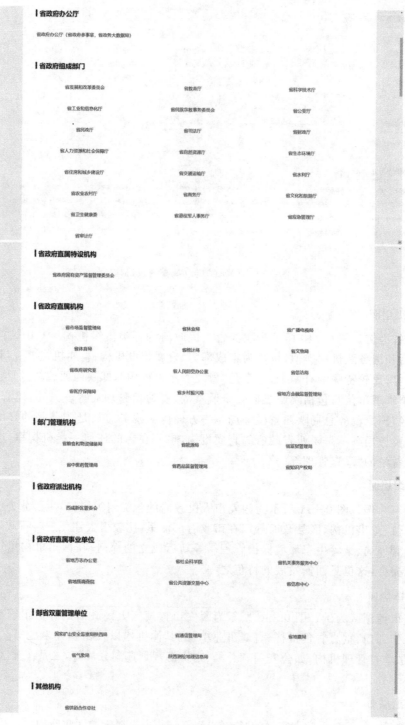

图 0-10　陕西省人民政府组织机构

图 0-11　西安市人民政府组织机构

图 0-12　西安市莲湖区人民政府组织机构

上述内容花了比较大的篇幅,把我们国家的五级政府管理体系,从组织机构角度做了简要的说明。之所以要介绍这些基础性的信息,是想说明一个非常重要但却容易被忽视的研究背景,就是当我们在中国语境下来讲城市发展,特别是城市管理时,城市政府一方面是最为重要的管理主体,另一方面它不是孤立存在的,而是位于一个五级政府的组织体系或管理体系当中,其上有中央、省两级政府,其下有城区、街道两级管理机构,每一级政府的机构类别、特别是所谓的组成部门、双重管理机构、垂直管理机构等,都在无形中增加了城市管理的组织复杂性及其相应问题。因此,管理层级、管理条线(垂直管理、行业管理等)以及具体的管理地域等,都是我们在观察具体的城市管理问题时,需要引起注意的重要组织因素。总而言之,五级政府管理体系与条块管理,是我们观察理解城市,特别是城市管理的重要组织特征基础。

在组织维度里,还有一个问题需要关注,就是我国的城市是有行政等级之分的,其中级别最高级的是4个直辖市,接下来是15个副省级城市,然后还有省会城市、地级市,再往后是县级市以及近几年才出现的镇级市(如温州龙港)。

到此为止,希望大家对这门课程的基础概念都能有一个初步印象,特别是城市定义涉及的七个方面的特点,以及观察城市的三个维度,希望大家都能掌握。

整体而言,城市和城市研究是非常复杂的,非常复杂!我自己的理解就是:

Complexity = Complex City!

因此这也是一开始就提到的,城市有机体(城市生命体)是复杂的!

延 伸 阅 读

未来城市研究

以计算、信息和通信为基础的第四次工业革命正在从根本上改变生产、生活和整个社会,城市演变呈现出前所未有的速度、规模与复杂性,未来城市关系着人类未来。本文回顾了未来城市研究与实践中的四个主要路径:数据实证、未来学想象、工程技术与空间设计,综述其核心思路与主要进展;结合文献数据检索,对当前未来城市实践中与技术进步直接相关的交通、能源、通信、环境、健康、城市公共服务等前沿方向的成果进行归纳与总结;进而实现对未来城市研究与实践的战略预判,明确进一步创造未来城市的核心思路。

一、引言

(一)城市关系人类未来

21世纪注定是城市的世纪。1950年,世界人口仅有30%居住在城市地区;2018年,超过半数的世界人口(55%)居住在城市地区;而据联合国预计,到2050年,这一比例将达到68%。人类社会发展正在经历"都市革命(urban revolution)",在全球尺度上进行着"星球城市化(planetary urbanization)"。人口的大规模集聚,带来了前所未有的创新动力,提高了人类经济、社会、文化迭代的速度,但也催生或激化了气候变化、资源匮乏、社会对立等紧迫问题。提高城市人口聚居所带来的规模和密度红利,同时最大限度地减少负面效应、利用空间治理解决发展问题,是人类未来永续发展的关键所在。在当代中国大规模快速城市化,以及新冠肺炎疫情这两个关键背景下探讨未来城市问题,更是具有其特殊意义。

(二)预测未来与创造未来

人类大规模快速城镇化与城市蓬勃发展,催生了两个基本问题:未来城市将会以何种形态出现?如何应对未来城市可能出现的问题?这也是与城市的产生与发展相伴始终的学术问题——有城市的地方,就有对未来城市的设想与情景预判。

公元前五世纪,老子提出"小国寡民"与"安其居、乐其俗"的未来社会畅想;公元前四世纪,亚里士多德(Aristotle)在《政治学》中提出理想城市和空间规划愿景;十六世纪,托马斯·摩尔(Thomas Moore)的《乌托邦》叙述了理性主义下的未来城市之基本空间范型。进入工业时代,尤其是20世纪以来,随着城市化进程的迅猛推进和城市问题的集中产生,对未来城市的展望更加科学、细密,这些展望集中体现在《雅典宪章》《马丘比丘宪章》和《新城市议程》等全球共识性文件中,在一定程度上影响着后续的城市实践。

(三)未来城市的认知、预测和创造

未来城市研究与实践可以概括为"认知、预测和创造"三个环节。"认知"是在实践中和现象界发生关系,通过主观能动控制变量的实验以及客观观察的比较,总结出现象界的规律;"预测"是通过判断当下出现某些规律得以发生作用的条件,来判断某些规律将会在未来起作用,从而推断现实的可能发展方向;"创造"是基于对现象界规律和事实走向的认知,选用因果组合来调整现象界"自变量"的操作,从而让"因变量"符合共同体的预期。

究竟如何认知、预测和创造?此问题的回答涉及下述未来城市研究的四个基本路径。

二、未来城市研究路径

作为一个开放性课题,有关未来城市的高水平研究与实践可以被概括为数据实证、未来学想象、工程技术、空间设计4条研究路径。这4条研究路径的划分源于人类在回答"未来问题"时所采取的不同本体论、认识论和方法论,也与特定的学科、学派有关(见图0-13)。

(一)城市现象的量化表达与数据实证

利用城市活动中生成的大量数据,对城市发展规律及未来走向进行认知与预测,是未来城市研究的数据实证路径。研究手段和成果形式,与数据源的性质高度相关。随着技术的进步与数据质量的提高,人类对城市的定量认知也在不断完善之中。

数据实证路径的基本思路是:运用归纳法,将城市活动中的可量化现象进行相关性和(可能的)因果性分析,对城市问题进行规律化描述,将研究成果反映在空间上,进而运用演绎法得出城市对策,实现治理目标。一般化的研究步骤包括:确定观测变量—选定研究单元—空间数据统计—发现相关性和因果性—数据验证—模型向未来的推广。

这个认知链条综合运用了归纳与演绎两个思维向度——经由"从特殊到一般"的归纳法,运用最新的数据源,获取对人群活动及其偏好、城市空间状况等要素能够加以定量描述的指标,进而进行相关性分析、因果溯源和回归分析,在有条件的情况下,进行控制变量、工具变量和断点回归实验等来进一步证实因果性;而经由"从一般到特殊"的演绎法,明确归纳得出规律发生作用的条件,在条件相似的场合,默认规律存在并可延续,对因变量的变化依据模型语言做出预测,进而对未来实现初步控制。

在本路径中,代表性的研究机构有伦敦大学学院高级空间分析中心、美国麻省理工学院可感知城市实验室、剑桥大学马丁中心、新加坡未来城市实验室、北京城市实验室等。

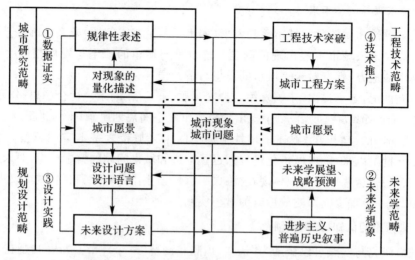

图 0-13 未来城市研究与实践的主要路径及其关系

(二)未来学想象与战略研究

不确定性的未来不能被归纳演绎思维充分覆盖,需要有超出因果性证明的战略思维与预测方法,未来学(futurology)就是这样一个新兴交叉性学科。未来城市研究中的未来学路径超越了单纯意义的"乌托邦传统",用"涌现"等复杂性思维认知城市,把握走向。

未来学路径的基本思路是:基于系统综合思维,对未来走势进行合理想象和情景预判,选择几种代表性情景构思对策和解决方案,实现对"复杂问题"的"有限求解"。

相较于在社会科学领域试图重现自然科学之"精确规律"的定量实证路径,未来学路径对世界的认知趋向综合而非分析,对规律有效性保持一定的怀疑态度。面对更高层面、更大数量级"涌现"出的规律,主张用整体的视角和方法解析和把握系统的变化。由于对特定现象进行回归与预测的可能性有无穷多种,因此利用科学的方法排除可能性与精准的预测同样重要。

未来学的代表研究是罗马俱乐部《增长的极限》中对人类社会未来走向所做的情景分析,研究基于系统科学和建模预测,对人类社会不断追求增长的发展模式提出了质疑和警告。联合国人居署、欧盟,以及以跨学科为研究特色的圣塔菲研究所等,都是未来学研究思路的重要基地。

(三)基于预测和想象的设计思维

将实证的规律、战略的预测和工程技术的成果,集成进入城市空间,实现城市愿景,是规划师与建筑师的任务。设计学路径认为,未来场景的不确定性,使得创意工科的思路向未来的拓展成为可能。设计在未来城市研究与实践中肩负着使命。

空间设计路径的基本思路是:经由设计思维,以设计语言解析城市空间问题,进而对城市愿景进行空间应答,制定面向特定情境与群体的空间应对策略。

合于形式美的一般法则、满足人类对美好生活的定义和需要,是空间设计的终极追求。面对摆在眼前的现实空间,设计者用应然眼光看待现状,将现实和愿景、原则和可能实现的范围进行对比,进而提出空间实践优化策略。先出现的"典范空间"成为后来者竞起仿效的榜样,纵观城市历史,也可以看到罗马、巴黎、威尼斯、纽约等名城的空间范型经由设计思想在世界范围内的推广。

空间设计路径至少可以实现三个层次的效用:一是物理层面安全、舒适、便捷程度的提高;二是以空间作为调节手段,让使用者更得体地行动,实现经济增长或良性社会关系;三是以设计作为预测手段,明确未来场景下空间的不同可能性。设计使得预测能够直接生成场景,甚至快速落地成为集成未来技术成果的物质空间平台。

(四)工程技术进入城市空间促使理想变成现实

城市空间和生活形态发生转变的根本原因,是支撑城市活动的工程技术发生进步。用科学研究和工程技术成果不断改良城市设施,是未来城市得以实现的核心途径。

工程技术路径的基本思路是:运用工程思维,将超前于现有建设状况的、外源性技术进展,融入城市愿景,以解决城市问题。这一路径和城市定量实证路径的根本区别在于实验方法——数据实证一般不能对研究客体进行控制变量的有意识实验操作。故此,相较于社会科学领域宣称的"规律",自然科学和工程科学数理模型的可实践性比较好。

新技术的引入,纵使在第一时间没有与城市物质空间环境发生直接关系,也会逐渐形塑空间,让城市的发展达到一种新的平衡。技术是对"过去"的自然现实的洞悉,也是对未来应然层面可能性的预判和系统的开发愿景。

(五)不同路径的交叉与融合

上述四个路径贯穿于未来城市分析、预测与实践落地的各个流程,它们的相互融合是未来城市研究与实践的基本特征(见表0-1)。

表0-1 未来城市研究与实践主要路径比较

路径	本体论	认识论	方法论
城市现象的量化表达与数据实证	城市发展是有规律的,规律可以以可证伪形式的语言加以描述	城市现象可以经由数量和关系得到表述和复现;因果性存在并可知	确定观测变量—选定研究单元—空间数据统计—发现相关性和因果性—数据验证—模型建立和推广
未来学想象与战略研究	对世界的认识趋向综合而非分析,对规律有效性保持怀疑态度	面对大数量级"涌现"出的规律,用整体的视角和方法解析和把握系统的变化	与数据实证相比:更大的时空尺度、粗颗粒的数据;对技术细节模糊化的表述、宏大叙事和普遍历史观
设计思维	形式美的一般法则与人类对美好生活的定义和需要,是空间设计的终极追求	用应然眼光看待现状,将现实和愿景、原则和可能实现的范围进行对比,进而提出空间实践优化策略	城市问题的空间解析和空间应答,得出面向特定情境与群体的空间优化和效能提升策略
工程技术进入城市空间	自然现象存在规律,规律可以被把握	通过实验方法和定量语言,对自然界规律进行探析和复述	通过控制变量确认相关性、因果性;通过实验方法确认规律存在;通过运用规律实现技术目标

三、未来城市研究与实践重要领域

技术改变城市，技术塑造城市未来，大数据、人工智能、互联网是和人居、交通、能源、环境、健康等未来城市关键领域都密切相关并且带来显著影响的技术。基于 Web of Science 引文数据，对 2000—2019 年未来城市研究与实践有关的 5 338 篇关键文献进行可视化分析，进一步阐明在大数据、人工智能、互联网等新兴技术影响下，交通、能源、通信、环境（生态）、健康和城市公共服务等领域未来城市研究与实践前沿及其进展。

本质上，信息化是通过信息高效流通，减轻信任成本与组织中的内耗，达到边际成本递减的目的。基础设施和公共服务边际成本降低是城市集聚根本动力，必然对信息化有着内在的需求。随着城市规划、建设、运营与管理的全面数字化改造，城市拥有了越发高频，甚至实时调整自身运行状态的能力。城市的规划与运营、服务环节越发密不可分，逐渐融为一体。

随着物联网和人工智能技术的发展，城市各种基础设施和公共服务成本逐渐降低，并具备自主运营、自动服务的能力，以空间为核心的共享经济兴起。通过大数据对人群分布和特征的精确实时描述，城市公共服务可以更加准确地按需供给。一些原本需要由政府投资和运营的服务可以由市场化方式运营，政府的职能则收缩为规则的制定和基于数据的底线监管。

四、进一步预测和创造未来城市

在未来城市的研究与实践中，数据实证、未来学想象、工程技术、空间设计这四条主要路径交织融合、互促生成，推动城市空间迭代革新；交通、能源、通信、环境、健康、城市公共服务技术方向的不断合作与空间化，推动城市空间产品供给提质增效。

未来城市的宏旨，在创造活动中不断得到展现和充实。进一步推动学科融合和技术互鉴创造未来城市，重点关注未来城市的原型提炼、设计和创造路径以及建设模式，是未来城市研究与实践的战略方向。

文献来源：武廷海，郑伊辰，龙瀛，等.未来城市研究进展评述[J].城市与区域规划研究，2020，12(2)：5-27.

上篇　理论基础篇

第一章　中国城市发展与规划的历史回顾[①]

在进入中国城市发展与规划的历史回顾之前,有必要简单说一下城市起源的问题。首先需要知道,"城市史是地球史的一部分,尽管短暂,但很精彩!"真正意义上的城市,出现于人类社会新石器时代的后期,彼时手工业从农业中分离,商业也开始出现,由此引发人类聚居形式的重要变革。在全球范围,最早的城市起源区及其代表性城市有两河流域的乌尔城、巴比伦城,尼罗河中下游地区的底比斯城,印度河流域的哈拉巴城,长江、黄河流域的凌家滩、二里头,以及中、南美洲的玛雅与马丘比丘。关于为什么城市会出现,有几种基础的理论解释,分别是灌溉农业论、市场论、防御据点论以及宗教论,事实上,城市的出现很大程度上是以上多种因素共同作用的结果。接下来,我们就来一起了解中国城市发展与规划的有关历史。

第一节　中国古代的城市发展与规划

说到中国的城市发展,就不能不提"最早的中国"这个话题。知名媒体人许知远在其系列访谈节目《十三邀》中,对中国社科院考古所的许宏研究员有一个专访,这期节目的名字就叫《许知远对话许宏》,图 1-1 所示为该期节目的主题。许宏是中国社科院考古所夏商周研究室主任、河南偃师二里头考古工作队队长,编写了《先秦城市考古学研究》《最早的中国》《何以中国》《大都无城》等著作。这期节目,特别推荐大家能在网络上看一下,了解一下"中国"的源头,特别是城市中国的源头。因为只有知道了"我们从哪里来",才能更好地懂得"我们向哪里去"。

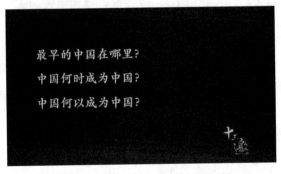

图 1-1　《许知远对话许宏》的主题

---

① 郑国. 城市发展与规划[M]. 北京:中国人民大学出版社,2009.

一、先秦时期的城市发展与规划

(一)先秦时期的城市发展

先秦时期,主要包括夏商周这一阶段。关于夏朝的存在,目前就考古证据而言还有争议,但商朝以后没有问题。大家都知道,我们能确认商朝存在,是因为在清末民初的时候发现了甲骨文。越来越多的考古资料显示,商朝有一批重要的城市,包括河南偃师尸乡沟商城、郑州商城、安阳殷墟、湖北黄陂盘龙城等,其中最为著名的就是安阳殷墟。

西周时,我国进入了历史上第一次城市建设的兴盛、高潮时期,形成了王都—诸侯国国都—卿大夫采邑城的三级城市网络。此外,在这一时期有周人发明了瓦。值得注意的是,此时城市的主要功能是围绕政治、军事的,经济功能不强。

然后就到了春秋战国时期。这一时期,铁工具得到广泛使用,促进了农业、手工业和商业的发展。更为重要的是,这一时期出现了我国历史上第一次思想解放,即著名的"百家争鸣"。这一时期手工业、商业的发展,导致城市的数量、规模都有所提升。特别是工商业比较繁荣发达,城市的经济职能得到了很大增强。

(二)先秦时期的城市规划

下面介绍先秦时期的城市规划,主要了解这个时期的一些核心思想和理念。

最早在《周礼·考工记》一书中,就非常清晰地记录了我们祖先造城的基本想法:"匠人营国,方九里,旁三门,国中九经九纬,经涂九轨,左祖右社,面朝后市,市朝一夫。"解释一下就是:都城九里见方,每边辟三门,纵横各九条道路,南北道路宽九条车轨,东面为祖庙,西面为社稷坛,前面是朝廷寝宫,后面是市场和民居,朝廷宫室与市场占地一百亩①。

也就是说,在周朝的时候,基本就明确了城市中哪些地方是朝廷的,哪些地方属于百姓,以及哪些地方布局市场等,一开始就有很详细的规划。所以说,从源头上就可以看出,中国还是非常讲究礼制的,每一个群体都有它的位置。这是《周礼·考工记》里面比较重要的一个记录。

还有一个重要的城市规划思想的源头,是《管子·乘马》里讲到的:"凡立国都,非于大山之下,必于广川之上,高毋近阜而水用足,下毋近水而沟防省。因天材,就地利,故城郭不必中规矩,道路不必中准绳。"简单说,就是"因天材,就地利",强调因地制宜、就地取材。其中的"城郭不必中规矩"是说城郭不一定非要方方正正,"道路不必中准绳"是说道路不一定都要是笔直的,而是都可以根据地形、河流等自然条件灵活设计。

因此,在城市规划的源头上,一种是非常规规矩矩的,也就是礼制的思想,另一种是"因天材,就地利"的就地取材,这是互为补充的两种思想。

(三)主要城市

1. 河南偃师二里头古城

二里头古城是我国古代城市形成的标志,其规模为南北 1.5 千米、东西 2.5 千米,总面积 3.75 平方千米。从现有遗存看,包括两座宫殿遗址、大量的中小型房址、窖穴、水井,以及一些祭祀性遗迹和数百座墓葬,此外还有规模很大的手工业作坊遗迹,出土了青铜器、玉器、漆器、

---

① 亩:中国市制土地面积单位,1 亩≈666.67 平方米。

陶器和贝壳、绿松石等。它的总体布局为：宫殿区位于遗址中部，南部为冶铸青铜器的作坊区，东部为制骨的作坊区。

2. 殷墟

殷墟是中国第一个有文献记载，并为甲骨文及考古发掘所证实的古代都城遗址。其历史沿革大体如下①。

(1) 古代营建。盘庚十四年，商朝第19位君主盘庚迁都于北蒙（今河南安阳），改"北蒙"名为"殷"。盘庚十五年，开始营建殷都。自盘庚迁殷，到公元前1046年帝辛亡国，经历了盘庚、小辛、小乙、武丁、祖庚、祖甲、廪辛、康丁、武乙、文丁、帝乙、帝辛共8代12位国王273年的统治，殷一直是中国商代后期的政治、经济、文化、军事中心。

(2) 近代发掘。20世纪初，殷墟因发掘甲骨文而闻名于世。1928年殷墟正式开始考古发掘，出土了大量都城建筑遗址和以甲骨文、青铜器为代表的丰富的文化遗存，系统地展现了中国商代晚期辉煌灿烂的青铜文明，确立了殷商社会作为信史的科学地位，被评为20世纪中国"100项重大考古发现"之首。

(3) 出土甲骨。殷墟先后出土有字甲骨约15万片。甲骨文中所记载的资料将中国有文字记载的可信历史提前到了商朝，由此也产生了一门新的学科——甲骨学。殷墟也是中国至今第一个有文献可考，并为考古学和甲骨文所证实的都城，由殷墟王陵遗址、殷墟宫殿宗庙遗址、洹北商城遗址、甲骨窖穴等构成。

(4) 现代保护。殷墟于1961年3月被国务院列入首批全国重点文物保护单位。2006年7月被联合国教科文组织列入世界文化遗产名录。2018年10月入选"全国中小学生研学实践教育基地"名单，同月举办殷墟科学发掘90周年纪念大会暨殷墟发展与考古论坛。

二里头古城和殷墟，都提到了青铜器这个细节。事实上，在许宏老师看来，很有可能是青铜器或者说是青铜催生了中国。在前述《十三邀》的访谈节目中，许宏老师谈到，不排除青铜器技术也是古代"全球化"中文化交流的一个产物。也就是说，青铜器本来是个外来的技术，再结合我们原有的类似陶器铸模的技术，就形成了我们自己特有的青铜器制造技术，然后又由于交流的原因，再扩展到其他"边疆"。许宏老师对此有一个比喻，就是"青铜潮"到来之前，彼时的邦国像满天散落的星星，但后面因为有了青铜器的本土化，二里头作为一个比较强大的王国，可能越来越看重青铜器，于是就有了向外寻找矿料的扩张动力，恰恰是这样一个原因，导致它逐步形成了一个广义的王权国家，然后再出现所谓中国的雏形。这个解释其实很有想象力，也很有趣，就是说夏朝的对外扩张不是为了占有更多国土或人口，而就是为了寻找青铜的矿料。此外，许宏老师还指出，"中国"这个概念，不是一个简单就能界定的概念，其中有很多文化和地理的因素。所以整体而言，多学科研究还是挺有意思的，比如考古学，虽然和我们的知识储备有距离，但通过许宏老师的讲解，我们也能知道它的作用是什么。反过来说，如果我们不看这些资料，那么就会按照一般的理解，认为国家扩张就是为了攫取更多财富、占领更多疆域、统治更多人口，但真实的原因可能很简单。

二、秦汉时期的城市发展与规划

秦朝我们都很熟悉，它建立了中国历史上第一个中央集权、幅员辽阔的封建统一国家。在中国

---

① 百度百科. 殷墟. https://baike.baidu.com/item/%E6%AE%B7%E5%A2%9F/3908528? fr=aladdin.

从古至今的国家治理过程中,秦朝有很多历史贡献,比如统一文字、度量衡,建立郡县制、户籍制等。特别是郡县制的确立,为国家统治建立了基础的管理单元,也是现在县域治理的源头所在。

秦朝很短暂,之后就进入了汉代。汉代在行政区划上除实行部分分封外,沿用了郡县制;经济上长期实行"与民休息"的政策,重视农业、提倡手工业,出现了"文景之治";商业上开关废禁,任其流通,开辟了丝绸之路。

这一时期城市发展的特点有:由于推行郡县制,行政中心城市特别是县城镇得到大量发展;城市分布地域进一步扩展;众多商业中心城市兴起,并以商业贸易联系为纽带,形成了若干经济区域;国际贸易城市也有发展,如"河西四郡"。

秦汉时期城市规划与建设的主要特点是,城市规划更加注重维护中央集权和封建等级制度,都城规划以皇宫为主体,地方城市规划突出衙署。此外还出现了建筑材料的革新,即"秦砖汉瓦"。

这一时期主要的城市有秦咸阳城、汉长安城和东汉都城洛阳。其中汉长安城是我国封建社会早期大一统帝国新建的第一个都城(秦咸阳基本是战国时期都城的延续),其周长为25.1千米、面积约36平方千米,总人口在40万以上。汉长安城改变了战国时都城两城相依的旧章,也不同于秦咸阳城松散的布局,而是将宫殿、官署、市场、居民区置于统一大城内,其中宫殿占据了城市的很大空间(见图1-2)。

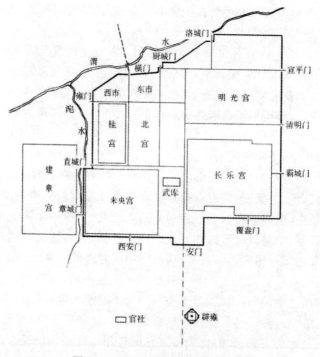

图1-2 汉长安城空间布局示意

三、三国、隋唐时期的城市发展与规划

首先来看三国至隋唐时期的城市发展。这一时期,出现了一个重要变化,就是城市发展和分布的重心由黄河流域转向长江流域,同时京杭大运河和长江城市发展轴线也逐步形成。另外,东南沿海港市也逐渐兴起,比如当时的交趾、广州、扬州、泉州等四大港市。这一时期,城市

规模的差距也明显拉大,出现了三个百万人口的城市,它们是建康、长安和洛阳。

这一时期城市规划的整体特点是,城市空间结构在紧凑中追求统一,尊卑有别的礼制风格逐步形成,是我国城市空间结构十分典型的时期。具体而言:中轴线由局部发展到全城,形成纵贯全城严谨对称布局的空间形态;宫城由多宫制演变为单一的宫城,并且位置北移居中,形成了由宫城、皇城、外郭城(大城)组成的三重环套结构形态;道路网形成十分完善的棋盘状结构;市场位置从城北移迁到城南,形成"前市后朝"的布置格局;城市物质要素中,寺庙建筑尤其是佛寺建筑大量增加。这里面有一个比较有意思的典故,就是"明若观火"。按照当时的规划格局,"南方属火、火属光明,人君面南视朝,明若观火"。

这一时期主要的城市有曹魏邺城、六朝都城建康和唐长安城。曹魏邺城位于今天河北省的临漳县,是我国历史上的第一个砖城,尽管面积不是很大,但儒家的礼制思想在邺城建设中开始得到强化。六朝都城建康就是今天的南京,南京作为都城始自东吴孙权,其名称经历了建业—建邺—建康的更替。

下面重点介绍唐长安城(见图1-3)。唐长安城是中世纪时期全世界最大的城市,负责城建工程的在隋代是宇文恺,在唐代是阎立德。唐长安城中,宫城面积约4.2平方千米、皇城面积5.2平方千米、外郭城84平方千米,结合坊里制度共设有109坊,同时还设立了专门的商业区。其时的朱雀大街宽150米,既是全城的中轴线,也是当时长安、万年两县的分界线。

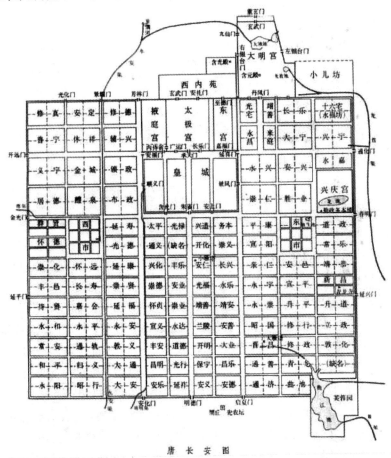

图1-3 唐长安城空间布局示意

唐长安城在中国城市发展史上具有特殊的地位,它以宏大的规模、棋盘式的街道、规整的坊里、左右严谨对称的轴线布置,把我国城市的空间结构推到十分典型的阶段,不仅影响了国内其他城市的建设格局,也影响到当时邻近其他国家都城的布局。

四、宋元时期的城市发展与规划

宋元时期的城市发展,有以下几个重要的方面:

(1)南方城市继续发展、数量增多,城市发展及分布"南升北降"的态势在延续;

(2)由于城乡商品经济的发达,兴起了许多大的商业都会和许多以经济职能为主的市镇,比如当时的首都东京(开封)、北京大名府(河北省大名县)、西京河南府(洛阳)、南京应天府(商丘)等,都是著名的商业都会;

(3)对外贸易空前发达,东部沿海港口城市广泛兴起;

(4)以省会为中心的省级城市体系开始形成;

(5)核心城市(都城)在地理位置上的转移比较频繁。

就城市规划布局而言,此前较为封闭的"坊""市"制度开始解体,新的街巷制代替了坊里制,同时设立了厢一级的管理机构,比如当时的开封城就分为10厢、121坊。此举标志着中国城市内部空间结构由封闭转向开放,美国学者施坚雅在其著作《晚清中国城市》一书中,称之为"中世纪中国的城市革命"。

这一时期主要的城市有北宋都城开封、南宋都城临安和元大都(北京)。元大都的主要设计人叫刘秉忠,他在设计建造都城时,继承并发扬了唐宋以来三套方城、宫城居中、中轴对称的布局,而且中轴线更加突出。同时,他把规则的宫殿和不规则的园林结合起来,取得了高度的艺术效果。此外,元大都还建设了完善的上下水道,是一个重要的创新。就城市建设而言,元大都较好地实现了统一领导、统一规划和统一实施,对今天的城市建设也具有启发意义。

五、明清时期的城市发展与规划

下面简要介绍一下明清时期的城市发展。明朝初期,为了防御北方蒙古残余势力的南侵,设立了"九边",同时为了加强国家的武装力量,明太祖还创设了卫所制度。这一时期,中国兴起了一个筑城的高潮,各大中小城市普遍进行了改造或城垣加固。自明中叶起一直到清鸦片战争,明清朝廷都采取了闭关锁国、厉行海禁的政策,导致我国海洋航运业逐渐衰落,海港城市多处于停滞或衰落状态。

这一时期的城市规划与建设,有四个基本特点:一是城市主体结构上,礼制规划手法仍占据主导地位并有所发展;二是在城门外形成关厢的现象比较普遍,城市中商业会馆建筑显著增多;三是城市普遍用砖修筑城垣,城市军事防御设施体系更加坚固与完善;四是园林建设兴起并达到很高水平。

明清时期最重要的城市就是北京城(见图1-4)。永乐元年(1403年),明成祖改北平为北京。永乐四年(1406年),在元大都基础上开始筹建北京宫殿城池,至永乐十九年(1421年)正月"告成",前后历时15年,明朝也正式定都北京。北京城的整体结构,由内而外依次是皇城、内城和宫城,其中皇城内的宫城即紫禁城,也就是今天北京的故宫,位于内城中部偏南地区,周长六里①—十六步②,南北长960米,东西宽760米,面积0.72平方千米,为南北向的长方形。明清时期北京城的中轴线十分突出,历经永定门—天坛—正阳门—大明门—承天门—端门—午门及六大宫殿—玄武门—景山—鼓楼、钟楼,全长8千米,可见北京城的规模是非常宏大的。

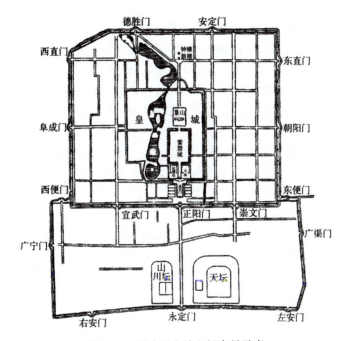

图1-4 明清北京城空间布局示意

第二节 中国近现代城市发展与规划

一、中国近代城市发展变化的历程

中国近代的城市发展大体包括四个阶段,就整体而言,也是中国城市发展历程中的深刻变化期。

第一个阶段,1840—1895年,这是中国近代城市发展的一个关键转折时期。其间:自然经济瓦解,出现了殖民地和半殖民地性质的城市;不平等条约带来的割地、通商、租界等,使一些城市中的某些地区畸形发展起来;洋务运动的出现,带来了中国近代工业的兴起。

第二个阶段,1895—1931年。其间:外国人可以在中国设立工厂,经济侵略转向以资本输出为主的阶段;帝国主义在中国划分势力范围,产生了一批帝国主义独占的城市;民族工商业发展较快,兴起了一批民族工商业城市。

第三个阶段,1931—1937年。其间,日本帝国主义占领东北,导致东北殖民地城市的发展。

---

① 里:长度单位,古代以300步为1里,现在1里为500米。
② 步:隋唐以5尺为步,一尺约30cm,一步基本是1.4~1.5米。

第四个阶段,1937—1949年。其间,国民党政府向内地撤退,西南、西北部分城市有所发展。

二、中国近代城市发展变化的内容与特点

第一个变化是部分城市的性质改变,出现了一批殖民地、半殖民地性质的城市,包括受帝国主义列强直接控制的城市、租界城市和约开商埠城市三类。

受帝国主义列强直接控制的城市,又包括割让地、租借地、中东铁路和南满铁路沿线附属地城市、被占领地。这类城市地理位置十分重要,侵略者都是按它们的侵略意图进行规划建设,显得较有条理,但其布置手法和建筑形式,都是当时西方各帝国主义国家流行形式的移植,整个城市反映出明显的殖民地色彩。

租界城市原来都是中国较大的工商业及交通中心,经帝国主义侵占和经营后,城市人口规模急剧膨胀。但旧城区和新辟的租界区之间呈现出强烈的对比。各租界区之间也都壁垒森严,道路与管线互不联系,房屋建筑形式和风格互不统一,整个城市形成极不协调的画面。当时9个国家在我国的12个城市共设立了30个租界。

约开商埠城市,涉及70多个城市。约开商埠城市虽然使我国经济与世界商品市场取得了一定联系,但更主要的是通过这些口岸源源不断地抽走了我国大地的大量血液。在城市建设和城市面貌方面,其特征往往是在城市水陆交通方便处形成畸形繁荣的商业街区,出现了港口、码头、车站、仓库等基础设施,与原有的旧城形成截然不同的格局和面貌。

第二个变化是伴随工业、矿业的发展,近代工矿业城市开始出现。鸦片战争后清政府开展了洋务运动,开始兴办轮船、铁路、电报、邮政、采矿、纺织等各种新式民用工业,我国近代的工矿业城市也陆续出现,典型如无锡、唐山等。

第三个变化是伴随铁路、公路的建设,近代交通型城市开始兴起。比如:由于铁路的修建,形成了一批铁路枢纽城市,如郑州、徐州、石家庄、蚌埠、沈阳、哈尔滨等;由于铁路通过而促进了原有城市的发展,这类城市也很多;还有由于铁路的建设,使得原来位于交通沿线的城市发展停滞或衰落,如扬州、淮阴、临清以及河北正定、陕西凤翔等。

第四个变化是在城市规模上,出现了大城市与小城镇的两极化发展。比如在抗日战争爆发之前,我国人口在100万以上的特大城市有5个,包括上海(370万)、北平(157万)、天津(123万)、广州(116万)和南京(101万)。人口在50万~100万的大城市也有5个,分别是汉口(78万)、杭州(58万)、沈阳(53万)、青岛(53万)以及香港。

第五个变化是城市在地域分布上,沿海与内地的不平衡发展加剧。这一时期,东北城市集聚区逐步形成,沿海城市带也开始兴起,沿江城市轴得到进一步发展,此外台湾地区的城市也有了很快发展。然而,广大内地城市却没有大的发展,有的反而衰落了,比如古都西安,1930年代初全市仅有12.5万人,不到1843年人口的一半。今天我们把这种情况叫作区域发展的差异。

现在东中西部沿海的差异在这个时期就有一定的缩影。就像上海这座城市,之前叫上海县,归苏州府管。后来各国在上海都设立了租界,上海很快发展起来。而现在苏州成了上海的后花园,二者的地位在这不到200年里,有了一个非常剧烈的变化。

第六个变化是城市的物质要素增多,功能结构复杂化。主要体现在:工业区和交通站场开始出现;公共设施内容有所增多;市政公用设施得到发展;资本主义商业街区和新的市中心开

始出现。

第七个变化,是城市的空间结构由过去的"开"而不"放"型向开放型转变,大多形成了半殖民地半封建城市特有的"多区拼贴"的空间结构特征。在此种城市空间结构里,一般都包括老城区及关厢区,商埠区或租界区,自发形成的工业、居住混合区,以及有规划的新市区(见图1-5)。

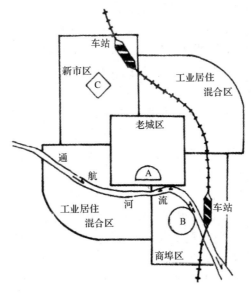

图1-5 中国近代城市空间结构的基本模式
A—传统商业中心;B—西式新中心;C—新市区行政商业中心

第八个变化,是城市型行政区得以诞生和确立,城市行政管理由过去的城乡合治进展到城乡分治。一般来说,中国的城市型行政区产生于清末民初,主要原因有:城市经济职能增强,成为经济、文化和社会活动中心,城市事务变得繁杂;列强在租界内成立了具有政府性质的市政管理机构,如工部局、公董局等;存亡危机,也迫使清政府进行一系列改革,比如在1909年1月,清政府颁布了《城镇乡地方自治章程》,明确城镇可单独设立自治机构。

此后,广州在1918年设立了市政公所,1920年改为市政厅,1921年2月公布的《广州市暂行条例》中,市政厅成为独立的一级行政权力机关,并形成自己内部的行政管理体系。1921年,北洋政府先后颁布了《市自治制》和《市自治制施行细则》。1928年7月,国民政府颁布了《特别市组织法》和《市组织法》。1930年5月,国民政府颁布新的《市组织法》,对中国市制的形成起了推动作用。

三、中国近代的城市规划

下面介绍这一时期的城市规划。第一类是由外国侵略者制定的城市规划。一般来说,这类规划只对城市部分地区制定有规划图,局部地区按规划进行了若干建设,但也有一些有明确的城市总体规划意图和较为完整的规划图纸,城市大部分或局部地区按照规划图有所建设,典型如德据时期的青岛。因为当时德国在青岛有长期打算,所以在1900年、1910年两次编制了城市规划,其重点是解决了港口与铁路的布局,并对城市景观、道路及给排水等市政工程也做了全面规划,此外修建了约80公里的排水系统,引入了"雨污分离"模式。就整体而言,由外国侵略者制定的城市规划,大都是对古典形式主义及早期资本主义规划特点的搬用及模仿,具有明显的侵略意图和殖民主义色彩。另外,由于有比较完整的、长期的统一规划,城市内各项物质要素的安排比较合理,城市的面貌风格也有一定的统一性,在一些具体的规划技术上也有可取之处。

第二类是由中国人所制定的城市规划。其中的典型是张謇对南通城的规划和建设,这也是我国近代城市规划的源头所在。抱持"实业救国"理想的张謇,对彼时的南通城做出了"一城三镇、城乡相间"的城市布局规划,并领导实施了一系列建设活动,使得南通成为"中国近代第一城"和"一个理想的文化城市"。此外,我国近代最早由中国城市政府自己组织编制的城市规划,是1922年汕头的"市政改造计划"。1929年,国民政府的《首都计划》是我国近代城市规划史上第一部正规的规划文件。

值得注意的是,1946—1949年,上海市先后制定了三个轮次的"上海都市计划"。其中,1946年的《"大上海都市计划"(一稿)》包括了大上海区域规划、上海市土地使用与干道系统规划,运用了"卫星城镇""邻里单位""有机疏散""快速干道"等当时最新的理论成果,提出规划人口规模为1 000万,布局结构为在现有市区外做一绿化及农田环形地带,其外发展新区。1947年的《"大上海都市计划"(二稿)》,预测了50年后人口将达到1 500万,设想在市区内建设高架道路,并对改建闸北西区做了详细规划。1949年的《"大上海都市计划"(三稿)》,进一步研究了疏散市区人口、降低人口密度、提高绿地比重,提出在工业区附近建立居住区以减少人流,还拟定了南北快速干道及环路系统等。可见当时我国大城市的规划理念还是比较先进的。

总结一下中国近代的城市发展与规划,有三个要点:一是鸦片战争后,中国城市的类型、功能、空间结构、管理体制等产生了巨变;二是中国开始被动地接受西方现代城市规划体制,而中国传统文化中城市建设、城市空间布局的理念和理想被抛弃;第三,20世纪20年代以后,国民政府接受现代城市规划思想,建立了与西方国家接轨的现代城市规划制度。

第三节 中国现代城市发展与规划

中国现代的城市发展与规划,大体分为三个阶段,从1949年中华人民共和国成立到1957年为第一阶段,1958年到1977年为第二阶段,1978年以后为第三阶段。

一、1949—1957年的城市发展与规划

先来看1949—1953年这一阶段的城市发展与规划。

这一时期,我国城市发展的指导思想是"必须用极大的努力去学会管理城市和建设城市","城市建设为生产服务,为劳动人民生活服务"。城市发展方面,1949年的城市化率为10.6%,1950年为11.2%,1952年为12.5%,城市数量也由解放初期的136个发展到160个。此外,还恢复、扩建和新建了一些工业,增加了城市基础设施,整治了城市环境,改善了劳动人民的居住条件,典型如北京的龙须沟和上海的曹杨新村等。

比较重要的是,国家在这一时期成立了专门的城市建设和规划管理机构。首先是1949年10月,政务院财经委员会计划局下设了基本建设处,主管全国的基本建设和城市建设工作。然后各城市相继调整或成立了城市建设管理机构,大城市普遍成立了都市计划委员会,一些中小城市也成立了城市建设局。到1952年8月,中央政府成立建筑工程部(简答"建工部"),主管全国建筑工程和城市规划及建设工作。

1952年9月,建工部召开全国第一次城市建设座谈会,会议提出城市建设要适应国家长期计划,并决定:从中央到地方建立健全城市建设管理机构;各城市都要开展城市规划;划定城市建设范围;对全国城市进行分类;等等。当时国家重点建设的城市见表1-1。

表1-1 重点建设的城市分类一览表(1952年)

类 别	城市性质与工业比重	城 市
第一类	重工业城市(8个)	北京、包头、西安、大同、齐齐哈尔、大冶、兰州、成都
第二类	工业比重较大的改建城市(14个)	吉林、鞍山、抚顺、本溪、沈阳、哈尔滨、太原、武汉、石家庄、邯郸、郑州、洛阳、湛江、乌鲁木齐
第三类	工业比重不大的旧城市(17个)	天津、唐山、大连、长春、佳木斯、上海、青岛、南京、杭州、济南、重庆、昆明、内江、贵阳、广州、湘潭、襄樊
第四类	一般城市	上述39个重点城市以外的城市,以维持为主

整体来看,经过三年的国民经济恢复期,新中国的城市发展开始步入一个以工业城市为目标进行规划建设的新阶段。

再来看1953—1957年这一阶段的城市发展与规划。

这一时期,新中国成功执行了国民经济的第一个五年计划。至1957年,我国城市人口达到9 949万,城市化率为15.4%,城市数量增加到176个。在城市规划上,则引入了"苏联模式"。在1956年,正式颁布施行了中国现代城市规划史上第一个技术性法规《城市规划编制暂行办法》,且施行了24年。至1957年,全国共有150多个城市编制了规划,其中国家审批的有太原、兰州、西安、洛阳等15个城市。

这一时期的城市规划与建设工作是成功的,奠定了中国城市规划与建设事业的开创性基础,确立了以工业化为理论基础、以工业城市和社会主义城市为目标的城市规划学科,建立了与之相应的规划建设机构,设置了城市规划专业,积累和培养了一支城市规划专业队伍。但由于全面学习苏联,包括与计划体制相适应的一整套城市规划理论与方法,使中国现代的城市规划与建设具有严格的计划经济体制特征,也带有一些"古典形式主义"的色彩。

特别地,我们了解一下1949—1957年首都北京的城市规划。当时关于首都的城市规划,基本定调是"服务于人民大众,服务于生产,服务于中央人民政府",另外还强调变消费城市为生产城市。以此为背景,在城市整体布局上出现了"城内派"与"城外派"两派观点,其中的"城外派"也即所谓"梁陈方案"。"梁陈方案"主要由梁思成和陈占祥提出,是新中国规划史上一项卓有远见的规划方案。在当时,该方案不仅可以有效缓解旧城的压力,而且还能通过"有机疏散"的思想,完整地保护北京城这一人类伟大的文化遗产。该方案建议将中央行政中心移到西郊,为未来北京城发展储备更充足的空间,避免大规模拆迁,以延续城市社会结构及文化生态;同时按平衡发展的原则,增加城市各部分居住与就业的协调,以减少跨区交通。但最终"梁陈方案"未被采纳。

一项研究表明[①]:若"梁陈方案"付诸实施,仅对行政中心的迁移产生影响,而不带来相应

---

① 澎湃新闻."梁陈方案"的反现实模拟:若实行,北京会避免"摊大饼"吗。https://www.thepaper.cn/newsDetail_forward_1329271.

的发展思路转变(即在后续发展过程中,城市用地扩展的外在驱动力影响、区位因子影响因素、邻域因子影响、内在制度驱动因素不变),则北京将依然呈单中心向外蔓延的发展格局。

二、1958—1977 年的城市发展与规划

首先来看 1958—1960 年的城市发展。

此时,建工部提出"用城市建设的大跃进来适应工业建设的大跃进"的号召;1960 年的城市化水平达到 19.3%,比 1957 年增加 4.4%。共吸收 1 950 万农村劳动力进城,新设城市 33 个,城市总数达到 208 个,还新设置建制镇 175 个。城市规划上提出"先粗后细、粗细结合""快速规划"等。1960 年 10 月召开的第二次城市规划工作座谈会提出,"要在十年到十五年左右的时间内,把我国的城市基本建设或改建成为社会主义的现代化的新城市","要根据人民公社的组织形式和发展前途来编制城市规划,提倡以体现工、农、商、学、兵五位一体为原则的人民公社规划"。

接着来看 1961—1965 年调整时期的城市发展。

该时期的基本工作是精简城市人口,先后动员 2 000 多万城市人口返回农村。同时提高建制镇标准,使城市数量由 1961 年的 208 个压缩到 1965 年的 171 个,城市化水平也由 19.7%降到 16.8%。

再来看 1966—1977 年城市发展。

在"文化大革命"期间,城市人口的机械迁出量大增,累计达 3 000 多万人;中国的城市规划基本处于停滞状态。直到 1971 年城市规划与建设工作才开始出现转机。

这一时期,只有两个城市制定了较系统的总体规划,一个是攀枝花钢铁基地的总体规划,另一个是重建新唐山的总体规划。其中,针对攀枝花钢铁基地的总体规划,共有 20 多名专业设计人员与城市规划部门共同完成规划设计任务,并创造性地取得了规划与计划、规划与设计、规划与管理相结合的可贵经验;而针对新唐山的总体规划,则是在极端困难的条件下,国家建委从上海、沈阳调集规划人员进行了细致的编制工作。

三、1978 年以后的城市发展与规划

首先来看 1978 年以来的城市发展。

自 1978 年改革开放以来,我国的城市化进程大致经历了以下三个阶段:①1978—1984 年,以农村经济体制改革为主要动力,城市化率由 1978 年的 17.92%提高到 1984 年的 23.01%,年均提高 0.85 个百分点,城市化带有恢复性质;②1985—1991 年,乡镇企业和城市改革双重推动阶段;③1992 年至今[1],以城市建设、小城镇发展和开发区发展为主要动力的全面推进阶段。

这一阶段,我国的城市化率由 27.63%稳步上升至 2005 年的 42.99%,年均增长 1.1 个百分点。截至 2005 年,全国共有建制市 661 个,其中直辖市 4 个、副省级城市 15 个、地级市 268 个、县级市 374 个。在全国所有城市中,400 万人口以上城市 13 个,200 万~400 万人口的城市有 25 个,100 万~200 万人口的城市有 75 个,50 万~100 万人口的城市有 108 个,50 万人口以下的城市有 65 个。全国建制镇的数量达到 20 374 个,超过了乡的数量。

对比改革开放前后的城市化可以发现,改革开放之前是一种自上而下型的城市化,造成了

---

① 考虑到本章参考资料的完成时间,所谓"1992 年至今"实际上对应着"1992—2007 年"。

城乡二元结构;而改革开放之后的城市化动力机制更加多元化,也开始注重城乡统筹。

再来看 1978 年以后我国城市发展的主要内容。第一个方面是城市空间的重构,涉及产业空间重构、居住与社会空间重构、城市空间形态重构等。第二个方面是城市群的蓬勃兴起,主要有京津冀、长三角、珠三角、山东半岛、辽中南、中原、长江中游、海峡西岸、川渝和关中城市群等。其他方面还包括旧城改造与更新、经济特区与城市开发区兴建、历史文化名城保护等。

最后来看 1978 年以后我国城市规划的发展。

1978 年 3 月召开的第三次全国城市工作会议,制定了一系列城市规划及其建设的方针、政策。1980 年 12 月,国家建委正式颁布《城市规划编制审批暂行办法》和《城市规划定额指标暂行规定》,使全国制定城市规划拥有了新的技术性法规。从 1983 年开始,在桂林、广州、上海等地开展了一种类似国外区划(zoning)的控制性详细规划。1984 年国务院颁布的《城市规划条例》为现代中国提供了第一个城市规划基本法规。1989 年 12 月 26 日,全国人大通过了具有国家法律地位的《城市规划法》,成为我国第一部现代城市规划法。

进入 20 世纪 90 年代后,为适应社会主义市场经济的要求,1996 年 5 月国务院颁发了《关于加强城市规划工作的通知》。至 90 年代末,全国第三轮设市城市总体规划编制工作基本结束,该轮规划具有探索性的时代价值,较为突出的是把整体性、多层次性、连续性、经济性等多种观念兼顾融合。

2007 年 10 月 28 日,第十届全国人民代表大会常务委员会第三十次会议通过了《城乡规划法》,标志着中国正在打破建立在城乡二元结构上的规划管理制度,开始进入城乡一体的规划时代。

党的十九大以来,作为城乡规划最新顶层设计的国土空间规划法的立法工作已经启动实施,并正抓紧推进。

总体来看,新中国成立以来我国城市规划总体上有以下特点:由技术型规划逐步走向综合型规划;由单个城市规划视角逐步走向区域规划视角;由终极蓝图逐步走向动态规划;由计划型刚性规划逐步走向市场型弹性规划;由精英型规划逐步走向社会型规划。

好了,到此为止,我们就把中国古代、近代以及现代的城市发展与规划,非常简要地做了一个历史回顾。我们也尝试用三句话,对这部分内容做一个小结,那就是:在创造中继承,在转折中奠基,在曲折中前进。

延 伸 阅 读

在古代美索不达米亚城市生活是一种什么体验?

美索不达米亚是一系列接替的辉煌文明——苏美尔、巴比伦和亚述——的故乡,它们的繁荣持续了三千年以上。苏美尔的数学家们设计出至今仍在使用的每小时 60 分钟;巴比伦的建筑师们设计了著名的巴别塔和巴比伦的空中花园;亚述的国王和将军们以帝国主义的名义,发动了有史以来最精明的军事行动。这些文明创造的伟大文学作品,例如《汉漠拉比法典》和《吉尔伽美什史诗》,依旧能够引起当代读者的共鸣。《圣经》的写作明显受到美索不达米亚环境的影响。《圣经》中所说的"新月沃土",是一片连绵的肥沃土地,从底格里斯河和幼发拉底河流域山谷直到尼罗河流域山谷的拱形之地。美索不达米亚也是世界最早城市的发祥地之一。那么,在古代美索不达米亚城市生活是一种什么体验?

美索不达米亚其名

今天我们所说的美索不达米亚,大部分位于现在的伊拉克境内,少数地区,例如西部和北部,则位于叙利亚和土耳其。

美索不达米亚(Mesopotamia)并非古代美索不达米亚人为自己生活所在之地的取名,而来自后世的人,这个名称最早源于古希腊旅行家和历史学家对这块土地的命名。美索不达米亚源自希腊语,意思是"两河之间的土地","mesos"意为"在两者之间","potamos"意为"河流","ia"是希腊语里表示地名的后缀。造就美索不达米亚的两条河是底格里斯河和幼发拉底河。美索不达米亚这个名字容易误导人,我们耳熟能详的著名古代城市巴比伦城、尼尼微等,实际上并非位于两河之间,而是位于两河向东南注入大海时所形成的不规则地带的外侧。

美索不达米亚的河谷由沙漠、山峦和大海共同构成,西部是叙利亚沙漠,北部和东部是土耳其和伊朗的山脉,南部是波斯湾。北方生活着亚述人,南方生活着苏美尔人以及后来征服苏美尔人的阿卡德人。尼尼微是亚述最大的城市,位于底格里斯河河畔。巴比伦城是巴比伦尼亚最大的城市,位于幼发拉底河河畔。

美索不达米亚是世界最早城市的发祥地之一

美索不达米亚三千多年的文化发展与变迁,都埋藏在古代底格里斯河与幼发拉底河河畔的各个城市之中。

美索不达米亚是孕育世界最早城市的区域之一,考古学家戈登·柴尔德提出判断最早城市的十大特征都可以在古代美索不达米亚城市中观察到:

1)从规模上说,最早的城市比先前任何定居点都大,且更密集。

2)从人口的组成和功能上说,城市与农村不一样:尽管大多数人是农民,但城市出现全职的专业的手工匠人、运输工人、商人、官员和牧师,他们不直接从事粮食生产,而由农民生产的剩余粮食所供养。

3)每个农民必须将其土地劳动所得的微薄剩余作为税,集中交给想象的地方保护神或者神圣国王。

4)每个城市都有自己独特的纪念碑式的公共建筑物。

5)牧师、官员、军人占有大部分的社会余粮,形成所谓的"统治阶级"。与旧石器时代的巫师或新石器时代的酋长相比,统治阶层完全免除了各种体力劳动任务。

6)管理巨大收入需要发明一套文字和数字系统。

7)文字的发明进一步促进科学的发展,例如代数、几何和天文学。天文历法和数学是早期文明的共同特征。

8)由社会剩余粮食养活的一些专家,发展了抽象复杂风格的艺术。

9)与境外的远距离贸易成为早期文明的常规。尽管早期国际贸易交易的商品多为奢侈品,但也包括工业原料。

10)城市里专业手工匠人不仅工作使用提供的原材料,他们还从以居住而非亲属关系形成的国家组织中获得安全保障。

美索不达米亚城市是如何建造的?

美索不达米亚是"古代世界最密集的城市化地区"。

美索不达米亚本地的原始材料制约着美索不达米亚人房屋的结构。美索不达米亚是一片缺乏石材的冲积平原,也缺乏木材,因此建造者们用生长于河边的芦苇取代木材,用河流黏土烧制的砖取代石头,建筑芦苇屋和砖房。美索不达米亚砖块形状在历史上不断演变,因此有助于考古学家们找到各个年代的建筑和地层。

美索不达米亚出产的天然沥青,成为重要建筑材料。天然沥青是一种强大的黏胶剂,与砖块结合起来,比普通胶浆的性能要强,而且可以防水。在世界各地古代文明中,沥青几乎只为美索不达米亚专有。地面上天然沥青的存在与石油的地下存储是紧密相连的,而石油正是伊拉克人今天财富的最大来源。

建筑可能开始于新石器时代,近东地区开始于公元前7000年,农业的发明导致永久居住地建设的开始。新石器革命又为城市革命开辟了道路,工程和建筑兴起,城市纷纷出现。在护城河和城墙之后保卫城市的财富,城墙之内建立起宫殿、神庙、塔庙,以及蜿蜒的街巷、居民区和商店。

塔庙是古代美索不达米亚最杰出的建筑学创造,建于喧闹的市中心。塔庙一词源于阿卡德语Zigguratu,意思是顶峰或高地。最初塔庙是一种用砖块砌成的多台阶平台式建筑,顶部可能有神龛。保存最完好的塔庙位于乌尔,可以追溯到公元前3000年晚期。

美索不达米亚最大的塔庙位于巴比伦,今天只有基座部分保留了下来。远古时期,该塔庙被称为"埃特美南基",意思是"天与地之基底",或是"天地之间的连接物"。巴比伦塔庙曾经高达300英尺①,是七层楼的高度。根据古代资料记载,巴比伦塔庙每一层都被涂上了不同颜色:第一层白色;第二层黑色;第三层红色;第四层白色;第五层鲜艳的橘黄色;第六层银色;第七层金色。巴比伦塔庙激发了《圣经》巴别塔的故事。

美索不达米亚城市是逐渐发展起来的,随着城里人口增长和满足人们的需要而有机形成的。美索不达米亚的城市是用城墙界定的。估计乌尔占地23.5平方英里②,其他苏美尔城市差不多有30平方英里。尼尼微占地近290平方英里。根据《旧约·约拿书》,邪恶之城尼尼微非常辽阔,要是步行的话,需要三天才能从城里穿城而过。"在这座伟大的城市里居住着十二万多人,人多得都无法分清左手和右手"。

不过,美索不达米亚最大的城市却是巴比伦,直到罗马帝国时代,巴比伦也是世界上最大的城市,超过340平方英里。

文献来源:城读. https://mp.weixin.qq.com/s/2ZF0vD0CJBCa——hGfqnuJA.

具体文献:BERTMAN S. Handbook to life in ancient Mesopotamia[M]. London:Oxford University Press,2005.

---

① 英尺:1英尺=30.48cm。
② 英里:1英里=1.609 344公里。

第二章 城市、城市化与城市管理[①]

尽管引言和第一章对城市、城市发展、城市管理等基础概念已有一定程度的介绍,但基本停留在经验描述的层次。所以本章集中对相关概念做出更加全面及客观的探讨,以为后续内容奠定较为可靠的学理基础。

第一节 城市的性质与功能

一、城市的性质

城市的性质,也就是城市的本质。对此,不同学科都有自己特定的观察。比如,从地理学的视角看,城市是人类聚落体系的一种类型;从经济学的视角看,城市是非农产业和非农人口的集聚地,是工商业较为发达的地区;从社会学的视角看,城市是由不同的异质个体组成的居住共同体;等等。

特别地,当从公共管理学的视角来界定时,城市则成为优质公共服务资源的集聚地。打个比方,如果我生活在上海,那么比如说我今天想去看个话剧,没问题,肯定能找到地方;但如果我生活在一个小县城,我今天想看一个演唱会,那基本上没戏。这个例子,在一定程度上可以帮助我们去理解,什么是优质公共服务资源。实际上,城市特别是大城市提供的公共服务,不管是类型、内容和品质,相对农村来说都要好很多,是名副其实的优质公共服务资源集聚地。

国际上关于城乡划分的标准,大体有几个维度。一是根据人口密度,比如日本规定,人口密度超过4 000人/km²的区域为城市;二是根据人口规模,比如在加拿大,1 000人以上的居住区就被视为城市;其他还有行政划分、职业界定等维度。特别地,我们来看一下中国划分城市规模的最新标准是怎样的。

根据《国务院关于调整城市规模划分标准的通知》(国发〔2014〕51号)这一权威文件,目前我国以城区常住人口为统计口径,将城市划分为五类七档:

城区常住人口50万以下的城市为小城市,其中20万以上50万以下的城市为Ⅰ型小城市,20万以下的城市为Ⅱ型小城市;

城区常住人口50万以上100万以下的城市为中等城市;

城区常住人口100万以上500万以下的城市为大城市,其中300万以上500万以下的城

[①] 杨宏山.城市管理学[M].3版.北京:中国人民大学出版社,2019.

市为Ⅰ型大城市,100万以上300万以下的城市为Ⅱ型大城市;

城区常住人口500万以上1 000万以下的城市为特大城市;

城区常住人口1 000万以上的城市为超大城市。

其中,城区是指在市辖区和不设区的市、区、市政府驻地的实际建设连接到的居民委员会所辖区域和其他区域。常住人口包括:居住在本乡镇街道,且户口在本乡镇街道或户口待定的人;居住在本乡镇街道,且离开户口登记地所在的乡镇街道半年以上的人;户口在本乡镇街道,且外出不满半年或在境外工作学习的人。此外,文件里提到的"以上"包括本数,"以下"则不包括本数。

这里我们再补充两点内容。一是芒福德提出,"城市的产生,最初源于人类定居的本能和意愿","城市真正意义上的形成,体现在比生存更高目的的建筑物上,更表现为在功能扩展之后作为密切相关、相互影响的各个功能的复合体"。二是赵燕菁提出,**"从制度的视角看,我们可将城市视作一系列公共产品和服务的集合"**。关于城市的基本特征,主要包括公共服务的集聚性、经济要素的集聚性、城市系统的开放性和城市文化的异质性等。

二、城市的功能

城市功能的概念[①]:通常理解为城市在国家和地区范围内的社会经济生活中所能发挥的作用。一个综合性的大中城市一般具有政治、经济、文化、交通等多方面功能,在多种功能中,对整个国民经济以及周围地区产生突出影响,反映城市本质特征,并对城市经济起导向作用的功能是城市的主要功能,其他称为辅助功能。

城市功能一般具有整体性、结构性、层次性和开放性等特征。关于城市的具体功能,基本体现在政治与公共服务、工业和商业以及社会交往和学习等方面。特别地,城市还承担着生态功能与创新功能,其中前者指城市在资源利用、环境保护等方面所承担的任务,后者指城市在技术研发与创新、新产品与新服务生产、文化与管理创新等方面所起的作用。

第二节 城市化及其发展阶段

城市化的基本定义,是指人口和经济活动从农村向城市转移的过程。从广义来看,城市化既伴随着乡村人口向城市集聚,城市规模、数量和用地不断扩展的过程,同时也伴随着城市经济活动、文化形式、生活方式和价值观念向乡村地域不断扩散的过程。总体来看,在城市化的动态过程中,整个社会的组织结构、经济产业结构、生产生活方式乃至道德价值观念等,都在发生巨大的变化。

城市化的基本特征包括:在非农产业和人口集聚的基础上,不断形成新城市;城市人口规模不断扩大,城市用地不断向郊区扩展;生产要素不断向城市集聚;农业人口不断向非农业人口转变。还需要指出的一点是,我们中文里讲的城市化、城镇化,在英文里边基本上就是urbanization这么一个词。一般来讲,我们对城市化、城镇化不做过多的区分。

接下来,我们来看如何衡量城市化的水平。基本的方法有:城市非农业人口测量法,城市

---

① 百度百科.城市功能,https://baike.baidu.com/item/城市功能/10848571。

土地比重测量法、城市化人口增长速度测量法,以及城市数量增长速度测量法等。其中最常用的方法,是测量城市人口占国家或地区总人口的比重。我们国家的统计局,每年二三月份都会公布上个年份国民经济和社会发展的统计公报,一般都有城镇化率的数据,比如 2021 年的公报中就提到,"城乡区域协调发展稳步推进。年末常住人口城镇化率超过 60%。"

关于城市化的发展阶段,可以简单分为两个阶段。从 18 世纪中叶英国工业革命到 20 世纪 50 年代,世界的城市化主要发生在欧洲和美洲,这是城市化的局部发展阶段。20 世纪中叶以后,世界城市化迎来了普遍发展的阶段。第二次世界大战结束以后,广大亚非拉国家赢得民族独立,走上了自主工业化发展道路,城市化的发展主流也从发达国家转移到发展中国家。其间,发达国家的城市化进程趋缓,而发展中国家的城市化进程则快速推进。

要特别指出的一点是,发达国家在城市化速度趋缓的同时,出现了"逆城市化"趋向。所谓"逆城市化",是指城市人口和城市职能向郊区和小城镇迁移和扩散的过程。请注意,逆城市化不是"城市化"的反向过程,不是城市人口重新回归为乡村人口的过程,而是城市化发展的更高阶段。"逆城市化"导致了城市中心人口开始向郊区和乡村扩散,大城市的绝对人口下降,郊区和小城镇人口呈增长态势。

我们从第一章里可以看到,在鸦片战争以后,我国开始了近代以来的一个被动的城市化进程;到民国的时候,特别是从 1927 年到 1936 年,我国的城市化也有一定程度的发展;到新中国成立以后,特别是改革开放以后,我国的城市化进程开始真正进入快速发展的时期。关于改革开放以后中国的城市化进程,笔者推荐一个综述文章给大家,是由香港大学何深静和新加坡管理大学钱俊希共同完成的《从新兴市场到多面城市社会:中国城市研究》。

第三节 中国的城市化政策

一、中国城市化发展的阶段及问题[①]

1949 年新中国成立到 1977 年,在面临外部扼制、资源短缺和一穷二白的农业型社会时代背景下,新中国以"立国战略"为目标,通过计划经济手段实施重工业优先发展战略。然而,"以农补工"和"户籍制度"两大制度设计在快速累积工业经济利润的同时也造成了严重的城乡分割问题。严格的户籍管理制度和普遍低下的城乡生活水平,使得中国的城市化在该阶段不具有匹配工业化发展所应有的活力与动力,总体上城市化处于停滞的状态。

自 1978 年实施改革开放以来,中国开始以"富民战略"为导向,逐步推动计划经济体制向市场经济体制的转变。得益于家庭联产承包责任制的不断完善、户籍制度的逐渐放松以及中国沿海地区持续对外开放,劳动要素的流动能力大幅提高,劳动力的供给和需求关系在新的制度与环境下发生变化,从而使得城市化的进程得以恢复并快速发展。

2012 年后,中国经济增长率的持续下降意味着传统的增长动力已不足以支撑中国经济的快速发展,中国经济已经处于跨越中等收入陷阱和经济转型升级的关键节点,中国经济亟须向高质量发展转型升级。在此背景下,中国的城市化也需要转向速度与质量并重的高质量发展

---

① 刘秉镰,朱俊丰.新中国 70 年城镇化发展:历程、问题与展望[J].经济与管理研究,2019,40(11):3-14.

阶段。

综上，依托于国家战略与区域发展的主线，可将新中国成立以来的中国城市化发展，划分为"计划经济时代的城镇化停滞期——解放发展生产力时代的城镇化快速发展期——现代化经济体系时代的城镇化高质量发展期"三大阶段。

由于当前中国的城市规划、管理制度与公共服务无法有效匹配快速的城市发展，从而引发了六方面的突出问题：人口城镇化与工业化、土地城镇化三者发展不平衡；人口过度集聚于大城市和超大城市；大城市病与中小城市功能性萎缩并存；资源约束矛盾突出，环境承载力严重不足；城乡、地区与收入三大差距过大；城市建设"千篇一律"，发展特色不足。随着我国城市化进入高质量发展阶段，这些深层次、长期性的问题需要引起足够重视并加以研究解决。

二、中小城市优先发展政策的反思

自 20 世纪 80 年代以来，关于中国城市化的政策选择，一直存在着争议。一种观点主张以大城市建设为主，另一种观点则主张以中小城市建设为主。在公共政策层面，在很长一段时期内，城市化的路径选择倾向于以中小城市建设为主。比如，1989 年 12 月颁布的《城市规划法》就规定："国家实行严格控制大城市规模、合理发展中等城市和小城市的方针，促进生产力和人口的合理布局。"随着城市功能的发展与完善，上述城市化方针日益受到挑战。

从 20 世纪 90 年代以来的城市化实践看，"严格控制大城市规模"这一方针并没有得到有效执行。一些特大城市通过设置各类开发区，使城市用地规模进一步扩大，如上海浦东新区、苏州工业园区、天津滨海新区、北京亦庄开发区等。事实表明，"一刀切"的城市发展政策是不现实的。中国城市发展必须与区域经济发展有机结合起来，充分发挥市场的基础性作用，不同区位环境和资源条件的城市，其发展应各有侧重。

2007 年 10 月，中国制定和颁布了新的《城乡规划法》。新法废止了 1989 年《城市规划法》关于"严格控制大城市规模"的提法，转而提出大中小城市和小城镇协调发展的方针。

党的十八大以来，大中小城市和小城镇协调发展的方针不断得到细化和完善。党的十八大报告提出：科学规划城市群规模和布局，增强中小城市和小城镇产业发展、公共服务、吸纳就业、人口集聚功能。《国家新型城镇化规划（2014—2020 年）》明确指出：优化城镇规模结构，增强中心城市辐射带动功能，加快发展中小城市，有重点地发展小城镇，促进大中小城市和小城镇协调发展。党的十九大报告进一步提出"以城市群为主体构建大中小城市和小城镇协调发展的城镇格局"，标志着我国城市化政策的重心，已经发展到以城市群为主导的全新阶段。

三、推进城市群发展的政策创新

所谓城市群，是指在特定的区域范围内云集相当数量的不同性质、类型和等级规模的城市，以一个或两个特大城市为中心，依托一定的自然环境和交通条件，城市之间的内在联系不断加强，共同构成一个相对完整的城市"集合体"。

为什么城市群变得重要起来？概括来讲，城市群发展模式具有以下显著优势：一是具有强大的产业集聚功能；二是有利于集约利用土地资源；三是有利于提升环境消费的规模经济效应；四是有利于促进消费和促进经济可持续增长。我们来看一组数字，就能更加认识到城市群的重要性：2020 年全年，长江三角洲地区（长三角城市群）的生产总值为 244 714 亿元，比上年增长3.3%,占全国国内生产总值(Gross Domestic Product,GDP)的24.1%。这意味着在2020年,沪、苏、浙、皖三省一市几乎创造了全国近四分之一的国民财富。

事实上,早在2010年国家出台《国家主体功能区规划》的时候,就明确提出要推进环渤海、长江三角洲、珠江三角洲地区的优化开发,形成3个特大城市群。此后,从2015年3月开始,国家层面连续下发了10多个涉及跨省域城市群的支持政策,主要包括:

国务院《关于长江中游城市群发展规划的批复》(2015.03.26);

中共中央政治局审议通过的《京津冀协同发展规划纲要》(2015.04.30);

国务院《关于哈长城市群发展规划的批复》(2016.02.23);

国务院《关于深化泛珠三角区域合作的指导意见》(2016.03.03);

国务院《关于成渝城市群发展规划的批复》(2016.04.12);

国务院《关于长江三角洲城市群发展规划的批复》(2016.05.22);

国务院《关于中原城市群发展规划的批复》(2016.12.28);

国务院《关于北部湾城市群发展规划的批复》(2017.01.20);

国务院《关于关中平原城市群发展规划的批复》(2018.01.09);

国务院《关于呼包鄂榆城市群发展规划的批复》(2018.02.05);

国务院《关于兰州—西宁城市群发展规划的批复》(2018.02.22);

中共中央、国务院印发的《粤港澳大湾区发展规划纲要》(2019.2.18);

中共中央、国务院印发的《长江三角洲区域一体化发展规划纲要》(2019.12.01)。

综上可见,城市群发展对于整个国家而言,其地位和作用变得越来越重要。

第四节 建制市与城市管理

一、城市与建制市

我们进一步明确一下城市的本质概念,即城市是优质公共服务资源的集聚地,是人口、工商业、建筑密集的地理空间。

从词源学上看,"城"与"市"最初是两个不同的概念。其中,"城"指的是四周筑有城墙,扼守交通要冲,具有防卫意义的军事据点;"市"指的是交换和贸易的场所。众所周知,社会经济的发展带动并加速了"市"的发展,而交易的扩展要求设立相对固定的贸易市场。从而"城"和"市"逐渐融为一体,演变成现在的城市。我国城市的萌芽可追溯到夏商时代,在唐宋时期就已出现了百万人口的特大城市。

第二个概念,什么是建制市?"建制市"属于行政建制的一种,是根据国家规定的标准和条件,按照法定程序设置的地方行政建制。

清代以前,中国没有"建制市"。直到清朝末年,才开始仿效西方国家的政治制度,实行城乡分治,设置自治市。新中国成立以后,在很长时期内保持着城乡分治的传统。20世纪80年代推行"市领导县"的体制以后,市建制逐渐发展为广域型市,每个市在行政区划上都包含大片的农村地区,市政府同时承担着农业和农村管理工作。这种广域型的建制市体制,是中国地方治理区别于西方的一个显著特征。比如在美国,它的城市(city)就是一个纯粹的城市化的区域,周围的郡(county)或者说县就是一个乡村地区,两者在行政地位上是平等的,都是州以下的地方政府。

下述我们通过一组数字,来了解一下我国建制市的相关情况。据国家统计局的消息①:2018年末,我国城市数量达到672个,其中地级以上城市297个,县级市375个,建制镇则有21 297个;2017年末,我国地级以上城市户籍人口达到48 356万人,户籍人口超过500万的城市有14个,300万~500万人口的城市有16个,50万~300万人口的城市达到219个,50万人口以下的城市有49个;2017年末,全国城市建成区面积达到56 225平方公里,比1981年的7 438平方公里增长了6.6倍;2017年,地级以上城市地区生产总值达到52.1万亿元,占全国的63.0%,地方一般公共预算收入达55 714亿元,占全国的60.9%。

二、城市管理的含义

从公共管理的视角来看,城市管理是指对城市公共事务的管理活动。如果从更为宏观的视角来看,我们还认为,城市管理就是对城市可持续发展的管理。

不难理解,随着城市的出现,必然会有相应的公共机构出现,来行使城市管理的权力与职能。与私人部门管理形成显著对比的是,作为公共管理的城市管理,强调以人为本、公共利益、公平与责任,以及公共选择和利益聚合等。城市管理的基本使命,包括有效提供城市公共产品和公共服务,满足市民的公共需求,提升城市综合竞争力,促进城市可持续发展等。

下述重点介绍城市管理的主体。传统的城市管理,往往是一种单中心的管制,城市政府是唯一的权威性管理主体。而现代的城市管理则有明显不同,总体而言是一种多元管理,其中城市政府是主导力量,此外还包括国有企事业单位、民营企业、社区组织和社会力量等。举一个例子。现在大家外出打车,很多时候通过滴滴出行、曹操出行这类的手机软件来实现,这就从一个侧面表明,相关的平台公司已经深度介入了城市交通管理,同时也成为一类重要的城市管理主体。

需要强调的一点,就是作为城市管理主导力量的城市政府所做的绝大部分事务,都是在响应城市管理任务,而城市政府的组成部门一般都在二三十个左右。也就是说,几乎每一个城市政府部门做的事情都涉及城市管理,所以城市管理单从业务领域或类型去划分的话,也是非常庞杂的,这点需要引起我们的注意。

三、城市管理的原则

开展城市管理活动,需要遵循以下六条原则:
(1)以人为本,把满足人的需求作为管理的出发点和中心任务。
(2)系统管理,注重考察不同管理要素、环节的关联性、层次性等。
(3)法治透明,管理过程应当依法行政,保持公开透明。
(4)利益平衡:综合权衡社会多元主体的利益诉求。
(5)公众参与:发展和完善参与渠道,保障利益表达权。
(6)成本效益:城市善治要求以合宜的成本投入取得最优成效。

---

① 央广网.城镇化水平不断提升 城市发展阔步前进.https://www.sohu.com/a/333962522_362042.

以上六条原则,字面很容易理解,但要切实做到却都有难度。比如说系统管理。现实当中,我们经常会看到"拉链路"的存在,就是一段道路挖了填、填了又挖,可能今天开挖是为了上下水,明天开挖又是为了热力管道,等等,总之是非常地折腾,有点"劳民伤财"。这个背后,其实是因为不同的部门有不同的职责,但在部门之间的信息沟通和工作协同上,确实存在着改进的空间。

又比如利益平衡。大家知道,西安市在2017年开始推行"车让人"的政策,而这个政策的本质,就是在协调和平衡机动车辆与行人的所谓"路权"。如果做进一步的观察会发现,以前西安市的很多道路主要考虑了机动车的行驶,对于骑自行车的行人则考虑得很少;现在很多道路上都辟出了专门的自行车道,甚至连斑马线也给自行车留出了专门空间(见图2-1)。应该说,这些管理举措都是在做不同主体的利益平衡,同时也体现出了以人为本的原则。

图2-1　西安市友谊西路西端的人行交通标识

四、城市管理学的历史发展

资本主义社会的到来,开启了工业化和城市化的进程,而城市化进程中日益严重的"城市病",则催生了城市管理学。

(一)西方城市管理学的研究进程

20世纪初,城市管理学在西方逐渐成为一个独立的研究领域,但早期研究主要从政治学和行政学的角度出发,侧重研究市议会、市政府及其相互关系等。20世纪20年代以后,西方学者陆续在城市财政、税收、治安、教育、司法、消防等领域开展了很多专门研究,其中尤以美国芝加哥大学社会学系对城市社区的研究最为著名。20世纪30年代以来,西方城市管理学研究越来越多地吸收了行政学、管理学、经济学、社会学、建筑学的理论和方法,逐渐成为多学科交叉和互相渗透的跨学科知识体系。

围绕城市管理研究,其中的市政体制、市政职能涉及行政学、管理学,城市规划涉及地理学、建筑学、经济学,城市人口与社区涉及社会学,公共服务供给涉及经济学特别是公共经济学等。可以说,城市管理学事实上是一个"理论丛林",而且学派众多。这里我们简要介绍一下社会学芝加哥学派①。

---

① 柯泽.论社会学芝加哥学派的历史分期及理论贡献[J].社会科学辑刊,2012(6):68-74.

"芝加哥学派"这一称谓,最早由美国实用主义哲学家威廉·詹姆斯提出,他在1903年10月29日的一封信件中谈道:"芝加哥大学(哲学系)在杜威领导下经过十年孕育,在过去六个月可谓修成正果。这些成果光彩夺目——这是一个真正的学派,真正重要的思想。"后人所说的芝加哥学派,则是对肇始于芝加哥大学、具有共同学术特色的不同学术派别的总称,包括了哲学芝加哥学派、政治学芝加哥学派、社会学芝加哥学派以及经济学和建筑学芝加哥学派等。社会学芝加哥学派的发展大体可分为三个时期:从1892年芝加哥大学社会学系创办到1915年,为早期发展阶段;1915年至1935年,为全盛时期;1935年之后,社会学芝加哥学派开始进入衰败。

初创时期的芝加哥大学社会学系,首任系主任为斯莫尔,主要著作包括《普通社会学》和《社会学的起源》,学术贡献在于让美国社会学界开始关注德国的社会学成就。芝加哥大学建校之初,出现了一批为美国社会学建设添砖加瓦、影响深远的人物,他们是哲学系的杜威和米德,社会学系的斯莫尔、托马斯、文森特和亨德森。其中,托马斯创造性地提出了社会失序、情境定义以及生活秩序等理论和概念,其"四项基本欲望"理论(使用认知、反应、新经验以及安全等因素来解释人类动机)在20世纪20年代颇为流行。托马斯对社会学的贡献包括,较早摆脱了传统社会学在个人与社会发展解释上的生物学观点,以历史分析和现实分析的观点取而代之,同时开创了社会学研究的文化人类学传统。

1915年,伴随着帕克加盟芝加哥大学社会学系,加之前期社会学系学术成果的孕育和催生,芝加哥社会学进入到全盛发展阶段。帕克将当时正在兴起的芝加哥看作一个巨大的社会实验场,他认为"社会学研究工作应该定位于芝加哥的都市文化,芝加哥就是一个社会实验室,这意味着应该去收集那些影响城市社会生活的各种材料,并对材料进行归纳和分析"。他的学术研究目标是要摸清这个大都市的要素分布和要素功能,并解剖都市中的各种人类行为。他到芝加哥大学后开设的课程之一就是"实地研究",帕克鼓励研究生们走进城市、走进社会,以绘制地图的方式去呈现这座城市地产、商业、舞厅、毒品、犯罪等的分布和结构,研究各色人等的心理和行为。其他各种实证研究方法,如访谈、观察、数据收集、文献分析也被广泛运用。

芝加哥社会学派所倡导的都市生态研究最终指向行为偏差、城市犯罪、文化同化、社会失序等具体的都市人类行为课题,围绕这些课题开展了一大批调查研究,这些成果大多由社会学系的研究生完成,并且许多作品获得出版。芝加哥大学社会学系即使是在全盛的12年中规模都不是太大,这种类型灵活的机构建制反而使社会学系能够充分通过学生进行科研创造,同时接纳本校其他专业领域的学者参与进来,共同打造具有明显跨学科特征的社会学体系。

(二)中国的城市管理学研究

整体而言,我国城市化进程起步较晚,因而城市管理学的教学科研进展也较缓慢。1927年由董修甲编写的《市政学纲要》,是我国早期市政管理研究的代表性著作,主要论述了市政的含义、城市的地位以及各国市制等。在解放前,一些高校曾开设有市政管理学的课程。新中国成立后,伴随全国高校的院系调整,市政管理学也成为被撤销的科目。20世纪80年代以后,我国一些高校重新开设了市政学或市政管理学课程,在90年代初,市政学还被列为高等自学考试课程。进入21世纪,北京大学政府管理学院、中国人民大学公共管理学院等院系先后开设了城市管理专业,招收本科生和研究生。2012年,教育部修订高等教育本科专业目录,城市管理成为公共管理一级学科下设的五个专业之一。

需要说明的几点是:城市管理学的研究对象,主要涉及城市与城市化、城市管理体制、城市管理主体、城市公共政策、城市管理理论与方法等;城市管理学的研究方法,主要包括比较研究法、历史研究法、规范分析法和实证分析法;城市管理学的研究意义,主要在于理解城市现象、认识城市发展规律,诊断城市问题、改进城市政策,优化资源配置、促进城市健康发展,改进公共服务、提升公众满意度,培养专门人才、提升市民素养等。

延 伸 阅 读

城市的本质

一、关于城市的本质,既有研究怎么说

城市理论在过去百年来经历了多阶段发展,产生了不同的理论流派。20世纪上半期,占据城市研究正统地位的是芝加哥社会学派,该学派把城市作为不同社区竞争和演替的场所。1960年代末,芝加哥社会学派遭到猛烈批判,尤以卡斯特尔(Castells,1968)为首,他抨击芝加哥社会学派研究的问题根本就没有城市,而是关于整个社会的问题。芝加哥社会学派的研究是一种意识形态,忽视了资本主义的本质才是社会组织的逻辑。至20世纪70年代初,芝加哥社会学派被以卡斯特尔、列斐伏尔(Lefebvre)、哈维(Harvey)等人为代表的马克思主义理论取代,认为城市是阶级斗争的舞台,其中心议题是土地市场作为财富分配的机器和争取获得城市空间和资源的公民权的政治诉求。

20世纪80年代涌现出几个新的城市理论观点:①以梅西(Massey,1991)和麦道威尔(McDowell,1983)为代表的女权主义学者,关注城市的性别维度,并带动族群、种族和阶级研究的复兴。②以弗里德曼(Friedmann)和萨森(Sassen)为代表,研究全球城市体系和全球化对城市内部结构的影响。③以布伦纳(Brenner)、科克兰(Cochrane)、哈维、杰索普(Jessop)等人为代表,研究城市政治和城市管治。这三种理论分支研究延续至今。

进入21世纪以来,城市理论发生新转向。第一,对于城市理论的后殖民批判呼吁城市研究应该把全球南方(Global South)的城市包括进来,否则城市理论的普适性是有问题的。第二,提出应该采取新的城市研究方法,特别是基于行动者网络理论(actor-network theory)和集群理论(assemblage theory)的方法,强调单个城市地域的特殊性。

综上,城市研究的概念框架、问题和方法论分散、不连续,不同时期城市学者关注的城市问题不断变化,这种碎片化也体现在试图描述特定时空条件下城市发展特点而提出的五花八门的概念之上,如俘房城市(captive cities),后现代城市(postmodern cities),反叛城市(insurgent cities),作为娱乐机器的城市(cities as entertainment machines),监狱式城市(the carceral city),新自由城市(the neoliberal city),碎片化城市(the fragmented city),二元城市(the dual city)和创意城市(the creative city)。

当前城市研究强调实证特殊性,更甚于理论一般性。我们尝试建立关于城市和城市化过程的一般概念,为城市研究争辩提出共同的术语。

二、城市理论应该追寻普遍性还是差异性

城市总是嵌入于更广大的社会或政治关系中,这给城市打下了多元特征的烙印,促使城市在不同时空下产生形式与功能上的多种变化。例如有的城市已经进入后工业时期,有的城市尚处在制造业阶段,有的城市所在国家繁荣昌盛,有的城市所在国家贫困蔓延,有的城市所在国家属于单一民族社会,有的城市所在国家属于多族群社会,有的城市所在国家属于威权政治体制,有的城市所在国家则实行民主政治体制。面对城市的多元现实,我们是否只能提出众多不同的城市概念,还是可以斩断这个戈耳狄俄斯之结(Gordian knot),建立一个一致的城市概念,把城市作为理论研究的对象?

对于后者,我们的回答是肯定的。城市的本质在于城市的双重地位:作为生产和人类生活的集聚,以及这种集聚在相互作用的土地利用、区位和制度安排之下的展开。在不否定城市的普遍本质的前提下,有5个变量对于塑造城市的特殊性有重要影响。

(1) 总体经济发展水平的时空差异很大。处于不同经济发展背景下的城市在经济基础、基础设施禀赋和人口组成等方面呈现截然不同的特点。

(2) 资源分配的原则对城市发展有举足轻重的影响。采用市场机制、非市场机制或两者混合的机制分配资源的社会,其城市发展互不相同。

(3) 社会分层主导结构(包括种族和族群差异)对社区形成具有主导影响。

(4) 文化规范和传统是另一个差异的来源。

(5) 政治权威与权力对城市发展打下烙印。

城市经验性现象上的特殊性以及上述变量的不同组合造成了城市的多样性。许多分析者把每个城市作为独特的个案并坚持认为对城市进行概念抽象是徒劳而危险的,例如前述的集群理论和行动者网络理论。这种观点强调城市的独特性,聚焦于描述各种离散事件混杂而成的万花筒,往往忽视了背后的一般结构和过程。经验事实的特殊性并非不重要,但概念抽象能帮助研究者揭示多元性和差异,成为建构经验分类的先决条件。

城市生活存在系统的规律性,可以进行高水平的理论概括。我们同意对全球南方城市的研究可能会对城市理论做出巨大的修正,但是这种理论修正不是仅仅源自全球南方和全球北方城市表面现象的不一致,而在于全球南方城市的研究对理解城市集聚过程和城市土地关系的内在逻辑和机制所提供的新见解。

三、城市的本质到底是什么

纵观全球城市化发展历史,城市化是经济发展、劳动分工、集聚经济、专业化、商业贸易等相互作用的产物,城市通过集聚产生效率,现代城市本质上是作为区域、全国或全球贸易体系下的经济生产和交换的中心而存在的。因此可以从包含如下两个过程的理论框架来理解城市:集聚/极化的动态过程;区位、土地利用和人类互动三者关系的展开。如此才能把城市本质现象与其他社会现实区分开来。

集聚:生产,贸易与城市化

一国经济发展水平对集聚与专业化所带来的城市增长具有因果关系。实证研究表明,一个国家的城市化水平往往与人均GDP呈正相关。并且这种关系是双向的,城市为持续的经济增长提供坚实的基础。经济扩张与城市化是一种循环的相互影响关系,关键在集聚过程。

集聚的经济效益可以理解为分享、匹配和学习的机制。

（1）共享。共享指由于地方的密集联系与生产过程的不可分割性，一些城市服务需要作为公共物品来提供。

（2）匹配。匹配指人与工作配对的过程，这在有大量公司与员工的地方更为突出。

（3）学习。学习指由集聚而产生密集的正式与非正式的信息流，有利于激发创新。

集聚不仅是经济地理的技术基础，还是人类生存近乎普适的特征。集聚既对经济发展有影响，也对整个社会有影响。集聚是城市的基本粘合剂，把人类活动、社会冲突以及不同的地方政治糅合成一个复杂的城市堆积体。

既然集聚概念十分重要，那为什么不能通过区分地理范围的集聚程度来区分不同的聚落呢？原因是现代城市很大程度上已经失去了作为空间单元的意义。随着城市外部贸易的发展，城市周边叠置着长距离的人员、商品和信息互动，我们很难看到城市与其他地理空间之间有绝对的边界，城市是经济空间中的一个标杆性节点，城市之于经济空间，就像山峰之于周围的地貌，很难画出一条界线，把它与周围环境分割开来。

另外，城市的独特性不在于内部与外部互动的粗略比例，而是这两种互动鲜明对比的特质和区位效应。城内互动通常比长距离互动的单位距离成本更高，信息量也更丰富（因此需要面对面交流），这种人与人互动是城市集聚的主要支柱之一。即使全球化程度增强的背景下，实证证据表明城内互动依然充满活力，甚至更加兴盛。更准确地说，全球化并不意味着城市的终结，而是集聚与城市化过程在全球范围的强化。

城市土地枢纽

城市本质的另一个重要特征是城市土地枢纽（the Urban Land Nexus），一系列互动的土地利用，反映了城市社会与经济活动的分异、极化和区位马赛克，城市土地枢纽对应城市内部空间的肌理，由企业寻找生产区位和家庭寻找生活空间的行为共同塑造。

城市土地枢纽主要有三个组成要素，第一，工作和就业构成的生产空间，第二，居住社区构成的社会空间，第三，基础设施与道路干线构成的流通空间。三者的组合有无限可能，因此形成单个城市的独特性，但仍然可以通过城市集聚/极化的过程和城市空间的整体功能整合的一般框架加以理解。

城市土地枢纽并非分散私人区位选择的简单总和，而是受到个体、公共与政治行动的影响。例如，私人土地的外部性影响或者由于市场失灵而引发的公共干预。因此，城市土地的本质在于既是私人的又是公共的，既是个体的又是集体的，城市的形态反映了个体行动（企业与个人）与集体行动（管理机构）的交织的力量。

四、城市的范围与局限：城市里的问题还是城市的问题

城市与社会不是互相重合的概念。我们应把城市放在更广阔的社会语境中，但又不能将两者合并，因为这会错失城市的本质特征。一个有益的出发点是对"城市里的问题（problems in cities）"和"城市的问题（problems of cities）"加以区分：城市里发现的问题未必在本质上是城市的。例如，城市里有很多贫困人口，但是贫困的本质根源不是城市，贫困并非由城市化引起的，尽管某些城市状况的确会恶化贫困程度。贫困产生于宏观的社会过程，包括经济发展水平、总体就业机会结构和教育培训可得性等等。因此把贫困作为城市问题的政策，可能改变总体贫困率，但无法完全根除贫困。

五、结论

关于城市的本质,一方面要找出所有城市的共同特点,另一方面不宜夸大城市理论的范畴,声称每一个城市都是不可简化的特殊案例。我们强调不同类型城市的共性以及形塑这些城市的组织过程,这种观点让我们不至于匆忙把某些引人注目的特殊城市案例(例如金沙萨的基础设施崩溃和暴力、孟买贫民窟的蔓延或欧洲南部城市的财政危机)当作城市理论需要重塑的信号,也不至于毫无根据地将世界上所有的城市归入一个共同的经验模板。

有生命力的城市理论应该有助于区分哪些社会生活动态本质上属于城市,哪些社会生活则超越了城市的范畴之外,即便这些经验事实可以在城市内观察到。当前存在把所有形式的社会和政治行动纳入城市范畴的倾向,这属于概念的过度应用。即使在大部分人居于城市的21世纪,人类生存的很大一部分在本质上仍然不是城市的。

"不要急着给城市下定义,因为城市涵义甚广,你十有八九会搞错",法国当代先锋小说家乔治·佩雷克曾如是告诫人们。的确,关于城市的本质是什么存在许多分歧,困扰着城市研究者。

文献来源:城读. https://mp.weixin.qq.com/s/Cb4_DF6jOQCnJWfc——CcrA.

具体文献:SCOTT A J, STORPER M. The nature of cities: the scope and limits of urban theory[J]. International Journal of Urban & Regional Research, 2014, 39(1): 1-15.

第三章　城市管理理论[①]

在第二章第四节的"西方城市管理学的研究进程"部分,我们已经提到,城市管理学事实上是一个"理论丛林",当从不同的角度或领域进入城市管理的具体领域时,就会需要相应的细分理论作为理解、思考、研究和解决对应管理问题的必要支撑。同样是在第二章,我们从公共管理的视角,将城市界定为"优质公共服务资源的集聚地",从而城市管理的主要任务,就是对所谓"优质公共服务资源"进行合理配置,进而再把相应的公共产品及服务以合适的方式提供给城市内的居民个体。在此背景下,本章将首先介绍一组基础的概念,包括私人部门、公共部门、城市公共部门,市场失灵、政府失灵,以及城市公共产品的供给;其次,集中介绍一组与城市管理紧密关联的理论;最后,引介一个较为新颖的面向高质量发展的城市模型,以为当前的城市管理提供镜鉴。

第一节　从城市公共部门到城市公共产品

一、城市公共部门

(一)私人部门

所谓私人部门,即私人领域的行动主体,是指参加市场交换活动的各种组织和个人。具体地讲,私人部门包括各类企业组织以及家庭和个人。对于私人领域的事务,私人部门拥有自主决策权,基于自愿达成交易行为。

私人部门与公共部门的根本区别,不在于是否接受政府干预或行政指导,而在于以何种机制作为最基础性的组织方式。私人部门以市场的自愿交易和自发秩序为核心机制来组织社会行动,而公共部门基于公共选择行为,依托公共权力,通过自上而下的指挥命令来组织社会行动。私人部门的特征包括:行动主体的自主性、平等性,以及私人行为的互惠性和契约性。

从行动过程来看,私人部门一般可以分为商品生产者、消费者以及为买卖提供服务的中介人等三种类型。他们各自实行分散决策,自主提供或消费私人产品和服务。私人部门的优势在于:首先,私人部门的分散决策能够较快地实现供需平衡;其次,市场价格的信息传导机制有利于提高资源配置合理性;最后,市场主体的利益驱动有利于激励创新。

[①] 杨宏山.城市管理学[M].3版.北京:中国人民大学出版社,2019.
　　杨宏山.城市管理学[M].2版.北京:中国人民大学出版社,2013.

(二)公共部门

公共部门是以公共权力为基础组织起来的对社会成员具有强制和约束功能的社会组织,一般是指政府及其附属机构,主要负责管理公共事务,提供公共产品和公共服务,谋求公共利益,不以营利为目的。

政府是公共部门的核心主体,具有征税权、禁止权和处罚权,可凭借公共权力获得收入,禁止某些社会活动,对违法者实施处罚。此外,政府可以通过产权等强制性制度安排,为经济主体的活动提供激励约束机制,对经济活动的负外部性进行管制,同时可以采取措施为消费者提供信息以及其他必要的支持。

在传统意义上,城市政府是城市公共部门的唯一主体,垄断了城市公共事务的管理权,是城市公共产品的唯一供给主体。随着社会的发展和进步,一些非营利组织和非政府组织也成为城市公共管理的重要主体,但城市政府仍是城市公共部门中最重要的行为主体。

公共部门的特征包括:实行公有产权;追求公共利益;采取集体行动。

(三)城市公共部门

中国的城市公共部门规模较大,可分为拥有公权力的公共部门和没有公权力的公共部门。

拥有公权力的公共部门,包括执政党系统和政府系统两个部分。中国共产党是当代中国的执政党,中共市委在城市公共部门中居于核心领导地位,有权制定城市基本政策,统一领导管理城市各项公共事务。城市政府系统包括立法机关、行政机关、司法机关、监察机关。立法机关指城市人民代表大会及其常委会,行政机关指城市人民政府,司法机关包括法院和检察院,监察机关指监察委员会。

没有公权力的公共部门,包括政协机关、民主党派、事业单位、国有企业、人民团体、社会组织等。其中,政协机关指城市的政治协商机关;民主党派接受执政党领导,与执政党紧密合作;事业单位是政府提供公共服务职能的延伸,负责提供教育、科研、文化、卫生、体育、环保等公共服务;国有企业是政府投资的企业,分为中央企业和地方企业,分别由中央政府和地方政府实行分级管理;人民团体包括工会、妇联、团委等,它们受中共市委直接领导;社会组织主要包括各种行业协会、基金会、慈善组织、社区组织、民办非企业等。

二、城市公共产品及其供给

(一)市场失灵

私人部门依靠市场机制进行运作。市场机制是一种富有效率的资源配置方式,具有需求满足功能、情报传递功能、资源配置功能和创新激励功能等。然而,市场不是万能的,也存在市场失灵的问题。所谓市场失灵,是指由于内在功能缺陷和外部条件缺陷引起的市场机制在资源配置的某些领域运作失灵,单纯依靠市场机制难以实现资源最优配置的一种状态。

市场失灵主要表现在以下六个方面:

(1)公共产品问题,即单纯依靠市场机制难以实现公共产品的有效供给。

(2)外部效应问题,如果一种行为具有正外部效应,往往会出现供给不足,而在缺少外部约束的条件下,负外部效应的行为则会受到激励。

(3)市场垄断问题,指市场中只有少数几家供应商,甚至出现独家垄断的局面,此时厂商可以通过控制产量来提高价格,成为市场价格的单方面制定者。没有竞争的垄断市场,产品和服务的质量也停步不前,市场经济效率低下。

(4)信息不对称问题,容易导致"逆向选择"和"道德风险"。

(5)分配不公问题,市场机制会扩大收入差距,导致贫富分化,市场不均衡也会导致不同生产要素的收入存在差距。

(6)宏观经济问题,由于市场供求关系引起的价格变化具有时滞性,相关决策者做出反应也有时滞性,所以会出现市场总供求失衡的情形。尽管市场能够自发地进行调节,但这种调节本身也有滞后性,所以宏观经济难免会发生周期性的波动。

(二)政府失灵

市场失灵问题,为政府管理提供了正当性。政府管理的基本使命在于:弥补市场失灵,提供公共产品和公共服务;对具有正外部效应的行为提供激励,遏制具有负外部性的市场行为;监管市场垄断现象,遏制不良影响,矫正信息不对称带来的不良影响,整治虚假广告,打击假冒伪劣产品;提供社会保障,维护社会公平;通过财政、税收、货币等政策工具,保障宏观经济稳定。

然而,事物都有两面性,政府行为也存在着失灵问题。所谓政府失灵,是指由于政府干预导致的资源配置低效率。在一些领域,人们期望政府能够办理市场办不好的事情,结果却发现政府干预不仅不能弥补市场失灵,反而进一步降低了资源配置效率。詹姆斯·布坎南指出,人们必须破除"凡是政府就都会一心一意为公众谋利益"的观念。政府是由政治家和公务员组成的群体,他们作为理性经济人,都以追求自身利益最大化为行为准则,也并非全知全能者。另外,现实社会具有高度复杂性,即使政治家主观上希望把事情办好,也会因为遇到很多困难而没有办好。政府失灵具体表现为:政府部门扩张;公共决策失误;政策执行低效;再分配不公;政府腐败;等等。

(三)城市公共产品及其类型

首先,我们来看什么是公共产品。所谓公共产品,是指城市所有成员集体享用的消费品,每个人对该产品的消费都不会减少其他社会成员对该产品的消费。公共选择理论家奥尔森提出,凡是不能适当地将那些没有付费的人排除在消费之外的产品,就是公共产品。概言之,公共产品具有消费的非竞争性和受益的非排他性。

接着,我们来看城市公共产品的类型。城市公共产品可分为纯公共产品和准公共产品两类。纯公共产品是指能够严格满足非竞争性和非排他性条件的产品。警察和路灯属于典型的纯公共产品。城市只要建立了警务体系,所有居住在辖区内的居民都将受到公共安全保护。准公共产品是指仅满足消费的非竞争性和受益的非排他性这两者中的一个特征的产品,可进一步划分为俱乐部产品和公共资源。俱乐部产品是一种在消费上具有非竞争性,但却可以轻易地做到排他的产品。这类产品的消费者数目通常被界定在一定范围内,类似于各种俱乐部提供的服务,因而被形象地称为俱乐部产品。实行收费制度的高速公路、游泳池、水电气设施、展览馆、电影院等,都属于俱乐部产品。公共资源是一种在消费上具有竞争性,但无法有效地做到排他的产品。对于公共资源而言,不付费者不会被排除在消费之外。公共草坪、公共牧场、公共渔场等,都属于公共资源。

(四)城市公共产品的供给机制

第一,城市政府的职能定位与公共产品的供给机制密切相关。公共产品的消费大多具有非排他性,个人不论付费与否都可以享受公共产品的好处,这就容易使人产生"搭便车"的心理,即人人都希望别人提供公共产品,而自己坐享其成,因而需要通过一种非市场的机制来提供公共产品。政府正是依据这一公共需要而产生的,其最基本的职能就是组织和执行公共产品供给。它通过强制性的征税权获取财政收入,通过财政支出提供公共产品。市政管理就是一种由市场机制实现私人产品的有效供给,而由公共部门负责公共产品供给的制度安排。在市场经济体制下,城市政府只能是有限政府而不能是全能政府。

第二,需要区分"供应"与"生产"两种职能。政府需要"供应"公共产品,但并不等于政府应当直接"生产"公共产品。公共产品和公共服务的"生产"与"供应"需要区分开来,前者既可以由私人部门承担,也可以由公共部门承担,而且在公共服务的生产方面,要允许在生产这些服务的机构之间开展最大限度的竞争。

第三,公共产品可以实现多中心供给。"供应"与"生产"的概念区分,为公共产品的多中心供给机制提供了理论支持。政府提供公共产品,包括政府直接生产和间接生产。私人部门提供公共产品需要有一定的前提条件,包括公共产品在技术上具有可分割性、能够有效排他,所提供的只能是准公共产品,以及需要在法律上予以保护等。第三部门提供公共产品,主要包括志愿团体、社会组织等,这些部门具有自愿性、自治性、非营利性等特征。

公共产品供给的具体形式见表 3-1。

表 3-1 公共产品供给的制度安排

		安排者	
		公共部门	私人部门
生产者	公共部门	政府服务 政府间协议	政府出售
	私人部门	合同承包 特许经营 政府补助	凭单制 自由市场 志愿服务 自我服务

第二节 三类典型的城市管理理论

城市管理涉及了不同维度和多个学科的多种理论。在此,我们选择从以下三个主题来做扼要介绍。

一、城市统治权力导向的理论

首先要请大家注意的是,这个主题下的精英主义、多元主义、增长机器和城市机制等理论,都是西方学者结合西方的特定城市实践提出的,因此具有特定的理论背景及应用范围。简单来说,这几个理论都是围绕着城市统治权力的归属问题所展开。

(一)精英主义理论

精英主义理论认为,城市社会结构就像一个金字塔,拥有广泛支配权力的人站在塔顶,而没有权力的人则处于塔底。具体来说,城市社会往往由工商精英所掌握和控制,他们对城市政策过程具有支配性的影响力。

(二)多元主义理论

多元主义理论与精英主义理论相对,它认为城市权力实际上是分割和分散的,所有团体都有一定的资源来表达自身诉求,没有一方力量能够长期主导城市治理。

(三)增长机器理论

增长机器理论认为,主导城市发展的是致力于促进经济增长的各种力量的联盟,而土地资源是城市发展的主导因素,因此推动城市增长就要对所控制的土地进行开发。事实上,增长机器理论是对精英主义理论的呼应与扩展,强调企业家一直都是形成城市系统的关键力量。

(四)城市机制理论

城市机制理论认为,城市政治包括了广泛的参与者,政治组织、经济组织、社会组织分别掌握了不同的资源,任何一方都无法独立地实现发展目标,而多元主体间的"联盟"就成了一种必然选择。为此,多元主体需要建立合作关系,共同促成城市发展。从一定程度上可以认为,城市机制理论也是对多元主义理论的一种呼应与扩展。

二、政府管理导向的理论

因为城市管理的核心主体是城市政府,所以政府管理的方式、效率、效能等必然直接影响到城市管理的效果。

(一)有限政府理论

有限政府是由市场机制实现私人产品的有效供给,而由公共部门负责安排公共产品的提供。在市场经济体制下,城市政府只能是有限政府而不能是全能政府。当前,我国的城市管理一定程度上还有全能政府的影子,需要进一步通过政府职能的深刻转变,来实现政府与市场的有效配合和有机融合。

(二)服务型政府理论

服务型政府与管制型政府相对。服务型政府强调以人为本、公民本位,政府活动必须以人民的同意为基础,公众满意度是评价政府管理绩效的最终标准。当前,随着"放管服"改革的持续推进,广大市民已经越来越多地享受到了更加便捷和高效的城市政府服务。比如西安市最近率先在西北地区推出"交房即交证"改革,通过再造流程、信息共享、容缺受理、限时办结、服务提质等措施,确保企业在交房时即可办妥不动产权证书,并交付给购房者,保障住权产权同步到位。

(三)绩效管理理论

绩效管理也称结果导向性管理,是根据绩效目标,运用评估指标对政府部门履行行政职能所产生的结果及影响进行评估、划分绩效等级、提出绩效改进计划和运用评估结果来改进绩效的活动过程。其中,绩效评估在绩效管理中居于核心地位。城市绩效管理分为多个具体分支,如目标管理绩效考核、部门绩效考核、机关效能监察、领导班子和领导干部考核、公务员考核等。例如2021年1月,陕西省召开了十三届人大五次会议,明确了全省今年的地区生产总值增长预期目标是"6.5%左右"。同年2月份,西安市也召开了十六届人大六次会议,所提出的地区生产总值预期增长目标是"7%以上",定得比省上略高一点。因为陕西所有的11个地市(区)都要根据省定指标来确定自己的指标,而且要么维持、要么稍微增加一点,后续省发改系统也会通过相应的考核机制,对各个地市的月度、季度指标完成情况进行目标管理。这就是一个典型的城市经济增长目标管理绩效考核。

(四)公众参与理论

公众参与和民主决策,是现代城市治理的基本要求。城市管理必须坚持以人为本,基于现实情况进行决策,致力于满足市民的公共需求。而且我们国家讲"人民城市人民建""人民城市人民管",所以必然要把公众参与或者说是公民参与提上议事日程。但是怎么参与,通过哪些途径参与,参与到什么程度,这个需要我们特别关注。此外,城市政府目前都在推行的政务公开、信息公开,特别是"12345"热线,实际上都为公民参与城市管理提供了具体途径。特别地,西安市在2017年出台"私家车限行"的政策过程中,召开了好几轮听证会,把各行各业的居民代表请到市政府参与研讨,也是很好地体现公众参与的实例。

(五)无缝隙政府理论

无缝隙政府是一种适应从官僚社会向公民社会转型的政府再造理论。传统的行政体制注重层级节制、部门分工,容易导致各自为政、推诿扯皮。随着技术进步和公众的需求变化,政府必须摆脱官僚机构的僵化窠臼。从专业化管理走向无缝隙管理,需要施行行政流程再造,提升政府的回应性和公共服务效率。此外,无缝隙政府以整体团队进行运作,与公众保持密切联系,能够快速组织行动,提供多元化的服务选择。

(六)整体性治理理论

整体性治理是为了回应行政部门碎片化和分散化管理造成的应对复杂问题效率低下、探寻公共部门整合机制而提出的一种理论建构。整体性治理通过构建跨部门、跨领域的协作机制,使不同层级的机构更好地分享信息、协同工作,共同提供整体化的服务。整体性治理是针对部门碎片化实施的治理创新,目的在于提升行动主体之间的相互依赖性,主张通过机构重组、流程再造、技术应用等途径,构建政策网络,形成大部门体制,提供"一站式"服务。

与此同时,也请大家考虑一个问题,就是无论是无缝隙政府还是整体性治理,很可能都是一个理想和一种极限。当然通过信息技术,它们在很大程度上能够实现,但是所谓的"碎片化"是不是能够完全消除,或者说碎片化本身在现代风险社会中有没有存在的合理性等等,这些问题都值得深思。

三、城市治理导向的理论

(一)多中心理论

文森特·奥斯特罗姆基于民主行政的价值诉求提出多中心理论,发出了公共事务治理研究的先声。他以美国大都市区的公共服务提供为例,论证了多中心体制的合理性。在美国的大都市区,存在着许多相互独立的公共机构,包括联邦和州政府的机构、县、市、镇和特区,它们分别履行各自的职能,同时又展开竞争与合作。在多中心体制下,多个自治单位的管辖权互相交叠,它们通过多种制度安排进行协调。由于存在多个权威,每个机构的权力和能力都有限,同时又可能利用其他机构的权能,结果是"协作生产"成为公共服务供给的一种制度安排。

关于多中心理论,也请大家做进一步的思考。一方面,多中心治理是基于美国的城市管理实践提出来的。在美国,社会自治的传统非常强大,很多地方的公共事务管理甚至公共物品提供,都是在依靠社会组织,所以从城市管理来讲,的确是一个多中心的治理过程。另一方面,在中国使用多中心治理理论需要慎重一些,要特别注意区分不同的场景。我们认为,比较合适的讲法应该是多元治理,也就是说参与到治理过程中的主体是多元的,但所谓的"中心"应该予以仔细地分辨和确认。

(二)新公共管理理论

新公共管理理论的影响很大,主张政府应"多掌舵、少划桨",同时强调把企业管理的方法和技术引入公共服务供给之中,以企业精神重塑政府部门。新公共管理理论在恪守公共管理核心价值的同时,吸收了企业管理奉行的顾客至上、绩效管理、目标管理等理念和工具,强调责任制、结果导向和绩效评估。新公共管理理论还主张在公共部门与私人部门之间发展伙伴关系,降低行政成本,削减公共支出和服务项目,提升公共服务供给效率。

(三)自主治理理论

自主治理理论以公民权为价值导向,力求将公共行政纳入民主运作的轨道。埃莉诺·奥斯特罗姆基于大量案例研究,提出除了政府与市场机制之外,公共事务还存在第三种治理机制,即自主组织和自主治理,并剖析了自主治理的制度设计原则。理查德·博克斯提出公民治理理论,主张建立小规模的地方政府,将公共行政纳入民主和服务的轨道。莱斯特·萨拉蒙对非营利组织进行实证分析,提出了第三方治理理论,展示了活跃的非营利组织运作机制。

(四)协同治理理论

协同治理理论针对跨越行政部门职能边界的公共事务,提出将利益相关者纳入集体论坛,在"协商"和"一致同意"的基础上进行集体决策,以整合各方面的信息和知识,建立合作伙伴关系,提高治理绩效。协同治理界定的利益相关者可能是公共部门,也可能是私人部门、公民组织或个人。在这个意义上,它和"合作治理"也有相近之处。

(五)整合治理理论

整合治理理论,是杨宏山教授基于改革开放以来中国城市治理的实际运作而提出的一种解释性理论。一方面,政府承认市场机制和社会组织存在的正当性;另一方面,在政府与社会的关系上,政府占据主导地位,通过多种手段对企业和社会力量进行跨界整合,调动对方的资源来实现政府目标,更好地提供公共服务。整合治理发挥了多元主体和多元机制的作用,极大提高了政府实现自身目标的能力。整合治理的显著特点在于,在跨界治理中,政府与社会主体之间的地位不平等,政府占据主导地位,企业和社会力量需要主动配合政府行动。这也是整合治理模式与协同治理模式的区别所在。

在杨宏山教授的具体研究中[①],他首先从政府与社会关系的视角,根据政府与社会的合作程度、跨界事务协商的平等性两个维度,区分出四种类型的地方治理模式,即全能治理、自主治理、整合治理和协同治理(见表3-2)。由表3-2可以看出,整合治理对应的是政府与社会合作程度比较高,但是协商的平等性比较弱,这意味着政府在整个治理过程中的话语权要更强一些。

---

① 杨宏山.整合治理:中国地方治理的一种理论模型[J].新视野,2015(3):28-35.

表 3-2　地方治理的四种类型

		跨界事务协商的平等性	
		弱	强
政府与社会的合作程度	高	整合治理	协同治理
	低	全能治理	自主治理

进一步,杨宏山教授给出了整合治理的运作方式(见图 3-1)。其中,资格认定通过对从事某些业务活动或职业应当具备的基本要求进行审核并颁发证书,以增进社会组织的社会责任感和配合政府工作的意识。资源支持是在实践中,地方政府通过提供活动场所、财政补贴、优惠政策等手段,对企业和社会组织开展活动给予一定支持,促使私人部门积极响应政府动员,主动承担社会责任。精英吸纳是通过提供体制内的职位来吸纳社会精英,包括企业精英、文化精英、社会活动家等。项目运作则是由政府掌舵并提供一定的财政资金,企业、社会组织负责具体运作。整合治理通过以上机制,把政府擅长的垂直运作与私人部门、社会组织擅长的协作运作结合起来,实现了不同主体、不同运作机制的优势互补,有利于完成单一主体无法独自完成的任务。

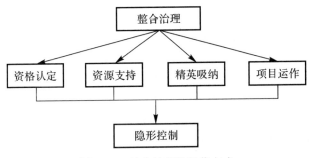

图 3-1　整合治理的运作方式

(六)运动式治理理论

运动式治理是基于中国本土环境而提出的一种公共治理模式,突出特点是暂时打断、叫停官僚体制中各就其位、按部就班的常规运作过程,以自上而下的大规模动员方式来调动资源,集中各方力量和注意力完成某一特定任务。公共治理主要依赖于官僚制的科层化运作机制,科层制度也会出现内在困难,导致组织失败和治理危机。作为应对工具在中国公共治理中经常会采取运动式治理机制,它依赖于大规模组织动员,在一定程度上可以摆脱常态治理面临的困境。

第三节　城市发展的两阶段增长模型[①]

本节介绍赵燕菁教授在 2018 年发表的一篇重要文章,即面向经济高质量发展阶段而提出的一个新的城市发展(增长)模型。就其本质而言,该模型为城市高质量发展的战略与政策制定,均提供了重要的理论基础,因此有必要引介。

---

① 赵燕菁. 阶段与转型:走向质量型增长[J]. 城市规划,2018,42(2):9-18.

我们先看文章的摘要。

"两阶段增长模型"将经济分为不同的发展阶段。随着"经济已经由高速增长阶段转向高质量发展阶段",未来城市经济的主要问题,将会是普遍出现的现金流缺口。如何获得足够的现金流取代如何获得资本,将会成为主要矛盾的主要方面。资本型增长和现金流型增长是两种完全不同的增长。面对经济转型,城市规划乃至城市战略,都必须随之转变。而首先需要转变的,是对经济绩效评估的标准。

简言之,如何获得足够的现金流,成为未来城市经济发展的主要矛盾。下面来看文章的核心内容。

党的十九大对当前中国经济的基本特征做出了一个重要的判断,那就是"我国经济已经由高速增长阶段转向高质量发展阶段"。关于"高速度增长"无论学界还是政界都有比较一致的定义和标准,那就是GDP的规模和速度。但关于什么是"高质量发展"并没有明确的共识。大量经济决策依然是"看到左转信号仍然向右转","投资、消费、出口"三驾马车依然是经济决策者唯一能看得到的"仪表盘","固投"仍然是地方政府操控经济最主要的"油门"。我们已经知道要离开的地方,但却不知道应该去哪里。

对经济而言,如果你只有"体重计"时,是不可能量出经济的"体温"的。除非我们将"高质量发展"的刻度显示出来并找到新的操纵杆,不然,由"由高速增长阶段转向高质量发展阶段"就是一句空话。而要度量经济"发展质量",首先必须知道经济的"质量"是什么。不能区分"高速度"和"高质量"两种不同增长模式,就不可能定义两种模式之间的转换。

到这里,赵燕菁教授点出了问题的实质:我们知道要离开哪儿,但是去哪儿还不知道。所以必须要回答,经济的"质量"到底是什么。为此,赵燕菁教授构建了一个两阶段的商业模式(经济增长)模型,其中:

第一个阶段,资本型增长——比如家庭要购买住房,企业要购买设备,政府要投入基础设施。这一阶段完成的条件是资本减去固投剩余不能为负。资本型的收入和支出都必须是一次性的,无论投资周期多长,只有在完成的一瞬间才能成为资产。因此在时间轴上,资本型增长可以近似地视作一个"点"(见图3-2)。

第二阶段,运营型增长——比如家庭要支付日常生活开支(衣食、水电),企业支付经常性成本(工资、物耗),政府支付基础设施维护和公共服务(劳务、福利)。这一阶段完成的条件是当期的产出减去当期的成本后,剩余不能为负。由于运营的收益和支出都是连续的,在时间轴上,运营性增长必须在一个"时段"内才能描述(见图3-2)。

以此为基础,赵燕菁教授进一步指出:

在"高质量发展"(运营型增长)阶段,资本性支出下降,一般性支出上升。现金流缺口(S_i)是这一阶段的核心问题。对于企业来讲,利润必须足以覆盖利息、折旧,特别是劳动力成本;家庭收入必须大于按揭、水电费、食物、交通和保险等支出;政府则必须还贷并维持公共服务(学校、医院、治安、消防)的费用。这一阶段的约束条件,乃是经常性的剩余大于零($S_i \geq 0$)。

在"高速增长"(资本型增长)阶段,以资本型增长为主,拉动经济主要靠固投C_0(铁、公、基),融资能力R_0(如,卖地收入、股票上市、发债)是实现"高增长"的核心指标。在解决了融资的条件下,加大固投C_0就成为推动经济增长的主要手段。

进入"高质量发展"阶段后,以运营收益为主,提高水平主要靠消费C_i。从而现金流收入R_i是实现"高质量"的核心指标。

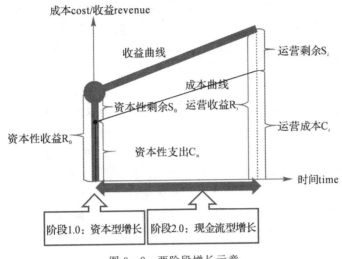

图 3-2　两阶段增长示意

到此,赵燕菁教授就初步回答了"经济的'质量'到底是什么"这个核心问题。接下来,他继续分析指出:

高增长阶段,贴现率越高,信用越充足,资本性收入就越高。但高贴现率,意味着更高的杠杆和资本泡沫,按照"劣信用驱除良信用"的格雷欣法则,资本就会在市场上通过吞噬现金流套利从而挤出实体经济,并最终导致金融危机。当经济进入现金流增长优先的阶段,"高质量"的一个重要标志,就是较低的杠杆。

进入"高质量发展"阶段,现金流支出 C_i(比如人均一般预算支出)体现的是经济的"质量",**实现高质量的前提是足够的现金流收入** R_i(比如人均一般预算收入)。现金流剩余则体现了支撑"高质量"的经济是否健康。

过去 30 年是"资本型"增长阶段,在这个以"高速度"为特征的增长阶段,增长的核心就是资本性投入,怎样获得资本,就是这一阶段增长的主要矛盾。在中国,资本主要来自于土地,因此,垄断一级土地市场(或者说"土地财政"),是主要矛盾的主要方面;当经济转向现金流增长阶段,"高质量发展"首先体现在现金流(税收、营收、工资)的增长上。

在"高质量发展"阶段,无论现金流支出还是现金流收入,劳动力都是决定性因素。"人"取代"资本"成为这一阶段经济增长的核心要素。从"速度增长"阶段向"质量发展"阶段转变,也就意味着政策制定的重心必须从"物"(土地)转向"人"(劳动力)。而**住房制度由于对劳动力的财富积累和成本支出有着最大的影响,从而成为"以人为本"时代最主要的政策杠杆。**

到这里,赵燕菁教授指明了面向城市高质量发展的城市战略与政策制定的两个着力点,即劳动力与住房制度,而住房制度则更为关键。据此,赵燕菁教授得出了重要的结论:

进入"高质量发展"阶段,"劳动力"要素取代"资本"要素成为这一阶段的增长动力之源。**无论劳动力的消费(影响消费市场规模)还是劳动力的成本(影响企业的现金流支出),劳动力都将全面取代土地成为城市竞争的主战场。**当年通过土地财政孵育起来的企业,可能会因为资本(不动产)价格上升导致现金流支出增加而难以生存。其中,劳动力成本高低集中体现在住房上。

在资本增长型阶段,哪里有资本,劳动力就会流向哪里;在现金流增长阶段,哪里留得住劳动力,资本就会流向哪里。**劳动力的成本,决定了城市能否留得住企业,留得住企业,就留得住现金流。**"人"成为一个城市衰败还是崛起的关键。**住房政策成为执政水平高低的试金石。**城市如此,国家也是如此。美国大减税能否成功姑且不论,其争夺现金流(税收)的企图昭然若揭。

针对如何制定服务城市高质量发展的城市住房政策,赵燕菁教授提供了以下建议:

现实经济中,深圳和新加坡是少数几个虚拟和实体并存的经济体。其特点都是存在差异化的要素渠道——低成本的住宅(城中村、组屋)对应实体经济(现金流),高价商品房对应资本市场。**多重贴现率的市场结构,为不同的市场提供了差异化的要素渠道。这就提醒市场制度的设计者,统一的市场未必比区隔的市场更有效率。**设计水渠(要素渠道)可能比争论水闸(要素供给)是开还是关(供给规模)更有意义。两阶段模型不能代替制度的创新和设计,而只是帮助经济政策制定者判断不同发展阶段经济增长的"主要矛盾"及"矛盾的主要方面"(毛泽东,1975)。

延伸阅读

城市的制度原型

一、引言

城市化已经成为我们时代最显著的经济现象。尽管研究城市的数学工具越来越高深,但就对城市的最基本的认识而言,却依然令人惊讶的浅薄。正如芒福德所说,"人类用了5000多年的时间,才对城市的本质和演变过程获得了一个局部的认识,也许要用更长的时间才能完全弄清它那些尚未被认识的潜在特性。"

也正是因为对城市的理解停留在非常原始的阶段,同一个世纪前(甚至更早)的城市研究相比,城市科学并没有出现革命性的进步。尽管现代空间分析越来越抽象,消费越来越多的数学,但离城市发展的实践却越来越远。这就提示我们,要想重建规范的城市研究,并使其成为一个可以指导实践的学科,就不能仅仅局限于修补数学模型,而是必须从思考最原始的城市秩序开始。早在20世纪60年代,芒福德就意识到这一点。在其名著《城市发展史——起源、演变和前景》中,芒福德就指出:"我们需要构想一种新的秩序,这种秩序须能包括社会组织的、个人的,最后包括人类的全部功能和任务。只有构想出这样一种新秩序,我们才能为城市找到一种新的形式"。

这个秩序就是城市的制度。在传统空间经济学理论中,制度一直是可有可无。几乎所有空间分析模型,都将制度假设为无影响(或至少对不同空间秩序的影响是无差异)的。本文试图从制度经济学的角度,提出一个城市的制度原型,从而将制度分析引入城市空间分析。这个原始模型的起点,是从回答"什么是城市?"这个最基本的问题开始。本文将力图证明,制度是城市发展内在的"隐秩序",是城市生长的DNA。城市兴亡过程中的"物竞天择",很大程度上取决于制度的优劣。从某种意义上来讲,城市间竞争,乃是不同城市制度间的竞争。地理位置上的优劣,并非像传统理论认为的那样,是决定城市成长和消亡的主要原因。城市规划中的"制度设计",是远比"空间设计"更加重要的学术领域——尽管这一领域中,目前的城市规划几乎是一片空白。

二、制度角度的城市定义

奥尔森的政府理论是一个伟大的突破。在公共产品供给的抽象故事里,第一次有了具体的情节(交易)和明确的角色(生产者和消费者)。尽管奥尔森没有直接提出城市的定义,但他的政府理论,很大程度上也可以应用到对城市形成的解释上。如果我们将"城市"视作一组公共产品(安全、教育、交通、绿化……)的集合,实际上也就从制度的角度给出了城市的定义:**城市是一组通过空间途径盈利的公共产品和服务。**

根据这个定义,有没有商业化的公共产品交易,是划分城市与乡村的分水岭。城市的起源在于,第一,存在公共服务,并且,第二,这些公共服务是以空间交易(如税收)的方式来提供的。符合这两个要件的空间地域,我们就定义为城市;反之,则属于农村。

新定义可以使我们清晰地划出城乡的制度分界:不论定居点或贸易点规模多大,只要没有公共产品交易,这种居民点也仅仅是自给自足的"人口堆积",并不能构成一个"城市";反之,只要有人出售公共服务,哪怕没有一个买主,也可以构成一个原始的"城市"。由于这个城市特征是从制度角度定义的,因此,我们可以称之为城市的"制度原型"——一个理论上最纯粹的城市原始形态。

这个定义为城市的诞生指定了一个清晰的制度起点:从流动到定居,不是城市的起点;从狩猎到农耕,不是城市的起点;从周期性的集市到永久的市场,也不是城市的起点——城市的起点,是第一个通过交易的方式提供公共产品的空间。找到这个空间,也就找到了世界上第一个城市。这个定义同时也将自发形成的"聚落"和"集市"排除在"城市"之外,尽管这些自发的人口集聚和活动的区位可能恰巧和未来的"城市"重合,但在一个政府(无论是收保护费的黑社会,还是居民选举出的管理委员会)收费并提供相应的服务之前,不论其人口和活动集聚的规模多大,都不能称作一个"城市"。

居民和企业定居一个城市并支付相关费用,就意味着购买了一组公共产品集合。这个公共产品可以是最原始的防卫设施(城墙),也可以是更为复杂的司法、治安,以及更现代化的消防、卫生、供水、供电、道路、学校……公共产品的提供者可以是单一的主体,比如城邦君主,也可以是多个不同的主体的组合,特别是在一个规模较大的现代城市,公共产品和服务往往是由不同水平的公共产品和服务构成的——比如中央政府提供的国防、地方政府提供的道路和小区物业管理。城市内部同时也会有许多"次城市"——比如不同的"学区"、提供独立服务的居住区、开发区等。这些区域享受的服务水平不同,支付的费用也不同。相应地,居民或企业可以同一个单一的主体交易(如计划经济),也可以分别与不同的公共产品提供者交易(缴交不同的税费给不同层次的"政府")。

同其他产品和服务的提供不同,被称作"城市"的公共产品,是通过空间手段进行交易的。由于城市基础设施(道路、给排水、电力、电讯等)和公共服务(消防、治安、学校等)成本大多是长度或服务半径的函数(长度越长,面积越大,成本越高),且具有报酬递增的特点(使用的人越多,平均成本越低),为了获得较高的效益,同样的基础设施要服务尽可能多的人口。正如温茨巴奇、迈尔斯和坎农指出的那样:"公共服务也只在那些空间拥挤的区域提供。我们不能在人口平均分布的土地上经营下水管道。虽然在今天的社会,人们几乎不会相信城市形成的一个原因是提供防御和安全保障,但这确实是一个事实。当人们聚居在一起时,维持安全秩序在理论上成为可能"。

这就意味着,传统城市定义中的高密度的人口,并不是城乡差别的内在本质,而是提高公共服务效率的技术手段,是不同公共产品提供水平差异的外在表征。换句话说,高密度只是城市公共服务投入——产出效率和城市竞争的自然结果,而非城市形成的原因。

"空间"在区别城市型公共服务与非城市型公共服务时,起着关键的作用。提供公共产品并不自动构成"城市",只有在特定区域内供给公共产品并依托空间区域收费时,才构成"城市"。收费的桥梁或高速公路,构成一组公共服务,但并不必然构成一个城市。但如果桥梁的用户和收费模式,是限定在某一个区域——比如说不是通过过桥费,而是对特定区域的居民附加养路费,同时对非特定区域内的用户予以排除,这个特定的区域就是理论上的"城市"。同样,收费的学校和园林不构成"城市",通过向限定区域收税并对纳税人免费开放的公园和学校,才构成城市。换句话说,"城市"是由那些通过空间收费效率比其他方式效率更高的公共服务所组成。

空间的边界(如小区和政府行政辖区)意味着对应的交易和权利(或者产权),城市的不同组织,在其法定边界内从事公共产品的交易。不同组织对空间的争夺,可以视作对征税权的争夺。公共产品的提供者可以是私人(国君),也可以是垄断组织(政府),还可以是集体自治组织(小区或民选政府)。不同的供给模式在市场上竞争,好的模式胜出,坏的模式出局,从而构成不断的制度创新、演化和进步。

三、政府的企业本质

城市的制度原型如同老式照片的"显影剂"。"曝光"了城市"黑箱"中隐藏着的利益主体及其相互关系,从而显露出"制度"在公共产品交易中的关键作用。其中特别重要的,就是公共产品的提供者——政府。

"政府"的角色,从其诞生之日起就备受争议。不同的理论,"合理的"政府角色不同。在城市的制度原型里,政府的角色非常简单,那就是基于空间的公共产品的提供者。换句话说,政府乃是一个以空间(行政边界)为基础提供公共产品的公司。企业的模式千差万别,同样,政府的模式也各不相同。成功模式对失败模式的取代,我们称之为"革命";政府模式的升级和改进,我们称之为"改革"。政府在其辖区内的法定权利,相当于一个企业的一组产权。"城市"是各种"政府"服务的迭加和组合。一个城市居民,可以在享受中央政府的服务的同时,享受地方政府和小区"政府"的服务。

政府的企业本质,为城市制度研究提供了全新的视角,使我们得以像对一个企业那样研究政府的"合理行为",发现政府的"合理需求",提供更加有效的规划服务。城市政府同企业家一样,其核心工作就是发现并设计最优的商业模式。由于公共产品通常无法以排他的方式提供给付费的消费者(比如消防、路灯、治安),因此,必须以向特定空间使用者收费的方式提供。合理的空间收费的商业模式,可以大幅减少增值外溢,提高收费效率,回避给每一项公共服务单独定价的困难,从而使许多看似无法定价的公共产品,得到有效的提供。

必须强调指出,所谓"公共服务"并非一定全部要由狭义的"政府"来提供。由公共集资(纳税)供养的现代政府,只不过是诸多可以提供"公共服务"的公司中的一种。比如,城市供水既可以由政府通过税收的办法提供,也可以由私人上市公司以缴交水费的方式提供;城市交通也是如此,既可以由政府提供并通过税收转移来补贴,也可以由民营的公司以售票的方式直接提供。政府所提供的"城市"只是一个可以加载各种"公共服务"的空间平台。

四、寻找城市的制度基因

任何理论,本质上都是帮助思维的工具。每一个定义都有其学科特定的用途。一个"好"的城市定义,关键是看其是否有助于解释某一类城市现象。理论自身并不能证明自己比其他理论更"科学"。同样,从制度角度定义城市,并不是因为这个定义比其他定义更"正确",而是因为其提供了一个新的理论视角,可以把制度纳入城市问题研究的核心。

中国正在经历着世界城市发展史上前所未有的高速增长。这就不可避免地使中国城市成为城市理论研究的焦点。近年来,理论界提出了许多富有创意的观点。但这些孤立的思想火花材料,却犹如堆积在一起的砖瓦,无法构成一座内部结构相互支撑的理论大厦。零散的观点,即兴式的批判,不仅无助于学科的成长,甚至无法展开有效的争论。这很像当年科斯对旧制度经济学的批评:"老制度经济学的代表康芒斯、米切尔等都是一些充满大智慧的人,但是,他们却是反理论的。他们留给后人的是一堆毫无理论价值的实际材料,很少有什么东西能被继承下来。"寻求城市制度原型的目的,就是试图从最原初、最简化的概念开始,构筑一个完整的城市理论框架,从而将商业模式和企业制度引入城市规划学科的视野。

1998年,科斯在《美国经济评论》上发表了一篇题为《新制度经济学》的文章。在这篇文章里,科斯写道:"经济学家常引以为自豪的是:达尔文之所以能创建其进化理论,主要是由于他阅读了亚当·斯密、马尔萨斯等人的著作。但若把达尔文以来的生物学和亚当·斯密以来的经济学做一个对比的话,生物学已经相当成熟了。今天,生物学家已经详细掌握了生命体的复杂器官、组织结构。我相信有那么一天,在经济学领域也会取得同样的成就!"

同经济学一样,今天城市科学的水平,就像早期生物学,我们只知道城市的表象结构(细胞质、细胞核),却不知道其形成和发展的原因(DNA结构及其基因)。将城市制度抽象为最原始的制度原型,就如同生物学中双螺旋结构的发现。依托这个原型,我们可以将自然、技术、历史、文化因素逐渐还原进去,使我们能够理解城市中复杂的因果关系,解析现有产权制度的缺陷,并通过制度设计(政策),剔除原来"制度"中的"缺损基因",设计新的健康基因(商业模式),从而将城市规划学科提高到一个前所未有的水平。

文献来源:赵燕菁. 城市的制度原型[J]. 城市规划,2009,33(10):9-18.

第四章　国内外市政体制概要[①]

市政体制是城市政府组织结构、职能配置、管理方式和运行机制的总称。杨宏山教授指出：研究市政体制，既要从中国国情出发，植根于国内政治和历史环境，总结自身经验，也要具有全球视野，研究国外多样化的治理结构，借鉴国外城市管理的有效制度安排。考虑到城市发展阶段的问题，在此我们主要介绍一下西方国家市政体制的基本情况。

第一节　西方国家市政体制概要

整体而言，西方国家的城市自治制度具有以下几个基本特点：①通过立法形式赋予城市自治机关自治权；②市自治机关由市民直接选举产生；③市政府负有自主治理和执行中央政令的双重职责；④市政府有权通过法律手段抵制中央越权干预；⑤不同城市在法律关系上处于平等地位等。也就是说，西方国家大都实行城市自治。这就涉及一个基础的理论问题，就是城市政府的政治地位。

城市政府的政治地位，是指城市政府在国家治理中所处的地位，反映了城市政府在公共事务治理中的自主程度。城市政府的政治地位受制于国家的结构形式。国家结构形式有单一制和联邦制之分。在不同的制度安排下，城市的政治地位具有很大差异。在联邦制下，联邦政府与成员政府实行法定分权，成员政府具有相对独立的政治地位。在单一制下，地方与中央的关系不是法定分权关系，而是命令和服从关系，地方政府必须接受中央政府的统一领导。举个相关的例子。美国是典型的联邦制治国，联邦政府与州政府之间有相对清晰的权力边界，比如消费税的征收以州为主，而各州之间的消费税税率也不尽相同：俄勒冈州的税率为零，新墨西哥州的税率为5%，而印第安纳州、加利福尼亚州的税率都是7%。

下面我们来看西方国家主要的市政体制类型。

一、西方国家的市政体制类型

（一）议会市长制

实行议会市长制的城市，其议决机构和行政机构分设，市议会在与市长的关系中处于优势地位。市长只有一些礼仪性的职权，包括主持议会会议、出席重要庆典活动、会见重要宾客、授予荣誉称号等。

[①]　本章内容，主体参照了由杨宏山编写的《城市管理学》（第三版）第4,5章，其出版信息为：杨宏山. 城市管理学[M].3版.北京：中国人民大学出版社，2019.2.

议会市长制的基本特征为：

(1)市议员和市长分别由市民选举产生，市长不得兼任市议员。

(2)市议会拥有不顾市长反对而通过预算、地方性法规和决议的权力。市议会通过这些文件后，如果市长有不同意见可要求复议，但市议会再以超过 2/3 的多数重新通过后，市长必须接受。

(3)市议会对市长任免政府部门负责人拥有批准权。

(4)市议会对市长和市政府的工作有调查权。市议会行使调查权具有准司法性质，有权要求市长和市政府有关部门提供文件或到场作证。

(5)市议会拥有通过不信任案而要求市长辞职的权力。

在这样一个体制下，市议会可以说拥有一种较高的权威。实行议会市长制的典型城市，包括日本的各个城市、美国一些中小城市和少数大城市(如芝加哥、洛杉矶)。这种"弱市长制"的优点，是有利于市议会监督市政府的工作，但缺点是市议会对市政府工作不适当的监督可能会降低行政效率。

(二)市长议会制

市长议会制与"议会市长制"相对，其议决机构和行政机构分设，但市长在与市议会的关系中处于优势地位。市长在每次市议会选举后由议员选举产生，市长不仅是议会的议长，也是中央政府的代理人和代表。而且市长一旦任职，议会便无权罢免，只有中央政府有权撤销市长的职务。

市长议会制的基本特征为：

(1)市长和市政府工作部门的首长不得兼任市议员。市长是城市的行政首脑，拥有全部行政权威，负责有效执行法律以及规章制度。

(2)市议会有权制定规章制度和当地法律，制定具体的发展规划，对市政府的各类活动进行拨款。

(3)市长有权独立任免市政府各工作部门的首长，这些任命无须得到议会批准，各部门首长只对市长负责。

(4)财政预算权主要掌握在市长手中。市长和市政府的财政部门具有预算的起草权和执行权。市议会审议和通过预算，不能增加项目，只能减少项目或数额。

(5)市长有一定的立法权，市长和市议会联合制定政策。市长有权向市议会提出立法草案，创制规章制度。市长可以对市议会通过的法规和决定行使一定的否决权(除非议会再次以 2/3 或 3/4 的多数通过)。

实行市长议会制的典型城市，包括法国所有城市、美国多数大城市(如纽约、底特律、波士顿)、德国的一些城市。市长议会制的优点，是市政府由行政首长进行统一指挥，有利于提高行政效率；其缺点是由于市长大权在握，市议会的制约力较弱，容易引起市长专权并激化府会矛盾。

(三)市议会制

市议会制由市议会兼行议决权和行政权，市议会就是市政府。英国各城市普遍实行这种市政体制，加拿大多数城市也采用市议会制。

市议会制的基本特征为：

(1)由市民直接选举的市议员组成市议会。
(2)由议员选举其中一位议员为市议会议长,即市长。
(3)市议会设立若干委员会,它们既行使审议议决权又行使行政决策权。
(4)市议会任免若干行政长官,聘任一些行政职员。

市议会制的优点是,有利于维护市议会的权威性,有利于市议会对城市管理的监督,有利于减少议决机构与行政机构的矛盾;其缺点是市长没有实权,不能对市政管理实施统一指挥,不利于协调各部门工作,对行政效率也可能产生不利影响。

(四)市委员会制

市委员会制类似于市议会制,即由市委员会兼行市政管理的议决权和执行权,但它与市议会制的区别是,市委员会的成员并非都由市民选举产生,部分成员可能由上层政府任命产生。

市委员会的基本特征为:
(1)由市民选举或上层(州、县)政府(州长、县长、议会)任命产生市委员,组成市委员会。
(2)市长既可由选民直接选举产生,也可从委员会成员中推选产生。
(3)每个委员分别兼任一个或几个行政部门的行政首长,每个委员就本部门工作对委员会负责,并对本部门工作享有独立指挥权。
(4)委员会表决任免若干个较重要的行政长官,包括市秘书、市司库、市审计、市检察官等,他们对市委员会负责。

在美国,有3%的小城市采用市委员会制,而人口在25万~50万的城市只有3个采用这种体制。市委员会制的优点是有利于精简机构和人员,有利于议决权和行政权的统一;其缺点是缺乏统一指挥,经常出现协调困难。

(五)议会经理制

议会经理制在组织结构上与私人公司相似,由市议会聘任一位市经理,把行政权授予市经理行使,市经理对城市公共事务进行专业化管理。美国部分中等城市和多数小城市实行这种市政体制。

议会经理制的基本特征为:
(1)由市民选举市议员组成市议会,市议会的人数很少,一般为5~7人,而且党派色彩很弱。
(2)市议会负责制定政策、通过法令、选举拨款、监督行政。
(3)市议会公开招聘一位专业人士担任市经理,市经理对市议会负责,必须执行市议会通过的地方性法规和决议。
(4)市长由市议会选举产生或议长兼任,也可由选民选举产生,市长是荣誉性职务,没有实际行政指挥权力,也无权干预市经理的工作。

议会经理制的优点有:有利于引入市场竞争机制,能够更广泛地招揽优秀专业人才负责市政管理;将私人部门的企业化运营模式引进市政管理领域,实行权能分立,清除了政治因素对行政工作的影响,有利于实行专业化管理,从而提高城市管理的效率和效益;有利于节约财政资金,减少纳税人支出;有利于把政治矛盾与城市管理相对分开,有利于将政府的"掌舵"职能与"划桨"职能分开,市议会负责处理政治矛盾和把握政策方向,市经理集中精力解决专业技术问题。

议会经理制的缺点是：当城市发展和利益冲突导致的各种政治矛盾交织在一起，而市议会不能有效聚合各种利益和正确把握政策方向时，市经理往往无能为力；尽管从制度设计上讲，市经理不参与政策制定过程，但专职工作的市经理往往会向兼职性质的市议会提出相当多的政策建议；市经理拥有广泛的执行权，但不直接对选民负责，选民只能通过间接途径对政策执行施加影响，这在一定程度上影响政府的回应性。

综上，西方国家市政体制的组织形式具有多样性，市长和行政机关的职权也有很大差异，主要原因是各国的政治和历史传统不同、国家结构形式不同，而且各国还普遍实行地方自治。与此同时，西方国家的市政体制也具有若干共性，主要是城市政府是基层行政单位、普遍享有自治权力，议会在城市管理中扮演着重要角色，实行公共产品的多中心供给体制等。

二、日本的市政体制

日本通常也在所谓"西方国家"的行列，因为它已经是一个现代化的发达国家，属于"七国集团"之一。其次，就日本的国情来说，它也属于"人地关系"较为紧张的一类国家，即人多地少，而美国的"人地关系"并不紧张，事实上是资源条件非常好。所以从这个角度，日本的城市管理特别是大城市管理，对我们的参考作用更大一些。下面我们先来看日本的市政体制。

（一）日本市政体制概况

日本的地方政府均称地方公共团体，均实行地方自治。日本《地方自治法》规定，地方公共团体是具有法人资格的公法人。现行地方自治体制采用"都、道、府、县"和"市、町、村"两级制。其中，第一级相当于省一级政府，比如东京都、北海道、大阪府、千叶县等，第二级就相当于市一级政府。

日本城市的分类有两大类，分别是一般市和政令指定市。其中一般市的标准是，地域人口在5万以上，从事城市业务的人口占全部人口的60%以上，而一些具有100万人口的城市经批准可成为政令指定市。日本共有12个政令指定市，在事务分配、行政监督、组织和财政方面，享有和都道府县同等的行政地位和权限。此外，第一节也已经提到，日本的城市都实行议会市长制。

对于日本的城市政府来说，其议决机关即市议会是最高权力机关，其执行机关为市长及其工作机构。市议会由选民直接选举产生，设有议长和副议长，从议员中选举产生。市议会还设有若干委员会，实行定期会议制度。市长由辖区选民直接选举产生，任期4年。市长代表执行机关负责全面领导和处理该市的行政管理事务。

（二）东京都的市政体制

东京都即我们通常所说的东京（Tokyo），是世界上人口最多的城市之一。作为日本的首都，东京都既是日本的政治、经济中心，也是日本的教育和文化中心。东京都是都行政机构，由更小的行政单位组成，包括26个市、5个町、8个村，以及23个特别区（"都区"）。所以就本质而言，东京都是一个广域地方行政机构。

先说一下东京都的"都区制度"。东京都中心区域的人口高度集中，市区接连成片。基于这种实际情况，为了统筹整个城市行政的一体化、统一性，以及让与居民最接近的自治体处理与居民生活密切相关的行政事务，东京都创设了不同于一般府县与市町村关系的"都区制度"。具体包括，在设置特别区的区域，由东京都为确保行政的一体化、统一性来负责部分行政事务

(自来水、下水道、消防等),同时对福祉、教育、住房等与居民生活密切相关的事务由特别区独立处理。另外,特别区在初期曾经被定位隶属于东京都的内部机构,但在2000年的都区制度改革中,被定为基础地方行政机构,以强调其自主性、自律性的一面。同时,在各特别区之间,设立了强化相互联络沟通的协议机构"都区协议会"。通过以上这些机制,可以在都与区之间就都区的应有形态等进行持续协商。

再介绍一下东京都的都区财政调整制度。由于东京都在23区进行部分本属"市"政府的事务处理,为了在东京都与区之间分配该费用的税源,由东京都一并征收本来应属于市町村税的市町村民税法人部分、固定资产税、特别土地保有税,然后按照一定比例分配给各区。特别区之间的财政调整,是为了避免造成各区之间因税收差异形成财力不均,当各区标准财政所需金额超出标准财政收入额时,该财源的不足部分将作为交付金由东京都给予补贴。

最后说一下东京都与其市町村的关系。东京都除设有前述的特别区外,还设有作为普通地方行政机构的39个市町村。东京都与市町村的行政财政制度与一般道府县的相同,即东京都政府负责广域性事务,市町村政府负责与居民生活密切相关的事务,同时还具有以下特色:

(1)在东京都,对于法律规定为市町村负责事务的消防、水道事务,由于进行广域性处理也可高效开展、减轻财政负担,因此除个别市町村外,均由东京都统一负责处理;

(2)与上述事务相同,对于进行广域性处理更为有效、高效的事务,由相关市町村根据地方自治法的规定,成立部分事务组合、广域联合等特别地方行政机构,共同处理;

(3)市町村的部分事务组合共有29个,负责垃圾处理与焚烧厂的设置、管理,公立医院及收益性业务的运营等多样化事务;

此外,由都内所有区市町村构成的广域联合有1个,负责处理高龄者医疗制度的相关事务。

整体看,东京都的市政体制,充分体现了"统分结合"的特点与特色,既考虑城市行政的一体设计和统一执行,也注重公共服务提供的经济性和便利性。这套制度设计,对我们国家当前正在推进的"都市圈"建设,有着较为积极的参考和借鉴作用。

第二节 中国的市政管理体制

除香港、澳门和台湾地区外,中国的城市管理体制具有统一性,都实行人民代表大会制度。市人大是城市权力机关,市行政机关、司法机关、监察机关都由市人大产生,对它负责并受它监督。市人大是市行政权力、司法权力和监察权力的直接来源,市行政机关、司法机关和监察机关根据市人大的意志进行活动。在实际的政治运行当中,中共市委及其常委会发挥着领导核心作用,是市政管理的权力中心。

一、近现代的市政体制沿革

1905年,清政府派载泽等五大臣出访北美、西欧和日本,考察西方国家的民主宪政和地方行政制度。1909年1月,清政府制定并颁布了《城镇乡地方自治章程》,在历史上第一次以法律形式对城镇区域和乡村区域进行了划分。1914年,袁世凯下令停止地方办自治,市组织被解散。

1928年7月,国民政府制定并颁布了《特别市组织法》和《市组织法》,分别规定了特别市和普通市的组织形式。1930年5月，国民政府颁布了新的《市组织法》，将市分为行政院辖市和省辖市两类，二者均为自治单位。1943年，民国政府修改《市组织法》，简化设市标准，"市以下设区，区之内编为保甲"。至此，我国形成了省、县二级市建制体系，标志着我国市政管理体制基本成型。

1949年中华人民共和国成立之初，全国共设131个建制市，其中12个为直辖市。除直辖市外，其他市均由省、自治区或行署区领导。1950年1月，中央人民政府颁布了《市人民政府组织通则》。1954年9月，第一届全国人民代表大会通过了《中华人民共和国宪法》和《中华人民共和国地方各级人民代表大会和地方各级人民政府组织法》（简称《地方组织法》），对地方各级政权做了明确规定。

20世纪50年代初，为了保证城市蔬菜和副食品供应，少数大城市开始实行市领导县体制。1961年，中央决定调整市镇建制，缩小城市郊区，市领导县体制停止推行。"文化大革命"爆发后，各级国家机关受到冲击，市政体制也遭到破坏。"文化大革命"期间，市政府和市辖区政府被"革命委员会"取代。

党的十一届三中全会以后，中国进入了改革开放的历史新时期。1979年9月，全国人大常委会决定，将地方各级革命委员会改为地方各级人民政府。同年，市委和市政府机构开始分署办公。1982年，中共中央、国务院决定在经济发达地区改革地区行政公署体制，实行地市合并、市领导县体制。

截至2020年底[①]，中国大陆地区共有建制市681个，其中地级市293个、县级市388个；此外，市辖区973个，街道办事处8 773个，建制镇21 157个。

二、城市的行政等级与立法权限

我国建制市的行政级别分为四个等级。首先是直辖市，它是直接隶属于中央政府的地方行政建制，在城市行政区中的地位最高、规模最大。其次是副省级市，它的行政级别为副省级，但在行政管理上仍受所在省的领导，目前全国共有15个副省级市。再次是地级市，它的行政级别介于省与县之间，是与地区行署相当的地方行政建制。最后是县级市，它在行政级别上相当于县，县级市接受地级市的领导，不再下设区，下辖若干乡镇。需要特别指出的是，近年来我国还出现了镇级市，比如温州市下辖的龙港市等。

在我国的城市体系中，设区的市具有地方立法权。2015年修订的《立法法》规定：设区的市的人民代表大会及其常务委员会根据本市的具体情况和实际需要，在不同宪法、法律、行政法规和本省、自治区的地方性法规相抵触的前提下，可以对城乡建设与管理、环境保护、历史文化保护等方面的事项制定地方性法规，法律对设区的市制定地方性法规的事项另有规定的，从其规定；设区的市的地方性法规须报省、自治区的人民代表大会常务委员会批准后施行；省、自治区的人民代表大会常务委员会对报请批准的地方性法规的合法性进行审查，同宪法、法律、行政法规和本省、自治区的地方性法规不抵触的，应当在四个月内予以批准。此外，经济特区所在地的省、市的人民代表大会及其常务委员会根据全国人民代表大会的授权决定，制定法规，在经济特区范围内实施。

---

① 国家统计局. https://data.stats.gov.cn/easyquery.htm？cn=C01&zb=A0101&sj=2020.

三、中国城市管理体制的要点

关于当代中国的城市管理主体，在本书第三章第一节的"城市公共部门"部分已有论述，这里不再赘述。

关于当代中国的市政职能，我们主要从狭义角度及行政职能进行理解，主要包括行政执行权、行政领导与管理权、行政制令权、行政监督权、人事行政权、行政保护权等。具体而言，我国城市管理的内容十分广泛，城市政府往往集工业、商业、农业、财税、金融、卫生、教育、科技、文化、体育、环保、规划、城建、民政、公安、司法行政等职能于一体。

我国城市行政职能的发展趋势，集中在四个方面：一是减少"划桨"职能，市政府可通过委托经营、特许经营、资产出售等方式，逐渐从竞争性领域退出来；二是加强"掌舵"职能，在引入市场机制的同时，市政府要提升政策学习和创新能力，通过政策创新引领城市发展；三是加强规制职能，为保障和促进公共利益，市政府需要提升对微观经济的规制能力，强化对安全、环境、健康领域的管理；四是强化服务职能，直接提供教育、文化、卫生、交通、大众健身、园林绿化、社会保障等公共服务，保障全体居民均享有基本公共服务。

整体看，当代中国的市政体制具有以下主要特征：中共市委居于领导核心地位；机构设置具有同构性；城市权力具有非自治性；城市建制存在等级性；市政职能具有广泛性；等等。

四、城市纵向组织结构

（一）市辖区管理体制

在我国，直辖市、副省级城市、省会城市和大多数地级市都设有市辖区，实行"两级政府，三级管理"。所谓两级政府，就是指市政府、区政府这两个层级。而三级管理则是说，我们国家在区政府之下还设置了街道办事处，作为区政府的派出机关，一方面来承担区政府交办的各类事务，另一方面也对街道辖区的社区工作进行指导，从而形成了"市-区-街"的三级管理体系。

事实上，在街道下面，还有两级管理：一是在社区层面，属于居民自治；二是网格化、精细化管理。因此很多社区又把自身划分成若干个网格，并配有网格长、网格员等。所以从这个角度讲，如果从城市层面看，我们实际上是"两级政府、五级管理"。

需要指出的是，在"市-区-街"体制之外，我国的城市管理还存在"一级政府，两级管理"这样的体制类型，即不设区的市，通过下设作为市政府派出机关的街道办事处，来形成第二个管理层级。我国少数地级市如东莞、中山、三沙、嘉峪关，以及所有县级市都属于此类。

20世纪90年代以来，中国许多城市对传统的"市-区-街"体制进行了若干改革，主要举措有：适当合并市辖区和街道，扩大市辖区和街道的辖区规模；适当扩大区政府和街道办事处的管理权力；市政府、区政府和街道办事处的职权划分出现法制化趋向。

（二）街道-居委会体制

我国城市基层治理实行"街道-居委会"体制（简称"街居制"），即依靠街道办事处开展基层管理工作，居民委员会协助街道办事处开展工作。街道办事处既是城市行政的末梢，也是社区治理的统筹者，既承担政府职能，也统筹协调各类社区服务。一般认为，街居制存在着几方面的突出问题，包括街道办事处的运作缺少法律依据，街道办事处普遍存在"责大权小"的问题，以及街居制与居委会的法定地位存在矛盾等。下面我们稍微展开讲一下。

从法律层面讲,社区居委会是社区居民的自治组织。但实际上,社区在现实工作中跟街道办事处的关系非常紧密,疫情期间大家都能感觉到,就是社区承担了大量日常秩序的管理和维护工作,但给他们提供资源的,往往则是市、区和街道。关于街道办事处的"责大权小"问题,原因在于区一级政府也执行属地管理,导致很多区级部门并不和群众直接打交道。也就是说,在区一级真正和群众打交道的就是街办、社区,他们直接面对群众,所以责任很多。但是街办本身的资源也很有限,所以就出现了很多街办"看得到管不着"的问题,而这些问题对于区级部门来说,则是"管得着看不见"。这也是国家在街道层面逐步推动相对集中行政处罚权改革的原因所在。

下面展示西安市某城区街办曾经承担的工作职责,大家就更能知道它的责任有多少了:

(1)宣传贯彻落实党和政府的各项方针、政策,执行上级的决议、决定和命令。根据有关政策规定制定本地区具体实施办法,并认真落实。

(2)加强和改进党的领导,发挥基层党组织的战斗堡垒作用和共产党员的先锋模范作用,加强街道党的思想、组织、作风、制度建设,抓好社区党建和地区党建联席会工作,加强党的纪律检查工作。

(3)组织开展创建文明单位、文明街道、文明院落和"五好家庭"等群众性的精神文明建设创建活动,以及开展科普活动。

(4)根据市、区经济发展总体目标,结合本地区实际情况,制定本地区经济发展规划,发挥地区优势,因地制宜地发展街道经济。

(5)负责街道的财政、科技、劳务、人防、综合治理、文教体育、民族宗教、卫生防疫、环境保护、城建绿化等项工作。

(6)负责取缔、纠正在道路、公共场所违法设摊、堆物占道等行为。

(7)指导社区居民委员会工作,负责人民调解工作。

(8)组织开展拥军优属,进行国防动员和兵役工作。

(9)负责计划生育管理工作,调节居民婚姻纠纷。

(10)搞好待业人员管理、劳动就业推荐,组织防火救灾,社会救助,做好低保等社会保障工作。

(11)负责地区人大代表的选举和政协委员的联络等工作,及时反映居民的意见和要求,处理群众来信来访。

(12)加强和改进地区工会、共青团、妇联的工作。

(13)按照干部管理权限和程序,任免、调配、考核和奖惩街道机关工作人员。

(14)加强机关自身建设,教育机关工作人员忠于职守,勤政廉洁,提高工作效率。

(15)承办区委、区政府交办的其他工作。

(16)做好统计工作。

(17)负责辖区城市管理综合行政执法工作。

(18)贯彻执行安全生产法律、法规、规章,制定辖区安全生产发展规划等。

接下来,我们再简要介绍一下上海市的街道工作,以浦东新区的陆家嘴街道办事处为例。

陆家嘴街道地处上海市浦东新区陆家嘴金融贸易区的中心区域,辖区东起源深路,南界张杨路,西、北临黄浦江,面积约6.89平方千米。实有人口约13.59万,户籍人口约11.72万,外来人口近4.87万。居民区31个,其中仁恒滨江园、菊园、江临天下、汇豪天下、浦江茗园、滨江茗园等高档住宅小区坐拥浦江之畔,成为外籍人士在浦东的聚居地之一。近年来,街道紧紧围绕"服务金融中心、建设共同家园"的工作定位和建设"美丽、平安、人文、智慧、和谐"陆家嘴的工作目标,加强社会管理创新,确保民生持续改善,社会管理和公共服务水平显著提升。服务企业工作成效显著,总体始终保持在全市第一。

根据2016年11月1日起施行的新版《上海市街道办事处条例》的通知要求,陆家嘴街道的主要职责,是履行公共服务、公共管理和公共安全等社会治理工作的职能。主要包括以下几种:

(1)统筹社区发展。统筹落实社区发展的重大决策和社区建设规划,参与辖区公共服务设施建设规划编制,推动辖区健康、有序、可持续发展。

(2)组织公共服务。组织实施与居民生活密切相关的卫生、文化体育、社区教育、为老服务等社区公共服务,落实人力资源社会保障、民政、计划生育等领域的相关政策。

(3)实施综合管理。对辖区内的城市管理、人口管理、社会管理等地区性、综合性工作,承担组织领导和综合协调职能。

(4)监督专业管理。对辖区内各类专业执法工作组织开展群众监督和社会监督。

(5)动员社会参与。动员各类驻区单位、社区组织和社区居民等社会力量参与社区治理,引导驻区单位履行社会责任,整合辖区内社会力量,形成社区共治合力,为社区发展服务,推动社区公益慈善事业发展。

(6)指导基层自治。指导居委会建设,健全自治平台,组织社区居民和单位参与社区建设和管理。

(7)维护社区平安。承担辖区社会治安综合治理工作,反映社情民意,化解矛盾纠纷,维护社区平安。

(8)做好国防教育和兵役等工作。

(9)法律、法规、规章规定的其他职能和区人民政府交办的其他事项。

从这些职能可以看到,上海市基层街道的经济职能已经非常淡化了。在组织机构方面,陆家嘴街道遵循了上海市统一的"6+N"模式,即下设6个通行机构,包括党政办公室(应急管理办公室、财务管理办公室)、社区党建办公室、社区管理办公室、社区服务办公室、社区平安办公室和社区自治办公室,另外还设有"社区宣统文化办公室"、"社区营商环境办公室"等特色机构。

最后想介绍一个特色的制度,叫作"上海市社区代表会议"。社区代表会议是在社区(街道)党工委领导下,由社区内各界人士代表参加的,对本社区社会性、公益性、群众性的重大事情进行民主协商的会议制度。

社区代表会议由下列人员组成:社区(街道)党工委、街道办事处、区职能部门派出机构推荐的代表;居民区党组织和居委会推荐的代表;社区内各级人大代表和政协委员;社区内各类法人组织推荐的代表;社区居民及其他特殊群体推荐的代表;社区代表的名额一般为社区内总人口的2‰~3‰。

在这个社区代表会议上,街道办事处要向整个社区各方面的代表来汇报,街道办事处在过去一年都做了哪些事,包括预算和支出情况,同时也会汇报当年的工作要点,以便凝聚各方面的共识①。大家感兴趣的话,可以进一步去了解。

(三)市领导县体制

下面简单介绍一下市领导县体制。市领导县体制也称市管县体制,指由设区的市来领导县的行政区划体制。中华人民共和国成立初期,我国就有少数城市实行市领导县体制。市领导县体制规范了在直辖市、副省级城市、地级市政府与县政府之间的上下级关系。

当前,我国市与县关系存在"市管县"与"省管县"两种形式。实行"省管县"改革试点的目的,在于矫正中心城市对县域发展的挤压作用。推进"省管县"改革有必要优先考虑远离中心城市的边远县的发展需求,尤其是对以农业为主的人口大县给予优先支持。

整体来说,市领导县体制有几个弊端:增加了管理层次和成本,降低了管理效率;不公平竞争加剧了市县矛盾;城乡合治不利于农村基本公共服务供给;市领导县体制缺乏宪法依据;等等。考虑到城乡分治、市县分治是发达国家治理的基本经验,所以我国的市领导县体制,长期来看应该是一种过渡性的行政体制。

五、城市管理体制改革

当前,中国城市管理体制还存在着以下问题:政社不分、政事不分,政府间权责配置不对称,政府机构设置较多,以及公共服务能力有待加强等。关于为什么要加强公共服务能力,我个人的理解是这样。就是到目前为止,我们国家特别是在还不够发达的中西部地区,地方政府、城市政府基本上还是一个发展型的政府,它们主要的注意力是在地方经济发展上,距离服务型政府还有不小的距离。

相应地,需要从以下几方面,着手推进城市管理体制改革:转变政府职能,建设服务型政府;精简党政机构,推进大部制改革;推进权力下放,建设回应型政府;推进城市法治,建设法治城市;等等。关于回应型政府建设,大家可以去看一下北京市近三四年推行的一个非常重要的改革,叫"接诉即办",它的原型是"街镇吹哨,部门报道"。这样一个改革,就是把权力、资源等下沉到街道和乡镇,从而进一步增强政府对人民群众的回应性。

延 伸 阅 读

新时代跨省域城市群管理体制研究

进入新时代,城市群成为中国推进区域协调发展战略的主体空间,城市群管理成为区域公共管理和区域治理研究的重大问题。**城市群管理的核心使命,是通过构建纵向与横向相结合的协调管理体制及其配套运行机制,化解由行政区管理造成的利益分割与城市群一体化发展所要求的府际合作之间的矛盾,推动城市群区域府际合作与协同。**当前,以京津冀、长三角、粤港澳大湾区等为代表的跨省域城市群,正在成为引领国家高质量发展的重要引擎,但在管理上仍面临府际合作组织体系不健全、跨区域利益协调不顺畅、一体化内生动力不足等体制性掣肘。正如习近平总书记2019年初在京津冀协同发展座谈会上所指出的,"当前和今后一个时

---

① 陆家嘴街道办事处在 2021 年社代会上的工作报告。https://www.pudong.gov.cn/shpd/InfoOpen/InfoDetail.aspx?CategoryNum=003002&InfoId=b77276d8-54e5-4d61-93ae-33aaf5c82280。

期进入到滚石上山、爬坡过坎、攻坚克难的关键阶段,需要下更大气力推进工作。"为此结合国内外城市群管理已有研究和实践,以提升城市群府际合作水平为目标,探求新时代跨省域城市群管理体制的构建、完善与创新,具有高度的紧迫性和重要性。

研究新时代中国跨省域城市群的管理体制,需要梳理城市群的概念演进、西方发达国家城市群治理、中国城市群治理与管理以及区域治理与府际合作等研究主题。

一、关于城市群的概念

"城市群"是一个中国化的概念,其源头可追溯到由戈特曼开创的大都市带研究。姚世谋首先提出城市群的概念,认为它是一个具有地理基础且经济、交通与商贸活动频繁的"网络系统"[1]。方创琳等全面回顾了城市群这一现象及概念在全球范围的流变,指出其演化发展遵循着从城市集群到都市区、都市区带、大都市带直至都市连绵区的时空路径[2],提出当前中国城市群建设的经验与模式正在被全球城市群建设所借鉴,正在影响欧美等西方发达国家新的城市群建设思路与方向[3]。

二、西方发达国家的城市群治理研究

在西方发达国家的社会政治传统和学术语境下,城市群管理多称为城市群治理。围绕城市群治理,发达国家理论界和城市群地方政府进行了长期探索,主要形成区域主义、多中心治理、新区域主义等理论流派[4]。与此相应,国外城市群治理模式总体分为三种,如薛凤旋等概括的欧盟政府主导模式、美国市场主导模式和日本"广域行政"模式[5],刘靖等总结的统一管理模式、地方自治管理模式和混合管理模式[6]。蒋敏娟特别提出管理体制是推动城市群协同发展的基础,并根据中央政府干预程度不同,将发达国家城市群协同治理模式分为政府主导协同、自治协同和混合协同三种[7]。针对西方国家城市群治理的不同理论与模式,陈瑞莲等指出要认清其理论纷争并总结经验教训,避免在中国出现理论内耗,以实现中国城市群的良好治理[8]。

三、中国的城市群治理与管理研究

城市群治理研究。中国的城市群治理研究受到西方城市群治理研究话语的较大影响,表现在"城市群治理"直接研究文献数量(140篇)明显多于"城市群管理"数量(103篇)(据知网2019年2月28日"篇名"方式查询数据)。出现这种情况有两方面原因:一是中国城市群的发展起步晚、速度快、规模大、问题多,容易去借鉴国外城市群治理的经验,国外城市群治理理论也自然成为国内学者理论研究的基础[9];二是中国发展较早的城市群多地处沿海,区域内市场经济相对发达,以利益为纽带的协商机制容易形成,如长三角在2004年即形成"长江三角洲城市经济协调会+沪苏浙经济合作与发展座谈会+长三角地区主要领导座谈会"的政府协商机制[10],也为城市群治理理论的引入提供了条件。

但在中国研究城市群治理如果不考虑中国国情,就会产生水土不服[9]。在中国的国家治理体系中,政府系统是实现治理的主要载体,党的领导通过政府体系来实行[11]。这种治理格局所蕴含的治理理念,显然与西方国家的治理理念存在差异。特别是十八大以后,中央政府主动协调区域发展,加快推动京津冀协同发展等全局性区域战略的实施[12]。在此背景下,城市群管理的研究意义得到凸显。

城市群管理研究。已有的城市群管理研究相对集中于长株潭城市群(46篇,来源同前),它在顶层管理体制的探索上,先后经历了从长株潭一体化办公室到长株潭"两型办"到长株潭"两型社会"试验区党工委和管委会的渐次升格,而湖南省委省政府在过程中始终发挥着关键作用[13]。

对跨省域城市群而言,中央政府直接负责其规划编制和组织实施,是跨省域城市群管理特别是纵向管理的体制中枢。表4-1给出了由国务院批复的9个跨省域城市群发展规划中明确的相关管理架构,其中除长三角城市群较为特殊外,其他各城市群都遵循了"国务院相关部委+各省级政府"的纵向管理架构。

表4-1 国务院批复的9个跨省域城市群的管理组织架构

城市群名称	批复时间	发文号	涉及省份	管理组织架构
长江中游城市群	2015.03.26	国函〔2015〕62号	江西、湖北、湖南	发改委+三地政府
哈长城市群	2016.02.23	国函〔2016〕43号	吉林、黑龙江	发改委、住建部+两地政府
成渝城市群	2016.04.12	国函〔2016〕68号	重庆、四川	发改委、住建部+两地政府
长江三角洲城市群	2016.05.22	国函〔2016〕87号	上海、江苏、浙江、安徽	推动长江经济带发展领导小组+发改委、住建部+四地政府
中原城市群	2016.12.28	国函〔2016〕210号	河南、河北、山西、安徽、山东	发改委+五地政府
北部湾城市群	2017.01.20	国函〔2017〕6号	广东、广西、海南	发改委、住建部+三地政府
关中平原城市群	2018.01.09	国函〔2018〕6号	陕西、山西、甘肃	发改委、住建部+三地政府
呼包鄂榆城市群	2018.02.05	国函〔2018〕16号	内蒙古、陕西	发改委+两地政府
兰州—西宁城市群	2018.02.22	国函〔2018〕38号	甘肃、青海	发改委、住建部+两地政府

再来看京津冀与粤港澳大湾区城市群。**在京津冀城市群协同发展中**,习近平总书记主持召开相关会议10次,已建立起"国务院领导小组+相关部委分领域领导小组+京津冀三地领导小组"的组织架构[12],形成从中央、部委到三地政府间三个层次的纵向管理体制。**在粤港澳大湾区城市群建设中**,习近平总书记主持召开2次规划纲要审议会议,已建立起"国务院领导小组+广东省领导小组、香港政府督导委员会、澳门政府工作委员会"的组织架构,形成从中央到三地政府间两个层次的纵向管理体制,此外国家发改委与三地政府签署了合作框架协议,对纵向管理形成补充。

近期,习近平总书记已提出支持长三角区域一体化发展上升为国家战略,从而**长三角城市群**也形成了从中央、部委到四地政府间三个层次的纵向管理体制,此外它还在长期发展中形成了"长三角地区主要领导座谈会＋长三角地区合作与发展联席会议＋联席会议办公室、重点合作专题组、城市经济合作组及长三角区域合作办公室"[10]三个层次的省域间横向管理架构(对群内城市而言是纵向),以及以长江三角洲城市经济协调会为主体的城市间横向管理架构。

以上分析表明:**京津冀、粤港澳大湾区及长三角城市群,在纵向上总体形成了从中央、部委到各地政府间三个层次的管理体制,且中央对京津冀城市群的介入程度最高,而其他跨省域城市群在纵向上则体现了从部委到各地政府间两个层次的管理体制;长三角城市群在省域间横向上的管理组织架构较为完整,已具备了相应的决策、协调和执行等功能,且群内城市间的横向管理组织架构也已建立。从而,京津冀、长三角城市群分别在纵向、横向上提供了跨省域城市群管理体制架构的参照系。**特别地,粤港澳大湾区城市群因自身"一个国家、两种制度、三个关税区"的区域特性,在横向管理体制建构上将面临更多挑战。

四、区域治理与府际合作研究

在中国"国家治理体系"语境下,可将跨省域城市群管理视为一种狭义的区域治理,即政府及其部门的跨行政区共同治理行为[11]。这类区域治理给传统府际关系带来冲击,形成了中央与地方间、地方上下级间、地方政府间以及部门政府间的角力与互动[8],同时其治理目标的实现则需要政府间及部门间的合作,为此应遵循府际管理原则,通过规划、立项等运作策略来推进府际合作[11]。

近年来,中国城市群内部的府际合作不断加强,尤其长三角表现得较为领先,但整体上府际合作的实质性仍较低[14]。为此,包括城市群管理在内的区域治理研究须从"府际合作"走向"制度性集体行动"(ICA),以弥补框架构建、模型设计等方面不足[15]。ICA理论对理解制度性集体行动具有重要价值,特别对于中国而言,跨行政区合作机制的制度化水平有限,需要对地方政府间的合作困境和解决性合作机制进行更为细致且有针对性的分类研究,并对合作过程中的动力和阻碍性因素及合作机制的选择过程加以有效考量[16]。

五、小结

城市群研究源于西方发达国家,但中国的城市群实践"后发先至",成为新时代中国区域发展的显著特征。**发达国家的城市群治理研究及实践,主要形成了三个理论流派和三种治理模式,既显著影响了中国的城市群治理研究,也为中国有关城市群内地方政府的横向合作提供了借鉴。中国已有的城市群管理研究,从纵向、横向两方面为跨省域城市群管理体制构建与完善奠定了基础。考虑到京津冀、长三角及粤港澳湾区现有管理体制的典型性和复杂性,新时代跨省域城市群管理体制创新应更加注重顶层设计并兼顾区域个性。体制的运作离不开对应的运行机制,为此还应关注跨省域城市群管理中重要府际合作机制的制度安排,对此ICA等分析工具不可或缺。**

参 考 文 献

[1] 姚士谋,周春山,王德,等.中国城市群新论[M].北京:科学出版社,2016.11.
[2] FANG Chuanglin, YU Danlin. Urban agglomeration: an evolving concept of an emerging phenomenon[J]. Landscape and Urban Planning, 2017, 162: 126-136.
[3] 方创琳.改革开放40年来中国城镇化与城市群取得的重要进展与展望[J].经济地理,2018,38(9):1-9.
[4] 杨振山,程哲,蔡建明,等.从国外经验看我国城市群一体化组织与管理[J].区域经济评论,2015(4):143-150.
[5] 薛凤旋,郑艳婷,许志桦,等.国外城市群发展及其对中国城市群的启示[J].区域经济评论,2014(4):147-152.
[6] 刘靖,张岩.国外城市群整合研究进展与实践经验[J].世界地理研究,2015,24(3):83-90.
[7] 蒋敏娟.城市群协同治理的国际经验比较:以体制机制为视角[J].国外社会科学,2017(6):47-53.
[8] 陈瑞莲,杨爱平.从区域公共管理到区域治理研究:历史的转型[J].南开学报(哲学社会科学版),2012(2):48-57.
[9] 米鹏举.国内城市群治理研究综述:文献述评与未来展望[J].理论与现代化,2018(2):90-98.
[10] 张学良,林永然,孟美侠,等.长三角区域一体化发展机制演进:经验总结与发展趋向[J].安徽大学学报(哲学社会科学版),2019,43(1):138-147.
[11] 杨龙.中国国家治理中的区域治理[N].中国社会科学报,2015-10-14(7).
[12] 杨龙.中国区域战略发展的新趋势[J].天津社会科学,2016(4):70-75.
[13] 周国华,陈炉,唐承丽,等.长株潭城市群研究进展与展望[J].经济地理,2018,38(6):52-61.
[14] 锁利铭.面向府际协作的城市群治理:趋势、特征与未来取向[J].经济社会体制比较,2016(6):13-16.
[15] 锁利铭,阚艳秋,涂易梅,等.从"府际合作"走向"制度性集体行动":协作性区域治理的研究述评[J].公共管理与政策评论,2018,7(3):83-96.
[16] 姜流,杨龙.制度性集体行动理论研究[J].内蒙古大学学报(哲学社会科学版),2018,50(4):96-104.

中篇 研究示范篇

第五章　城市发展研究：一个系统框架

上篇集中介绍了城市发展与管理的基础概念和基本理论，希望从知识体系层面给大家认知和了解城市打一个初步基础。从本章开始，我们转入另一个阶段和层面，就是尝试学习如何认识并研究（一个特定的）城市，具体包括四方面内容：城市发展研究的理论框架，城市管理研究的个案示范，偏向学术的城市政策评估研究，以及面向应用的城市战略管理报告，而贯穿这四部分内容的是一个统一的研究对象即西安市。作为这个阶段的开始，让我们首先来了解一个城市发展研究理论框架的提出过程和基本内容。

第一节　对框架的基础介绍

这个框架的名字叫作"城市系统工程"，也叫"基于WSR方法论的城市发展研究"，包含城市自组织、城市管理、城市和谐三个研究主题。事实上，"城市系统工程"是我个人博士学位论文的研究成果，从时间上来讲是有一些年头了，但从理论框架的构建来讲，它还是有着积极的示范意义，所以这里就"举贤不避亲"了。简言之，城市系统工程研究框架，以物理-事理-人理系统方法论（WSR方法论）为基础和指导，以"城市整体"为研究对象，主要关注城市自组织、城市管理、城市和谐等研究主题，核心是研究"物理"层面的城市系统演化问题、"事理"层面的城市管理优化问题和"人理"层面的城市制度善化问题。

我开始做城市研究的时候，大体是在2002年前后。当时刚刚进入新世纪，我国的城镇化正处在一个加速推进期，城市发展特别是城市改造中的大拆大建非常普遍，问题也很多，所以那个时候能看到很多针对城市发展的批判。整体来讲，在当时那个时间点，面对城市发展不容乐观的状况，我们特别希望从整体论展开对城市发展的多维研究。比较幸运的是，在博士入学之后，我就在导师的指导下，和同门一起，扎扎实实地做了一个具体的城市研究课题，题目叫"西安发展重大问题与政务SDSS研建"。从我个人来讲，做课题研究最重要的收获，是形成了以下的研究反思，包括：研究城市的一个核心理念，是"时空观"；两个主题，是"城市与发展"；三个维度，是"城市系统、城市逻辑与城市制度"；四个问题，是"发展阶段、发展规律、发展战略与发展调控"。这中间最核心的，应该是三个维度的提出。后续当我把这三个维度和WSR方法论的三个层次做比较时，发现还是很吻合的。所以我的博士论文题目最终确定为"基于WSR方法论的城市发展研究——城市自组织、城市管理与城市和谐"。这中间还有一个基本的对应关系，就是：城市系统-城市自组织、城市逻辑-城市管理、城市制度-城市和谐。因为后续的内容会讲到，所以这里先不展开。

下述简单介绍WSR方法论。"物理-事理-人理系统方法论"，从字面看不难理解。按照

WSR方法论主要提出者顾基发研究员及其合作者在1997年的一篇文章里提到的,"物理"指对客观物质世界的认识,"事理"就是事物的机理,"人理"则指人们之间的关系,它们所对应的核心问题依次是"是什么"、"怎么做"和"是否做"[①]。当然这个解释是刚提出来时候的理解,到了2007年,顾基发老师和合作者进一步明晰了物理、事理、人理的界定(见表5-1)。在此还要指出的是,上述解释侧重了物理、事理、人理,就整个方法论而言,它其实是一个整体,是一种能够处理现实当中复杂社会经济系统问题的普适性方法论,在解决问题过程中具有"先整体认识,再分层研究,后综合解决"的应用特点,同时提供了理解并把握复杂系统存在及演化规律的认识论与方法论。

表5-1 物理、事理、人理的主要内容[②]

	物理	事理	人理
对象与内容	客观物质世界法则、规则	组织、系统管理做事的道理	人、群体、关系、为人处事的道理
焦点	是什么?功能分析	怎样做?逻辑分析	最好怎么做?可能是?人文分析
所需知识	自然科学	管理科学、系统科学	人文知识、行为科学、心理学
原则	诚实;追求真理	协调;追求效率	讲人性、和谐;追求成效

再简要介绍一下整个研究框架涉及的其他一些基础概念。

关于研究前提,主要是整体论、系统工程与WSR方法论。整体论强调研究高层次本身和整体的重要性;系统工程强调研究的全局性和综合性,注重对象系统的结构优化和功能协调。吴良镛认为,对21世纪的中国城市发展研究来说,系统科学是不可缺少的方法论工具,面对城市"复杂巨系统",还需要借助复杂性科学的方法论,从整体上进行探索。而复杂性科学是系统科学在当代的新发展,是整体论研究视角的延续。从而非常必要从整体论的视角出发,以已有成果作为基础和借鉴,更多采用系统科学、复杂性科学的理论及方法工具,进一步对城市发展进行全面和综合的研究。WSR方法论前面已做介绍。

关于研究思路,研究初期提出的城市系统工程中的城市系统、城市逻辑及城市制度三个研究维度,直接的理论资源来自城市发展、城市化等,当我把上述三个维度和WSR方法论的三个研究层次进行比照时,发现它们确实有一定程度的契合,所以随即调整了研究思路和研究主题,成为基于WSR方法论的城市发展研究。从系统工程学科角度进行城市发展研究,首先得到的是城市系统工程的命题。对应WSR方法论三个层次及其所需知识,得到城市系统工程研究的三个维度,即城市系统、城市逻辑、城市制度,以及相应的知识基础。物理、事理、人理三项内容,对应了城市系统中的自组织演化规律、城市逻辑中的城市管理规律和城市制度中的利益均衡规律,也就是前面提到的演化、优化与善化。

关于主要概念的界定。首先是城市发展,指城市与其环境间以及城市组成要素间关系的

---

① 赵丽艳,顾基发. 物理-事理-人理(WSR)系统方法论及其在评价中的应用[J]. 电子科技大学学报,1997,26(增刊):177-180.

② 顾基发,唐锡晋,朱正祥. 物理-事理-人理系统方法论综述[J]. 交通运输系统工程与信息,2007,7(6):51-60.

优化演化；其次是城市系统工程，是一门研究处理城市整体的新兴交叉综合性学科，其实质是结合城市思想与系统思想并在其指导下研究处理城市整体优化演化过程中问题的方法论。再次是城市整体，是从哲学层面对城市这一本体的界定，是对各种城市现象、城市活动的总称，当比照WSR方法论的三个层次进行认知时，对应有城市系统、城市逻辑、城市制度三个维度的展开。

在完成以上研究前提、思路的确定和概念界定后，我们就可以来看整个城市系统工程的研究框架了（图5-1）。首先，开展研究的基础是WSR方法论，研究对象是"城市整体"，当从WSR的视角来观察和认知城市整体的时候，就会衍生出三个具体维度。第一个维度是城市系统，即先把城市视为一个客观、外在、系统性的存在，侧重对系统发生及运行等规律的探究；第二个维度是城市逻辑，简单理解，就是考虑一个城市在从无到有的历时过程中，如果"你"是它的建设者和管理者，应该怎样从头去规划、设计、建设并管理这个城市，当然这个"应然"的过程里，其实已经包含了城市系统的若干规律在里面；第三个维度是城市制度，因为就现实的城市运行而言，影响它的核心是一系列制度安排，比如现在大家都知道的"放管服"改革，就是通过一系列制度变革实现了政务效率重塑，而做事情的人还是以前那群人，这也说明制度最根本的作用是调节人和人之间的利益关系。那么，这三个维度的内在关联是什么？我的理解是：城市系统的规律有很多，但核心是它的自组织规律；城市逻辑的落实需要城市管理，而管理则是一种他组织行为；城市的自组织会形成一些内生性的制度安排，城市管理的他组织则会导致一些强制性的制度安排，从而城市自组织与城市管理就可以从城市制度的视角进行统合，因为制度本身是可以从内生性和强制性来进行大的分类的，而且制度的目的就是希望保证人和人之间的利益关系状态是稳定的或者是和谐的。这也就解释了三个维度及其对应三个主题的内在逻辑关系。

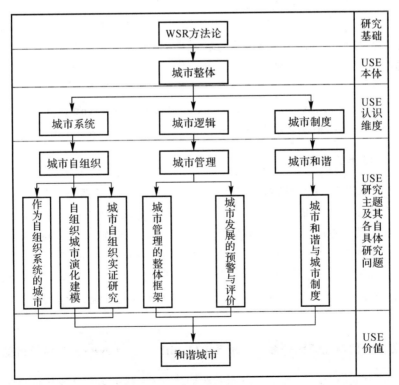

图5-1 基于WSR方法论的城市发展研究理论框架（USE框架）

尽管每一个维度下面都确定了一个研究主题，但具体的研究还需要再确定相应的研究问题，有了问题才会有方法。所以城市自组织下面关注的核心问题，主要是自组织城市的演化建模和城市自组织的实证研究；城市管理部分，主要是形成其整体框架，然后去做城市发展的预警和评价，因为管理最重要的是要有预见性，以及通过及时的评价反馈去调整一些管理措施；最后，我们希望通过各种各样的制度安排，不管是内生性的制度和它的继承，还是强制性的制度安排，真正达到一个城市和谐的状态，最终是希望有一个和谐城市的出现。这也是整个研究在价值层面的追求。

需后要强调的一点，图 5-1 最右侧的那一栏说明。其中 USE 是城市系统工程（Urban Systems Engineering）的英文缩写，USE 本体即城市整体，体现着它的本体论层面，USE 认识维度代表着它的认识论层面，USE 研究主题及问题代表着它的方法论层面，而 USE 价值则体现着它的价值论层面。从本体论，到认识论、方法论，再到价值论，也是整个研究框架力图在哲学层面做出的一种努力和表达尝试。

第二节　自组织城市的建模与仿真

前已提及，城市自组织的研究重点，在于自组织城市的演化建模。这部分的研究逻辑是：首先分析城市系统的自组织特征，包括开放、有序与复杂的统一；然后再分析城市系统的自组织机制，城市系统演化的多样性以及城市系统的自组织演化；最终论证得到城市是一类自组织系统。

在此基础上，进一步提出"自组织城市"的概念。自组织城市与城市自组织有所不同，后者主要是从自组织理论及观点的视角来看待并研究城市发展演化的动力机制，关注的焦点是现实城市发展的"自组织"，而自组织城市则立足平行系统、人工规划、情境发展等概念，以现实城市发展作为背景或对照并在对其进行抽象的基础上，主要应用自组织理论的观点及方法，通过计算机建模及仿真等手段，来探索城市发展的多种可能性，它关注的焦点是可能的"城市发展"。从而，本部分的研究焦点就过渡到了自组织城市。具体而言，我们选择的这类自组织城市叫 FACS&IRN(Free agents on cellular space & Inter-representation network cities)，即元胞空间上的自由主体和相互表示网络城市。

一、对自组织城市的界定

这里关注的 FACS&IRN 城市，包括两个尺度上的自组织子系统，即处在全局尺度上的元胞城市空间系统和处在局部尺度上的城市居民主体系统，其中居民主体的行为与活动可以由受到他们影响的城市空间作为一种外在的表示，而城市空间作为一个整体又会影响到居民主体的内在表示并进而影响其行为与活动，从而形成了元胞城市空间子系统与城市居民主体子系统之间的循环因果关系。在 FACS&IRN 城市研究的基础上，并结合协同的城市的基本理论观点，我们选择了自组织城市的一个侧面即城市居住空间系统，来考察它的自组织演化过程和结构稳定性问题。

二、城市居住空间演化系统的多 Agent 系统(Multi-Agent system, MAS)模型

关于系统建模的具体细节，大家可以参照我们的文章《基于多主体系统的自组织城市居住

空间建模及仿真》①。这里只简略给出模型的运行机制(见图5-2)。

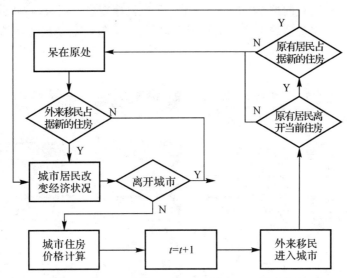

图5-2 城市居住空间演化系统的MAS模型机制

三、城市居住空间演化系统的Swarm(建模)仿真

(一)城市居住空间演化系统自组织过程仿真

本仿真的基本目的是为了考察城市居住空间演化系统的自组织特性,既系统序变量如何影响系统结构的形成与变化。对仿真条件做出如下设定:仿真开始前,城市中无居民,全部城市居住单元的价格为0.1;仿真开始后,在每一仿真时步进入20个城市移民,它们的经济水平在区间[0,1]上随机取值,文化属性在集合{ture,false}中随机取值,取得"true"值的归为文化类型A,取得"false"值的归为文化类型B;当城市居民数大于2000时,不再进入新的城市移民。

图5-3～图5-5所示分别为城市居住空间的主体文化分异、主体经济分异和房价分异的仿真结果,简要分析如下:

主体文化属性单独作用时,出现了极其明显的主体文化分异,且形成了稳定的城市居住空间结构,表明主体文化属性作为序变量对城市居住空间演化系统稳定结构的形成具有重要作用。同时,在此种作用方式下,基本没有出现主体经济分异,房价分异呈现出先强后弱的特点,这主要是受到主体经济属性的影响。

主体经济属性单独作用时,出现了一定程度的主体经济分异,但城市居住空间结构并不稳定,表明主体经济属性作为序变量对城市居住空间演化系统结构的变化具有影响作用。同时,在此种作用方式下,基本没有出现主体文化分异,房价分异呈现出持续增强的特点,这也主要是受到主体经济属性的影响。

主体文化、经济属性共同作用时,主体文化分异呈现出初期十分明显、中间有所减弱、后期

---

① 寇晓东,杨琳.基于多主体系统的自组织城市居住空间建模及仿真[J].西北大学学报(自然科学版),2013,43(6):893-897.

又有加强的特点,表明在城市居住空间演化系统自组织过程中,文化序变量起先居于主导地位,中间则受到经济序变量的抑制,其后又"役使"了经济序变量。同时,在此种作用方式下,出现了微弱的经济分异,房价分异仍呈现出持续增强的特点,但明显受到了主体经济、文化属性的共同影响。

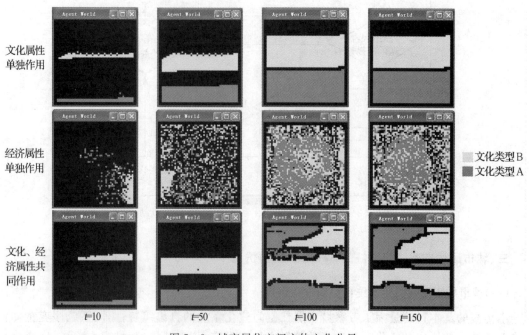

图 5-3 城市居住空间主体文化分异

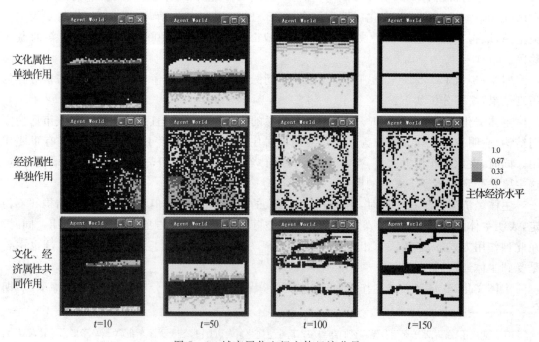

图 5-4 城市居住空间主体经济分异

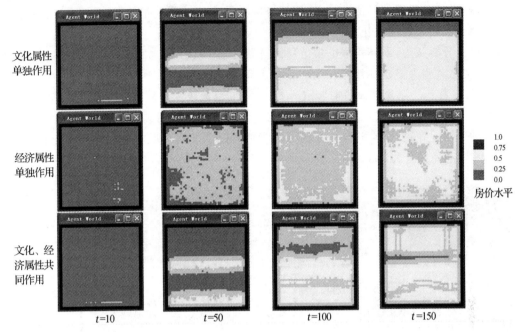

图 5-5　城市居住空间房价分异

(二)城市居住空间演化系统稳定性仿真

本仿真的目的是为了考察不同构成的城市移民对原有城市居住结构稳定性可能产生的影响。对仿真条件做出如下设定:仿真开始前,城市中无居民,全部城市居住单元的价格为 0.1;仿真开始后,在每一仿真时步进入 20 个城市移民,它们的经济水平在区间[0,1]上随机取值,文化属性都取值为"true"即文化类型都是 A;当文化类型为 A 的城市居民数量大于 800 时,开始进入不同构成的移民(分试验 1 和试验 2 两种情况);当城市居民数大于 2 100 时,不再进入新的城市移民。

图 5-6、图 5-7 所示分别为城市居住空间演化系统稳定性试验 1 和试验 2 的仿真结果,简要分析如下:

试验 1 中,移民开始进入后,由文化类型为 A 的城市居民所形成的原有城市居住结构没有受到影响,表明文化序变量主导着该演化过程。由移民不断形成的新城市居住空间出现了明显的文化分异,但空间结构并不稳定,表明文化序变量虽然主导了该演化过程,但在一定程度上受到经济序变量的抑制。从 $t=113$ 开始至仿真结束,整个城市居住空间的文化分异很快减弱并消失,同时出现了一定程度的经济分异,表明经济序变量在该过程中很快"役使"了文化序变量,并主导了整个空间系统的演化。

试验 2 中,移民开始进入后,一小部分文化类型为 B 的城市移民"打入"了由文化类型为 A 的城市居民所形成的原有城市居住空间,使其结构发生明显变化,这意味着外来移民"破坏"了原有城市居住结构的稳定性。通过观察发现,产生这一现象的原因是,在这个局部空间范围内,经济序变量而非文化序变量主导了该演化过程。另一方面,由移民不断形成的新城市居住空间也出现了明显的文化分异,且空间结构稳定,表明文化序变量主导着该演化过程,同时"役使"了经济序变量。从 $t=103$ 开始至仿真结束,整个城市居住空间的文化分异很快减弱并消失,同时出现了一定程度的经济分异,表明经济序变量在该过程中很快"役使"了文化序变量,并主导了整个空间系统的演化。

综合以上分析认为,不同构成的城市移民对原有城市居住结构的稳定性可能会产生影响。实验1中,文化类型为B的城市移民每时步进入5个,对原有城市居住结构没有影响;而实验2中,文化类型为B的城市移民每时步进入8个,就局部地改变了原有城市居住结构。引起这种变化的原因不只是不同文化类型移民数量的改变,事实上,不同文化类型移民的经济能力是更为重要的原因。在这两个实验中,我们再次看到文化序变量对城市居住空间演化系统稳定结构的形成具有重要作用,而经济序变量则对其结构的变化具有影响作用。

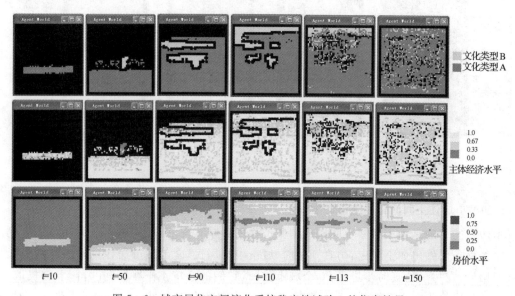

图5-6　城市居住空间演化系统稳定性试验1的仿真结果

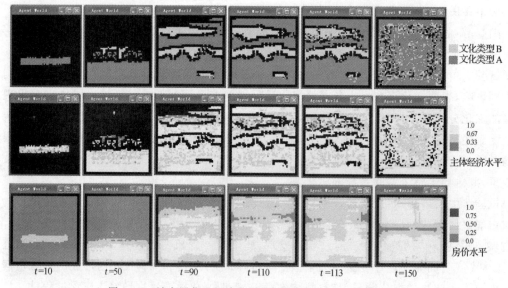

图5-7　城市居住空间演化系统稳定性试验2的仿真结果

综上：所建立的城市居住空间演化系统的 MAS 模型具有合理性，能够对对象系统的自组织过程及其结构稳定性做出较好解释，达到了研究目的；自组织城市的建模及仿真研究，可以探索给定初始条件下（比如不同构成的城市外来移民）城市未来（社会文化空间）发展的多种可能性，进而让城市规划者与决策者来体验所谓的"人工规划"以获得"体验知识"，为其决策提供更多支持。

第三节 城市管理的整体框架

这里首先再明确一下城市逻辑作为研究命题的基本含义，它是城市整体在人类理性中的反映即城市理念的逻辑推演，也可以理解为从人的理性角度来看，一座城市从无到有是如何形成并发展的，包括了城市设计、城市规划、城市建设与城市管理四个环节。对城市逻辑的探讨，包括对城市设计与城市规划、城市规划与城市建设以及城市管理与其他三个环节关系的分析，其中也渗透了对城市逻辑应然状态与实然状态的探讨。显然，在两者之间存在着差距或者说是矛盾。

城市逻辑应然状态与实然状态之间出现差距，根本原因还在于人的本身：认识的局限，导致管理城市发展能力的不足；行为惯性，抑制了对其进行调整的努力和决心。为此，既需要深化对城市逻辑的认识，也需要更加精细的制度设计来调整人的行为。城市发展有其规律，对城市发展的管理也有规律。上一节对城市发展的自组织规律进行了研究，其结论可以用来丰富城市规划的经验，进而服务于城市管理。基于此，本节集中探讨城市管理的认识及规律问题。

一、城市可持续发展的概念模型

我们认为，城市管理就是对城市可持续发展的管理，而城市可持续发展与一般意义上的区域可持续发展在本质上并没有差异，理解它们的关键都在于理解可持续发展。为此，首先引入欧洲学者 Joachim H. Spangenberg 提出的"可持续性的三棱锥"模型，即：可持续发展包括经济、环境、人力/社会以及社会/制度四个维度，在经济学中它们依次被称为人造、自然、人力以及社会资本，这四个维度及其相互作用就构成了可持续发展的一个十分复杂的概念。

基于上述模型中的四个维度，我们进一步增加了文化的维度，即认为城市可持续发展应该包括环境、经济、社会、制度、文化 5 个维度，对城市可持续发展的管理就是要实现城市系统五个子系统各自的再生以及相互的协调。

文化维度在本质上是一个综合的维度，体现了人类与其进化载体即城市的特殊复杂性。文化维度和环境、经济、社会、制度这四个维度的互动依次用"生态整体论/天人合一""可持续的经济增长与有限消费""社会阶层与成员间的交流与包容""民本位的参与式治理"进行描述与界定，由此也形成了城市可持续发展的四棱锥模型（见图 5-8）。事实上，这个四棱锥模型已经接近今天所讲的"五位一体"。

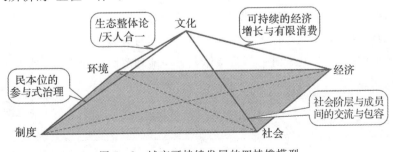

图 5-8 城市可持续发展的四棱锥模型

二、城市可持续发展与城市管理的关系

这里首先需要明确的,是城市管理的本质。城市管理是对城市系统可持续发展的整体干预,包括战略和操作两个层面,其中战略层面的干预由城市政府主导,同时需要和其他参与者有共识,操作层面的干预则由城市政府及其他参与者协同施加(见图5-9)。

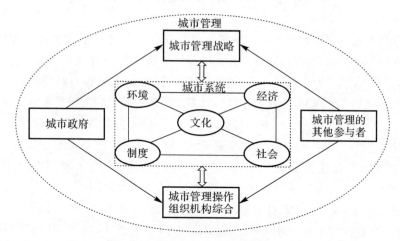

图5-9 城市系统与城市管理的关系

城市系统的目的即可持续发展,为城市管理提供了目标,借此城市管理战略得以制定,并形成对城市系统目的的支持;城市系统的过程状态,为城市管理提供了依据,从中可以发现并确定出城市管理操作的具体对象,对对象的操作,将改变城市系统的过程状态,进而影响其发展。

三、城市管理的整体框架

有了以上的讨论基础,我们就可以来看看城市管理整体框架的构成了。在图5-10给出的城市管理整体框架模型中,涵盖了城市系统、城市逻辑、城市管理与城市管理的发展共四个模块。它们之间基本的关系如下:

(1)城市系统是(狭义)城市管理的对象。

(2)城市逻辑包括城市设计、规划、建设、管理四个环节,且它们相应接受城市思想、系统思想的联合指导,与此同时,城市管理也渗透到城市规划与建设之中。在此要强调一点,就是城市规划本身也是一类非常重要的公共政策。

(3)此外,城市管理本身也是需要发展的,需要管理研究、管理战略及政策制定、管理过程、管理技术与工具、管理创新及管理者素质的共同支撑和与时俱进。

该框架模型的提出,有利于进一步从整体上更好地理解城市管理的要素及其关系,进而服务于城市管理实践。

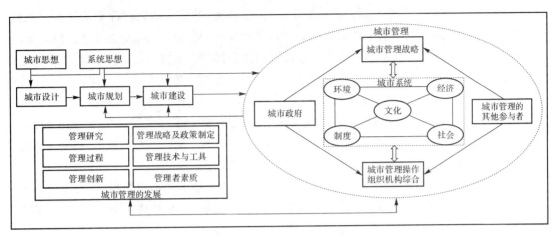

图 5-10 城市管理的整体框架模型

第四节 城市可持续发展的预警与评价

一、城市管理的 S-C-H 模型

考虑到对城市系统制度维度和文化维度的评价难于操作从而不易进行管理,所以这里给出的具有操作性质的城市管理模型,只涵盖城市系统的环境、经济和社会三个维度(见图 5-11)。这个模型的基本思路是:一个城市的发展,可以从其生态安全、经济环境协调及社会与人的和谐三个层次进行把握与衡量。其中,生态安全对应着发展预警,而上面两层则对应着发展评价。

内容	衡量	功能
社会与人的和谐(H)	可持续性指数	评价
经济环境协调(C)	协调度	
生态安全(S)	安全指数	预警

图 5-11 城市管理的 S-C-H 模型

考虑到城市可持续性评价的研究工作相对成熟,所以下面简要介绍一下涉及生态安全预警的生态足迹分析,以及涉及经济环境协调发展的环境经济复合系统的协调度评价。这两部分工作都以西安市为具体的研究对象。

二、西安市的生态足迹分析及生态安全预警

如果要对一个特定城市的生态安全做出预警,就需要对其生态安全的具体状态进行测度。那么,如何来测度一个城市的生态是否安全呢?我们当时采用了一个比较匹配的理论,叫作生态足迹分析(Ecological Footprint Analysis,EFA),它到现在依然还有生命力,而且发展得更加精细化了。

EFA 的核心思想是,对于一个特定的区域或者城市,其生态是否安全,可以从它的化石能

源供给与消耗之间的差值来判断。具体来说,每一个区域、城市内的人群都要从事生产生活,进而消费大量能源,而其中的主体消耗都是所谓化石能源,如煤、石油、天然气等。相应地,就这个地区来讲,一方面其化石能源的供给在特定阶段是相对稳定的,另一方面其内人群的生产生活所消耗掉的化石能源总量是可以测算的。从而,当把一个地区在一定时间内所消费掉的能源项目变成一个统一单位比如吨标煤时,这个地区的生态足迹就得到了量化,然后再把地区内所拥有的能源储备也变成统一单位即吨标煤,其生态承载力也得到了量化,两相比较后,就可以得到该地区的生态是否存在赤字或盈余。简单来说,如果能源供给大于消耗,生态是安全的、有盈余;但如果供给支撑不了消费,理论上就存在着生态赤字。

综上,EFA 的原理很简单,但计算相对复杂。比如为了做能源消费的测度,需要计算很多消费项目。关于本部分研究的详细细节,请参照我们的文章《生态足迹应用研究:对中国若干城市的时序与对比分析》①。下面我们简要交代一下西安市 1995—2004 年的生态足迹分析过程。

首先,需要确定西安市生态足迹分析中的生物资源和能源的消费项目。生物资源消费项目共 17 项,包括:谷物、豆类、薯类、水果、蔬菜、油料作物、坚果、棉花、水产品、酒、糖、猪肉、牛羊肉、禽、蛋、牛奶、木材等。能源消费项目共 11 项,包括:原煤、洗精煤、焦炭、汽油、柴油、煤油、燃料油、液化石油气、其他石油制品、天然气、电力等。

其次,需要找到计算中所需的公共数据,包括:生物资源消费项目的全球平均产量、能源消费项目的全球平均能量产出率和折算系数、各类生态生产性土地的均衡因子以及产出因子。然后,经过加总分析,就可以得到西安市 1995—2004 年的人均生态足迹、人均生态承载力和人均生态赤字的对比(见图 5-12)。

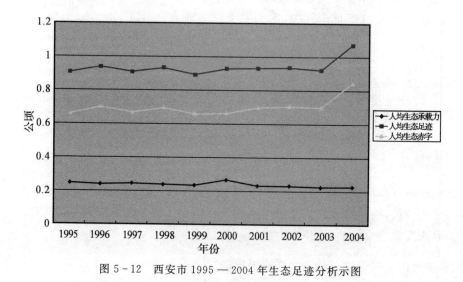

图 5-12 西安市 1995—2004 年生态足迹分析示图

由图 5-12 可以看出,1995—2004 年,西安市一直存在生态赤字,而且在 2004 年有较大

---

① 寇晓东,李广军,王青,等.生态足迹应用研究:对中国若干城市的时序与对比分析[J].陕西科技大学学报,2007(6):136-141.

幅度增加。进一步的分析表明:食物、能源消费是构成西安市人均生态足迹的主要因素,所以在未来西安的发展当中,一要重视对城市人口规模的适度控制,二要重视在提高能(资)源利用率的同时节约其使用,此外还要重视西安生态环境的保护,特别要加强对耕地、河流及其水源地的保护。分析中得到的一个重要启示是,西安市 10 年来的人均生态足迹始终保持在当地人均生态承载力的 3.5 倍以上,表明西安的经济社会发展要从周边地区摄入生态足迹,从而导致有关地区生态承载力的实质性下降,为此,需要加快经济增长方式和生活消费模式的积极转变,全面开展资源节约型和环境友好型社会的建设。

三、西安市环境经济复合系统协调度评价

对经济环境协调发展的评价,在本部分研究中转化成了对城市环境经济复合系统的协调度评价问题。简单说,环境经济复合系统协调度,就是指系统的子系统(环境、经济子系统)之间以及各子系统要素之间协同作用的强弱程度。

为了对该协调度进行测度,我们构造了一个评价函数,其主体部分参照了物理学上的功效函数,基本的计算流程是:首先,计算各个子系统序参量的有序度;其次,计算复合系统的绝对协调度;再次,计算复合系统的相对协调度;最后,确定复合系统协调度。关于本部分研究的详细细节,请参照我们的文章《1992—2004 年西安市环境经济发展协调度分析》[①]。下面简要交代一下西安市 1992-2004 年的环境经济发展协调度分析过程。

(1)确定环境子系统的序参量,包括:工业废水排放达标率、工业废气处理率、工业固废综合利用率、森林覆盖率、人均公共绿地面积、建成区绿地覆盖率、单位水资源消耗所创产值。其次,确定经济子系统的序参量,包括:GDP、全社会固定资产投资、社会消费品零售总额、第一产业从业人数占全社会从业人数比重、第三产业产值占 GDP 比重、独立核算科研机构科技活动使用经费总额、人均社会劳动生产率、城镇居民可支配收入、农民人均纯收入。

(2)数据相关准备。根据当时已公布的《西安统计年鉴》(1990 年-2004 年)、西安市统计局待出版的《2005 西安统计年鉴》以及西安市人民政府发布的《西安市国民经济和社会发展第十一个五年规划纲要》等文献中的公开数据,经过计算得到了环境子系统序参量各年份取值和经济子系统序参量各年份取值。

(3)计算得到复合系统协调度并进行相应分析。确定 1990 年、2010 年分别为初始年份、终止年份,按照相应算法步骤进行计算,得到有关年份的环境子系统序参量有序度值和经济子系统序参量有序度值,进一步得到有关年份复合系统的绝对协调度和相对协调度(见图 5-13、图 5-14)。

由图 5-13、图 5-14 可以看出,13 年间,西安市的环境经济协调发展在整体上有所进展,但水平仍然较低,距离 2010 年的系统目标仍有很大差距;除 1993 年为特例外,其他 12 年中环境子系统序参量有序度与经济子系统序参量有序度相比而言的提高非常不稳定,而且多数年份的提高不如后者多。这一分析结论带来的一个重要启示是,西安市当时还处于经济社会发展的上升期,为了达到"十一五"的规划目标,必须进一步做好经济工作。同时更应该看到,西安市的环境经济有一定程度的协同发展,但环境方面的几项具体工作曾出现过反复,尤其是在

---

① 寇晓东,薛惠锋.1992—2004 年西安市环境经济发展协调度分析[J].环境科学与技术,2007(4):52-55;118.

整体上,环境工作或者说环境建设与管理工作的绩效很不稳定。这种不稳定和城市政府决策者与管理者的摇摆有关。

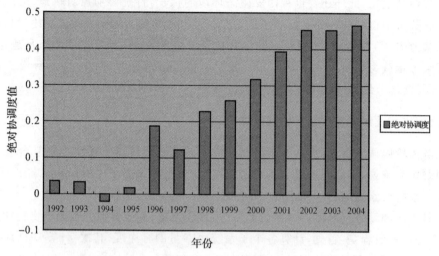

图 5-13　复合系统绝对协调度示图

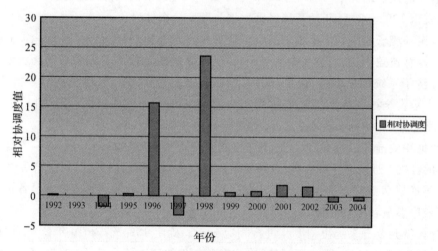

图 5-14　复合系统相对协调度示图

第五节　城市制度与城市和谐

一、城市制度与城市和谐的关系

笔者认为,造成城市不和谐现状的主要病因有五个方面,依次是:城乡之间的取舍,行业之间的起伏,人与人之间的亲疏,群己之间的轻重,以及"我"之内外的真假。这五个方面的病因,或源于发展决策,或源于社会环境,或源于个人习惯的种种变化。从制度的观点看,支持产生这些变化的关键因素就在于相关制度的种种变化。显然,造成今天社会不和谐、城市不和谐的本质原因,是相关的制度出现了问题,有问题的制度必然产生有问题的社会、有问题的城市。从而,要实现社会的和谐、城市的和谐,必须对相关制度及其内在价值准则进行反思,以得到改变的方向,使得良好、有效的制度能够尽快建立,从而支持并推动和谐社会与和谐城市的建设。

二、城市制度的基本分类

陈忠认为,城市制度是发展主体在观念及行为实践中,对城市本质、结构、功能、意义、价值等的规则性确认。我们进一步认为,城市制度是指城市发展多元主体在其观念及行为的交互过程中所形成的对城市本质、结构、功能、意义、价值等的理解的一种共识。

城市制度作为凝聚着共识且具有普遍约束力的规则,作用就在于规范、调整并实现城市主体的利益协调。从而,对城市制度的分类,可以依据其实现的城市主体利益的种类进行对应的划分。城市主体的利益主要包括城市经济利益、城市社会利益、城市政治利益和城市空间利益,对应的,可以把城市制度分为城市经济制度、城市社会制度、城市政治制度和城市空间制度。

三、城市和谐的关键

在博弈论的框架中,制度的本质可以理解为博弈各方所"共有的信念",同时,对博弈有关信息的掌握程度是博弈各方采取行动的重要制约因素。简言之,通过对城镇化过程中当地政府、外来企业与当地农民间的利益博弈,城市化中城市政府与农村劳动力之间的控制决策与迁移决策博弈,以及"非典"事件中城市政府与公众的信息博弈的具体研究,可以发现:政府是城市制度建设中的关键环节,也因此是实现城市和谐的关键因素。

整体而言,本章介绍的城市系统工程框架,将 WSR 方法论与城市发展研究做了较为满意的结合,从而既丰富了 WSR 方法论在具体领域的推广与应用,也使城市发展的整体论研究形成了自己的方法论与研究体系。

延 伸 阅 读

城市标度律研究

一、关于城市标度律

(一)城市标度律的理论基础

城市是一个典型复杂系统,具有两层意义:①城市本身是一个复杂系统;②多个城市构成的城市体系也是一个复杂系统。传统的线性科学不能很好地认识、理解城市,我们迫切需要新的城市科学。一个新的研究范式是关注不同历史、不同地理、不同文化、不同体制下城市所表现出的共同性质。标度律(Scaling Law)便是复杂城市系统背后的简单规律和机制之一。标度律是生物学、物理学、网络科学等复杂系统中普遍存在的规律,例如生物学中克莱伯定律(Kleiber's Law)指出,成年哺乳动物的新陈代谢率和体重呈 3/4 次幂函数关系。

(二)城市标度律简介

城市标度律(Urban Scaling Law)是指城市体系内城市指标与人口规模的缩放关系,反映的是城市体系的状态和特征,而不是单个城市的性质。城市标度律通常为幂函数形式($Y=Y_0 N^\beta$)其中 Y 为城市指标,N 为人口规模,β 被称为标度因子(Scaling Exponent)。

根据标度因子 β 与 1 的关系,可将城市指标分为 3 类:

(1)超线性指标($\beta>1$):与社会交互相关的城市指标(如 GDP、知识产出、严重暴力犯罪等)的标度因子大于 1(一般在 1.15 左右),该类城市指标随城市人口规模呈超线性增长,这是因为社会交互随人口增加呈超线性增长,体现了规模报酬递增效应。

(2)次线性指标($\beta<1$):与城市基础设施相关的城市指标(如道路长度、加油站数量等)的标度因子小于 1(一般在 0.85 左右),该类城市指标随人口规模呈次线性增长,这是因为大城市有更多居民共享城市基础设施,反映了规模经济效应。

(3)线性指标($\beta=1$):与城市居民个人需求相关的城市指标(如工作岗位数量、家庭用水等)的标度因子等于 1,该类城市指标随城市人口规模呈线性变化。

二、城市标度律的研究进展

(一)城市标度律的验证

虽然 Bettencourt 等总结了城市标度律,但也仅使用了有限的城市数据。此后研究者选取全球不同地区的城市进行了城市标度律的验证,包括欧洲、巴西、印度、中国等,结果均发现了稳健的城市标度律。除了不同区域的验证,还有历史时期的验证。Cesaretti 等发现 1280—1320 年间欧洲城市的土地面积与人口规模存在次线性标度关系;甚至在古代社会,居住面积和人口规模也存在次线性标度关系。这充分说明了城市标度律是不受历史、地理、文化限制的城市系统普遍存在的规律。

国内城市标度律的研究集中在城市土地面积与人口规模的标度关系,而关于其他城市指标的研究较少。

(二)城市标度律的解释

城市标度律是不同历史、不同地理、不同文化下城市系统的共同性质,那么决定城市标度律形成的原因和机制是什么?一个可能寻找到答案的方向是网络科学。生命科学领域标度律研究的重要学者 Geoffrey West 指出网络是所有复杂系统背后的支撑,如生命系统的血管网络,城市的基础设施网络和社交网络等。Geoffrey West 和合作者从网络科学视角提出了生命系统标度律的解释,包括以下 3 个假设:

(1)空间填充,即网络的触角需要到达所服务系统的各个角落。

(2)终端单元的恒定性,例如所有哺乳动物的毛细血管都是相同的,细胞大小也是相近的。

(3)网络的优化,例如哺乳动物通过进化使得通过心脏为全身输送血液的平均能量消耗最小化。这对于理解和解释城市标度律具有重要借鉴意义。研究者从不同角度抽象城市实体网络和虚拟网络,尝试解释城市标度律产生的原因和机制。但这些模型仍然只是城市标度律形成机制的可能解释之一,尚没有定论。

(三)城市标度律的应用

城市标度律的核心观点是城市指标与人口规模呈非线性缩放关系,这挑战了传统采用人均指标(如人均GDP)评价城市的做法,因为人均指标的隐含假设是城市指标随城市规模呈线性关系。以GDP为例,即使在技术水平、产业政策等其他条件都相同的情况下,由于规模报酬递增效应的存在,大城市相对于中小城市仍然在人均水平上具有更多经济产出。对于大城市来说,其人均GDP超过中小城市并不一定说明该大城市的经济表现更好;只有跟同等规模的大城市相比,其人均GDP仍然较高,才说明其经济产出效率高。这说明人均GDP更适合在同等规模城市之间比较,要比较不同规模城市的经济产出效率,则应该消除城市规模的影响。Bettencourt等基于城市标度律理论提出了规模修正指标(Scale-Adjusted Metropolitan Indicator,SAMI),并已被成功应用到经济产出、知识创新等领域的城市评价中。

(四)城市标度律的质疑

研究发现复杂城市系统背后体现出一致性规律的同时,也有研究对城市标度律提出质疑,主要包括3点:

①不同城市范围下城市指标与人口规模间的标度因子与1的关系不稳定。城市范围是一个复杂的、模糊的边界,加上城市人口的流动性,因此很难像测定生物体重一样准确测度城市的规模。

②双对数下线性回归模型的适用性存疑。标度律本身是幂函数,大多数研究都将城市指标和人口规模取对数后采用线性函数拟合,线性拟合得到的标度因子和非线性拟合得到的幂函数指数存在差异。

③城市指标与人口规模间的标度因子受宏观经济结构、公共政策等其他外部条件影响。

值得强调的是,虽然城市标度律在某个具体方面存在质疑,但其已经成为新城市科学的重要定量规律之一。

三、规模修正指标

城市标度律是城市系统表现出的规律,在城市研究中有何具体应用是研究者关心的问题。传统做法上多采用人均指标衡量城市表现,例如人均GDP、人均专利数等,但这忽略了城市指标与人口规模的非线性标度关系。为消除城市人口规模的影响,Bettencourt等提出了规模修正指标(SAMI),其定义式如下:

$$SAMI_i = \log Y_i - \log(Y_0 N_i^\beta) = \log(Y_i/Y_0 N_i^\beta)$$

式中:$SAMI_i$为消除规模影响的城市i的某个指标(如GDP),其本质是城市指标关于人口规模拟合方程的残差,表示偏离其预期值的程度;Y_i为城市i的某个指标的真实值;$Y_0 N_i^\beta$为城市i的某个指标的估计值;N_i为城市i的常住人口规模;Y_0和β为式(2)的拟合参数。

规模修正指标为城市评价研究提供了新视野和新思路。

四、城市标度律与异速增长律

(一)异速增长律

在城市研究领域,与城市标度律非常相近的另一个规律是异速增长律

(AllometricGrowth),函数形式也为幂函数。异速增长最初是生物学领域指生物器官和个体随时间的不同步增长,例如在螃蟹的成长过程中,螯(钳子)的长度与其甲壳的长度呈幂函数关系;人类大脑相对于躯干的发育速度也是非线性关系。城市地理学家在 20 世纪 70 年代或更早引入异速增长律研究了城市系统内建设用地面积和人口的相对增长关系。虽然研究的是城市系统的标度律,但由于早期城市标度律的概念还未普及,研究者采用了异速增长的概念。国内研究在探索城市系统标度律时也多采用了异速增长的概念。

如果都是研究城市系统表现出的规律,采用城市标度律还是异速增长律的概念没有实质差异。但考虑到生物学中异速增长律反映的是个体局部和整体随时间的相对演化关系,这非常容易让人们将反映城市系统规律的城市标度律引申到单个城市的发展预测中。例如,城市标度律指出与城市基础设施相关的城市指标与人口规模的标度因子为 0.85 左右,人们在解读 0.85 的含义时,很容易给出这样的推断:当一个城市人口规模增加 1 倍时,只需要增加 85% 的基础设施。然而事实并非如此。

以成都市为例,2000—2017 年该市建成区面积关于常住人口规模的拟合结果如图 5-15 所示。

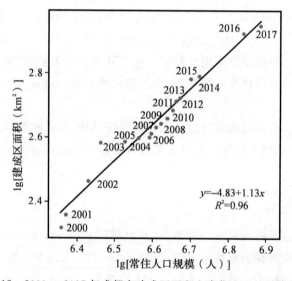

图 5-15 2000—2017 年成都市建成区面积和常住人口的异速增长律

结果显示成都市建成区面积关于人口规模的异速增长指数为 1.13,说明当城市人口增加一倍时,建成区面积需要超过一倍的增量,而不是只需要增加 85%。这与城市标度律的理论预期相悖,按照城市标度律的理论,建成区面积作为与基础设施相关的城市指标具有规模经济效应,其关于人口规模的标度因子应该小于 1。建成区面积关于人口规模的次线性标度关系是已有研究广泛证实的规律。

另外,在单个城市时序发展中,已有研究普遍观察到土地扩张快于人口增长,也即土地城镇化快于人口城镇化。因此时序上多数城市的建成区面积与城市人口呈现超线性标度关系(标度因子大于 1)。建成区面积和城市人口在截面上和时序上相对增长关系的差异有力地说明了城市标度律和异速增长律的差异,不能套用反映城市系统的城市标度律预测单个城市的未来发展。

(二)城市标度律与异速增长律的区别

城市标度律和异速增长律明显不同。城市标度律是同一时间城市系统表现出来的规律,反映了城市系统在相互作用下协同演化的系统特性。异速增长律是指系统局部和整体(局部)随时间的演化关系,强调城市个体的时序发展规律。城市个体的时序发展是自然地理、社会经济要素和城市系统内相互联系共同作用的结果。虽然城市标度律和异速增长律均为幂函数关系,但二者分别刻画了同一时点城市体系和单个城市时序发展的不同规律。单个城市的时序发展不遵循城市系统表现出的标度律。

文献来源:龚健雅,许刚,焦利民,等.城市标度律及应用[J].地理学报,2021,76(2):251-260.

第六章　城市发展管理研究：一个个案示范

第一节　个案简介：大西安开发区及其融合发展问题

上一章的内容，是怎么样去理解和分析城市发展的一个系统性框架。这一章，我们来思考并试图解决一个相对具体的城市管理问题，即大西安开发区的融合发展。特别请大家要关注的，就是这个问题是怎么提出来的。

在2008年前后，西安市已经有了一批开发区，最早是1991年的西安高新区，然后是西安经济技术开发区，后面还有曲江新区、浐灞生态区、国际港务区，再到航空产业基地和航天产业基地等，这些都是市级层面的开发区。此后5年里，一些城区也陆续建立了具有开发区性质的发展板块，像灞桥区的灞河新区、莲湖区的大兴新区、长安区的常宁新区、新城区的幸福路地区，等等。另外，还有涉及西安、咸阳两市的西咸新区及其下辖的若干开发板块。

这样一来，就西安市而言，除了它自身的13个行政辖区（当时是9区4县，现在是11区2县）以外，还有10多个像开发区一样的开发板块，在一起发展。与此同时，西安市一直以来的主导产业就是5个。你们知道，每一个开发区要生存下去，就要发展产业。如果算上13个行政辖区，再加上各种开发板块，到2017年的时候，西安市其实已经有三四十个发展"单元"。5个主导产业、近40个发展单元，可以想象它的产业发展一定存在着激烈的竞争。特别是开发区，只有靠招商引资才能活下去。那问题就来了：都要发展产业，就存在产业竞争；而开发区比较特殊，可以自己定政策，比如你工业用地20万一亩，那我就10万一亩，甚至可以不要钱，你来就行。因此开发板块过多，就会出现因为激烈竞争导致的无序竞争。另外从产业定位讲，随着激烈无序的竞争，在整个产业形态上包括最终的产业项目会非常乱。而一个产业项目落在哪个开发区，背后它有复杂的利益关系。

上述介绍了基本背景，下面来看几个具体的研究链条。

一、如何从现象到问题、再到研究命题

如上所述，西安市有这么多的行政辖区单元和开发区，而且已经存在激烈的、无序的，甚至恶性的竞争，市委市政府也察觉到了这个问题。然而，这种无序的竞争只是一个表现或者说是一种现象，是一个实践层面的问题。那么，如何把这个实践问题变成一个研究性的问题，才是关键。我们都能看到现实中大量的问题，但这些问题很多时候只是现象。因此，就研究而言，我们面临的第一个环节就是怎么把实际的现象真正转化成一个研究命题，这个是很重要的。这也就是研究的第一步——如何从现象到问题，再到研究命题。

从2009年到2012年,因为和基层政府的合作研究,我逐渐观察到西安开发区的产业乱象。在2013年初,我刚好要申请教育部的课题,于是就想能不能借课题申请,把所谓的"产业乱象"转化成一个研究命题来开展研究。这就涉及怎么样把现实当中观察到的问题,一步步往研究命题上去靠近。

大家看到的表6-1,是笔者花了很长时间梳理出来的,前面的项目比较好梳理,比如成立时间的、主管级别等,但地域面积特别是主导产业的部分不容易收集。其中,前面7个都是国家级的开发区,然后还有很多区级层面的开发板块,比如浐河新区、大兴新区、小寨地区、常宁新区、曲江临潼度假区等。曲江临潼度假区比较特殊,它是临潼区和曲江新区合作建立的,由曲江团队在临潼的地界专门做一个旅游度假区。西咸新区是国家级新区,含5个新城。另外还有几个特殊的区域,包括2011年成立的秦岭生态保护区,2012年成立的汉长安城遗址区和渭北工业区(含三个组团,涉及高陵、阎良和临潼)。

表6-1 大西安开发板块(城市板块简况)

板块名称	建立时间	板块层级	管理机构与权限	主官级别	地域面积与主导产业
西安高新区	1991年3月	国家级	管委会/市派出,市级	正厅/副厅	规划面积307km²;半导体、智能终端、高端装备制造、生物医药等
西安经开区	1993年9月	国家级	管委会/市派出,市级	正厅/副厅	规划面积113.74km²;汽车、高端装备制造、军民融合、现代金融等
西安曲江新区	2002年8月	国家级	管委会/市派出,市级	正厅/副厅	核心区面积51.5km²;文化、旅游、影视等
西安国际港务区	2004年6月	国家级	管委会/市派出,市级	正厅/副厅	规划控制区面积120km²;临港产业、电商、新金融、商贸物流等
西安航空基地	2004年8月	国家级	管委会/市派出,市级	正厅/副厅	规划面积72km²;整机制造、飞机设计、强度试验、试飞鉴定等
西安浐灞生态区	2004年9月	国家级	管委会/市派出,市级	副厅	规划面积129km²;金融商贸、旅游休闲、会议会展、文化教育等
西安航天基地	2006年11月	国家级	管委会/市派出,市级	正厅/副厅	规划面积86.68km²;航天、卫星及应用、新能源、新一代信息技术等
浐河新区	2007年10月	区级	管委会/区合署,市级	副厅	规划面积58.59km²;服装、商业商贸、军民融合等
大兴新区	2008年9月	区级	管委会/区合署,市级	副厅	规划面积17km²;商贸服务、文化旅游、五金机电贸易等
小寨地区	2009年2月	区级	管委会/区合署,市级	副厅	规划面积9.1km²;商贸、商务、文创、演艺、会展等
常宁新区	2009年2月	区级	管委会/区合署,市级	副厅	规划面积86km²;教育科研、文化旅游、现代服务等
曲江临潼度假区	2010年4月	区级	管委会/曲江管,市级	副厅	规划面积27.33km²;文化旅游、休闲度假、康体养生、商贸会展等

续表

板块名称	建立时间	板块层级	管理机构与权限	主官级别	地域面积与主导产业
西咸新区（含五个新城）	2011年5月	国家级	管委会（省派、西安代管）/新城管委会，省级	正厅/副厅	规划面积 882 km²（其中规划建设用地 272 km²）；先进制造、电子信息、科技研发、航空服务、文化旅游、总部经济等
秦岭生态保护区	2011年6月	市级	秦岭办/市派出，市级	副厅	规划面积 5852.67 km²；环保、生态旅游、总部经济等
汉长安城遗址区	2012年8月	区级	管委会/区合署，市级	副厅	规划面积为 75.02 km²；遗址感知、文化体验、都市休闲等
渭北工业区（含三个组团）	2012年8月	市级	领导小组/组团管委会，市级	副省/副厅	规划面积 851 km²（其中工业建设用地 298 km²）；汽车、航空、轨道交通、能源装备、新材料、通用专用设备制造等
土门地区	2012年12月	区级	管委会/区合署，市级	副厅	规划面积 14.97 km²；国际商务、商业商贸、文化旅游、科技研发等
幸福路地区	2013年6月	区级	管委会/区合署，市级	副厅	规划面积 17.63 km²；总部经济、商贸服务、军品研发、观光休闲等

由表 6-1 可以看出，整个西安市的产业发展其实是一个非常复杂的问题。开发区太多，而且开发区成立时间不一样、级别不一样，主官的级别也不一样，面积大小也有差别，关键是产业的定位其实已经非常乱了。这个时候怎么样去优化发展，通过适当的管理让这些开发区实现优化发展？这是一个根本的问题。基于这样一个思考，笔者提出这样一个命题："板块驱动型城市产业发展的耦合机理及政策调控研究：以大西安为例"。

板块驱动型城市是什么意思？就西安来说，有行政区，有这么多的开发区，还有一些生态保护、历史文化遗产保护以及旅游为主的区域。当时西安市把自己的发展经验叫作"板块带动"，板块或者是开发区，或者是一些有特定经济功能的区域。所以最终确定的题目就是"板块驱动型的城市"，包括产业发展怎么样去实现耦合，在政策上怎么样去干预。这也是前面提到的教育部课题申请最终确定的题目。

2013 年的下半年，在教育部课题申请基础上，笔者接续申请了一个陕西省的社科基金项目，当然视角有更新。当时通过跟政府研究系统一些朋友的交流，认识到对开发区来讲，最终所有的产业都要落实到一个个具体的项目，比如比亚迪、三星等。因此针对陕西省的课题申请，最终确定的研究命题是："重点项目视野下的大西安城市板块产业优化发展研究"。

二、如何建构一个研究方案

其实，课题申请书本身就是一个相对详细的研究方案，一般需要说清楚以下内容：课题研究的理论和应用价值；国内外研究现状及趋势；研究目标；研究内容；拟突破的重点和难点问题；研究思路和研究方法；研究进度计划；前期研究基础；等等。

图 6-1 所示为笔者申请教育部课题时提出的研究方案设计：①要做城市板块产业发展现状调查，所以我们梳理了全国主要城市的板块带动现状，包括北京、上海、天津、重庆 4 个直辖市，全部省会城市和副省级城市，再到经济特区、国家级新区等，都做了整理。发现从全国范围

来讲,这种板块驱动其实是一个普遍现象,只不过西安更加的典型。②做系统分析,就是城市板块产业耦合发展的系统分析方法,仍然导入了 WSR 方法论;③做机理分析,主要涉及经济学视角、复杂系统视角等;第四步要做产业发展的演化建模与情境分析,涉及复杂网络、多主体系统的建模和仿真;④还需要做一个产业发展耦合协调度的具体测度。基于这些理论及实证研究,最终给出一个大西安城市板块产业耦合发展管理的政策建议。

当然,这是一开始的设计,当时也认为还不错,但实际上后面做了不少调整。这就引出了下一个步骤。

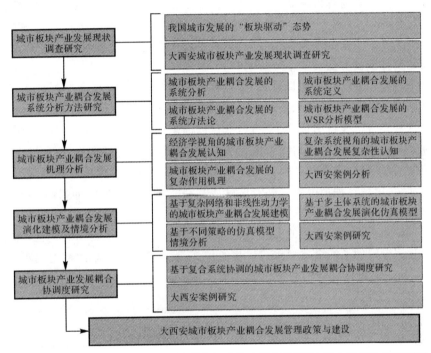

图 6-1 "板块驱动型城市产业发展的耦合机理及政策调控研究:以大西安为例"研究方案

三、研究方案的执行与"变通"

一般来说,研究方案大概率存在一个调整过程。也就是说,原来的研究方案在执行的时候肯定会有一些变通,要边执行边调整,因为你的研究资源不可能百分百达到理想的解决问题的程度。此外,还会有其他一些影响因素,比如研究对象的变化。这个项目做的时间比较长,因为前期涉及大量的基础调研。结果到 2017 年初,陕西省决定西咸新区交由西安市代管,这意味着课题研究对象发生了重要变化,所以研究设计必须要做出相应调整。再就是,一些初期计划使用的方法,比如复杂系统、非线性动力学等,后续实际操作中都没用到。总之一句话,计划赶不上变化,所以需要边做边调整。

四、研究内容的贯通与提升

在做课题或者做研究的过程中,总会遇到一些约束,有一些目标你不可能完全实现,有时候还会出现一些新情况。为此,就需要在一定程度上去做内容的调整,特别是贯通与提升。

实际上，教育部的这个课题，我和其他成员就是边干边琢磨。这个过程的核心是把问题想明白，把思路再优化。针对教育部项目，关键在于怎么样破题，这样一类区域的产业发展耦合机理，到底指什么？到最后，我们基本把问题想明白了，就是说这么多开发区，要把产业真正优化好、保证产业资源真正能够耦合，首先需要划分一个功能区，就是在全市范围划分出城市经济功能区，把产业空间界定一下。产业空间划定以后，产业资源还要耦合。这就涉及在功能区里面，怎样真正更好地去布局特定的产业项目。做好了这两步——空间耦合和资源耦合，产业在这个特定区域才能从整体上实现一个比较好的结果。

这中间有两个比较特殊的问题：一是划分的功能区是合理的吗？恰好在我们制定出自己方案的同时，西安市召开第十三次党代会，也提了一个高度相关的方案，而且这两个方案的内容还有差异。这就为方案的比较提供了契机，剩下的工作，就是要找到一个评价城市经济功能区划分方案的具体测度方法。

第二个问题是产业项目的布局管理，需要有一个新的流程，但是这个流程能付诸实施吗？比如西安高新区、西咸新区的沣东新城、沣西新城，都把高技术产业作为自己的主导产业。如果西安高新区首先接洽并且引进一个项目，这在以前毫无悬念，但现在按照新的流程，需要按照省上文件要求做项目评估，评估结果决定了项目的最终布局。这意味着，从城市发展整体利益最优的角度，很可能会出现虽然项目是高新区招的，但做完项目评估以后发现落户沣东新城更为合适。那么，出现这种情况怎么办？这就涉及利益补偿的问题。如果高新区招目落到了沣东新城以后，沣东新城也同意项目产生的经济利益双方可以共享，那共享到什么程度，对于双方以及城市整体来说才是最优的呢？这个问题，就是市上文件里提到的"项目流转的利益补偿"。对此，我们专门做了一个招商模式优化的仿真，来解决利益共享的程度问题，从而把空间耦合、资源耦合以及项目流转的利益机制落到实处。这也是在整个课题研制过程中，通过边做、边调整、边优化得到的一个最终思路。

第二节 主体内容：科学布局与利益格局
——大西安开发区融合发展研究

前面这些背景内容介绍完了，下面就直接讲实质性的内容。

大家看到，我把"科学布局与利益格局"作为主标题，而把"大西安开发区融合发展研究"作为副标题，原因在于后者是一个具体问题，前者才揭示了问题的本质。那么，这个研究问题的本质是什么呢？就是大西安的"板块带动"发展模式，在近二十年的实践过程中，累积形成了一个实实在在的利益格局，其中每个开发区（开发板块）都是一个相对独立的"利益集团"，都要维护并努力扩展自身的特定利益。也正是这种利益格局，造成了针对城市产业资源的激烈、无序乃至恶性的竞争。所以，当从城市整体的宏观经济管理角度出发，或者说站在市委市政府及相关主管部门的角度，就要考虑到底怎么样去优化这个利益格局，怎么样去实现一个相对更加科学的开发区产业布局。也就是说，这个问题的本质在于针对现实的利益格局，需要通过适宜的理论分析、特定的工具、方法提供一个解决方案。

显然，这是一个宏观经济管理问题，也是一个典型的公共管理问题，而且本质上是一个区域公共管理问题。因为这个问题既涉及陕西省委省政府、西安市委市政府、咸阳市委市政府，也涉及包括西咸新区在内的各个开发区的党工委和管委会，有多个不同层级、层次的行政（党政)主体。所以本质而言,它是一个区域行政的问题,或者说是一个区域公共管理问题。

下面,扼要介绍整个问题的解决过程。

一、问题的提出

2011年,中国城镇化率达到51.27%、城镇人口达到6.9亿人,标志着中国的城镇化进程进入转折期、城市发展进入转型期。整体来看,城市及其发展已经成为我国全面建成小康社会的主体空间和主体动力。为此,结合多数城市正在推行的通过板块经济驱动城市整体发展的现状,很有必要从科学研究的角度,揭示城市板块产业发展的耦合机理、演化趋势及调控方向。

就大西安而言,自1991年3月西安高新区获批成为国家级高新区,至2017年1月陕西省将西咸新区交由西安市代管、形成新的"大西安"格局,期间在西安市范围内先后形成了24个拥有市级(西咸新区为省级)经济管理权限的开发区、新区和组团区域。这24个城市板块普遍实行开发区管理体制,事权、财权相对独立,能够带来开发的高效率和发展的高速度,因而在西安市下辖的13个区县之外,对整个城市的经济社会特别是产业发展形成了有力支撑。与此同时,由于这些城市板块在较长时期内相对独立运行,也导致当前相互间较为激烈的产业及项目资源竞争。为避免大西安城市板块在产业发展上的同质化及恶性竞争,亟须对其产业发展的耦合机理、演化趋势及相关调控政策等开展系统的研究。

综上,课题以"城市板块产业发展及其管理"为主轴,集中研究多个城市板块产业发展的耦合机理及政策调控两个问题,以期构建具有一定普适性的理论研究框架,同时对大西安板块发展格局下产业良性发展路径进行探索。

二、思路的形成

(1)研究思路的形成,需要特定的理论资源。回顾近20年来的西安发展,到目前为止也没有摆脱板块带动这样一个基本面。而板块带动最大的问题,就是产业布局碎片化、城市利益板块化。在现实的利益格局基础之上,怎么样去实现一个相对科学的生产力布局?最终我们选择的核心理论视角,是区域行政。在区域行政之外还有一个重要的理论资源,就是区域经济学当中的企业集聚。

(2)研究思路的形成,还需要关注实践的脉动、特别是政策依据的动态和进展,比如西咸新区的代管问题。

(3)研究思路有一个探索和调整的过程。

(4)专家意见对研究思路的确定也是至关重要的。在课题推进过程中,我们做了不少的访谈,比如和市委市政府的研究部门,西咸新区沣东新城、沣西新城的核心业务部门等。事实上,只有融合理论、实践、政策以及实践层面一线专家的意见,才能最终形成一个比较可行、相对正确的研究思路。

在课题研究过程中,我们发现:多个城市板块条件下尤其是大西安这一具体对象限定下的城市区域产业耦合发展研究,的确有别于之前文献中探讨过的其他类型区域产业耦合发展研究,所以要对最初的研究方案(见图6-1)进行调整。最终的研究框架思路,仍然借用了物理-事理-人理系统方法论(WSR方法论)这个基本的思考框架。WSR方法论关注三个维度:"是什么"(物理)、"如何管理"(事理)、"如何更好地管理"(人理)。结合这三个维度,可以针对性地提出三个问题:

什么是多个城市板块条件下的城市区域产业耦合发展？

通过何种管理手段来促成多个城市板块条件下的城市区域产业耦合发展？

如何持续推进多个城市板块条件下的城市区域产业耦合发展？

针对第一个问题，我们侧重从区域行政视角来研究多个城市板块条件下的城市区域产业耦合发展机理。根本原因在于：多个城市板块的出现，反映了一种人为干预的秩序，而一般意义上的区域产业耦合发展则对应着市场的自发秩序；由于人为秩序的强力干预，多个城市板块的存在既分割了城市区域的地理空间，也阻隔了产业资源市场配置的流动通道，严重影响了城市区域整体的产业耦合发展。"解铃还须系铃人。"对此，从政府管理角度确定了大西安城市板块产业耦合发展机理研究的核心内容：

划分大西安城市经济功能区，以实现产业空间耦合；

推动产业项目在功能区内合理布局，以实现产业资源耦合；

推进功能区内各板块融合发展，以实现区域产业融合。

在大西安城市板块产业耦合发展机理的实现过程中，有一个步骤至关重要，就是产业项目在功能区内合理布局，而在这一步骤中，又有一个政策环节至关重要，就是相关产业项目在功能区内板块之间流转所需要的利益补偿。

城市板块的基本任务是带动经济产业发展，相应的基本工作手段是招商引资。截至目前，大西安各个板块的招商模式仍然是"谁招、谁得"，而这种模式显然不能适应产业项目在功能区内合理布局。要实现招商项目的合理布局，一方面要评估、研判与项目较为匹配的城市板块，另一方面还要就项目的流转做出合理补偿，即项目最终落地板块要对项目最初招商板块予以利益补偿，从而维持项目最初招商板块的工作积极性。这是一个核心的问题。

综上，我们提出了课题最终的研究思路框架：明确研究问题，界定核心概念，形成研究方案；调研大西安城市板块产业发展现状；以 WSR 方法论为指导，按照"产业空间耦合、产业资源耦合、区域产业融合"的步骤，研究解决大西安城市板块产业耦合发展的机理问题，提出系统解决方案；以三星项目为例，研究特定产业项目从相应城市板块到对应城市经济功能区再到城市区域的产业耦合发展路径；开展大西安产业项目招商模式优化政策仿真研究，为相关政策制定奠定政策实验基础；选择泰尔指数及相关评价指标，对本书提出的功能区方案和西安市政府提出的相应方案进行城市产业耦合发展协调度测度；综合给出大西安城市板块产业耦合发展管理的核心对策建议。

三、问题的解决

这部分内容也是课题研究的主体内容，我们分成 6 个层次来讲。

(一)问题的透视

(1)对大西安城市板块的分类。截至 2017 年 1 月，大西安范围内共有 24 个拥有市级及以上经济管理权限的开发区、新区和组团区域，可分为 4 类。

西安市的市级产业板块(10 个)：高新区、经开区、曲江新区、国际港务区、航空基地、浐灞生态区、航天基地、渭北工业区。

西安市的区级产业板块(7 个)：灞河新区、大兴新区、小寨地区、常宁新区、曲江临潼度假区、土门地区、幸福路地区。

西安市的市级功能板块(2个):秦岭生态环境保护区、汉长安城大遗址保护特区。

西咸新区的产业板块(5个):沣东新城、沣西新城、空港新城、秦汉新城、泾河新城。

大西安的24个城市板块,不仅在成立时间、地域面积、地理区位和产业定位、经济基础、服务能力等方面差异明显,同时在行政层级、管理权限及负责人政治身份等方面也存在一定差别,因此自然形成对产业项目的不同吸引力。比如一个投资商,想投10亿建一个工厂,由于高新区建设时间长、经济基础好、财政充足、能给的优惠多、服务好,那么对项目会有一种自然的吸引力。因此,如果不对这些城市板块加以策略性地融合,单靠项目和板块之间的天然"引力",就不能促进产业项目在各板块间的相对合理布局,从而导致西安市产业布局碎片化的进一步加重。这里还需要指出的是,引力的对立面是"斥力",对高新区来讲,很可能10亿不是一个大项目,但对于一个区级板块比如长安区的常宁新区来讲,10亿就是一个大项目,这种情况下,高新区很可能会排斥这个项目,而长安区则会极力争取。应该说,板块和项目之间的这种引力、斥力是一种客观存在,如果不加干预的话,就可能出现"强者更强"的通吃局面,而另一些板块就有可能什么都捞不到。对城市整体而言,这不是一种理想的局面。也正是在这个意义上,大西安产业耦合发展与大西安城市板块融合发展紧密关联、不可分割。

(2)关于企业聚集。源于企业聚集的开发区经济、园区经济,有其自身发展演化的规律,它以特定区域上的企业单体成长与相互关联协作为基础,以规模报酬递增为基本特征,是地区要素禀赋特点、生产技术扩散、专业知识溢出以及组织制度学习等充分融合的产物,有着鲜明的区域标识。而与之对应的开发区的形成、成长与成熟,不只是"一大片土地、一大堆企业"那么简单,而是更多需要企业生产要素、技术、知识、制度等的耦合支撑。从这个角度讲,开发区经济的本质,是企业聚集、产业集群,其中市场的力量是基础性的、决定性的。

(3)"透视",就是所谓"区域行政"。课题研究涉及的现有区域行政格局是"一域四主体",即大西安区域的经济开发和城市建设,涉及西安市政府、咸阳市政府、西咸新区管委会以及陕西省政府四个管理主体,而且在它们之间存在着较为复杂的多重互动关系。

综合以上三个方面的"透视",有以下重要结论:大西安城市板块产业耦合发展问题,实质是大西安经济发展的治理问题,属于一类区域公共管理问题。该问题具有以下典型特征及要素:路径依赖,大西安区域经济发展依靠各城市板块的带动;现实角力,城市板块之间的竞争影响着产业项目的落地;利益纠结,产业项目建设促进所在城市板块的经济增长;潜在影响,板块经济格局牵动大西安区域整体产业布局。从而,课题研究的焦点,就成为大西安城市板块与省市产业项目间的互动关系。

(二)功能区划分

所谓"功能区划分",即划分大西安城市经济功能区,以实现"产业空间耦合",具体体现为大西安"5+1"城市经济功能区格局的构建。

结合西安市一直大力发展的5项主导产业,即高新技术产业、先进制造业(装备制造业)、文化产业、旅游业和现代服务业,以及前述24个城市板块的核心产业定位,我们提出大西安可以构建以高新技术、先进制造、物流金融、文化旅游、现代服务为主题的5个城市经济功能区,再加上陕西自贸试验区的主体片区都在西安市范围内,因此还可以叠加一个自贸经济功能区,这就是大西安"5+1"城市经济功能区格局。其中,"大西安城市经济功能区"是指那些具有相同、相近或相似产业发展定位的城市板块所组成的次区域性城市板块集群。

划分上述功能区的基本依据,是各个城市板块在产业、地域及功能上的关联性。五大城市经济功能区和各个城市板块之间的对应关系为:

大西安高新技术功能区(含4个板块):西安高新区＋西咸新区沣东新城＋西咸新区沣西新城＋咸阳高新区;

大西安先进制造功能区(含7个板块):西安经开区＋西安航空基地＋西安航天基地＋西咸新区泾河新城＋西安渭北工业区(3个组团);

大西安物流金融功能区(涉及3个板块):西安国际港务区＋西咸新区空港新城＋西安金融商务区(位于西安浐灞生态区);

大西安文化旅游功能区(含6个板块):西安曲江新区＋西安浐灞生态区＋临潼旅游度假区＋西咸新区秦汉新城＋秦岭保护区＋汉长安城大遗址保护特区;

大西安现代服务功能区(含6个板块):西安灞河新区＋西安大兴新区＋西安土门地区＋西安幸福路地区＋西安小寨地区＋西安常宁新区。

(三)划分方案比较

以上五大城市经济功能区是我们自己的划分。那么,问题自然就来了:这个划分有说服力吗?巧合的是,刚好在我们提出这个划分方案的同时,西安市官方提出了"三廊一角一通道"的产业发展格局,事实上形成了另外一个城市经济功能区的划分方案,这就为两个方案的比较提供了有利条件。需要再次指出的是,我们的划分还是有基础依据的,即根据各个板块在空间区位上的联系,以及在产业定位上的关联程度。此外,这两个方案也存在一些显著的差别,比如对航天基地的处理,我们的方案是把它归到先进制造功能区,但市上的方案是把它和高新区放在了一起。

接下来的问题是,评价这两个方案的依据是什么?评价的标准又是什么?我们认为:城市经济功能区之间的协调发展,是衡量整个功能区划分合理性的一个重要尺度,所以问题可以转化成对城市经济功能区的经济发展的协调或差异程度进行评价,从而在一定程度上就可以判断功能区的划分是不是合理。

简言之,这部分的研究思路是:以我们提出的西安市城市经济功能区划分方案为参照,以城市经济功能区之间的相对协调发展程度作为客观尺度,以西安市提出的"'三廊一角一通道'产业发展格局"为对比方案,选择泰尔指数并从重点(产业)项目投资完成额和一般公共预算收入两个维度,对前述两个方案进行测度及比较,以确定两者中的较优一方。

篇幅有限,我们对泰尔指数不做过多介绍,大家知道它广泛应用在区域经济差异的测度上就可以了。需要指出的是,在应用泰尔指数时,我们对算法进行了一个调整,即把人口换成功能区的土地面积,把收入换成功能区的项目投资完成额和一般公共预算收入。做出替换的原因是,对一般的区域讲,是关注其人口、收入,但对于开发区来讲,则是关注地均产出,即一亩地究竟创造了多少投资和税收。图6-2、图6-3所示分别为相应的测度结果,从这两个综合的测度结果能够看出:如果不分区,所有板块的协调发展程度是最低的;按照西安市的分区方案,协调程度都有提升;但协调程度最高的,还是我们提出的分区方案。因此可以认为,我们的方案就功能区之间的协调发展程度来说更加合理。

得到这个结论,不是想说我们的研究有多么好,而是想告诉大家更深一层的意义。换句话说,现在是两个方案的比较,如果有第3种方案、第4种方案呢?其实都可以放在一起做比较。这就意味着,大西安城市经济功能区如果是作为一个政策选项,是有讨论的空间的。特别是在政策还没有出台之前,可以考虑去对可能的政策方案做出合适的前评估,从而尽可能使政策的制定更为科学、合理。

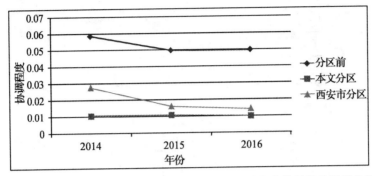

图6-2 2014—2016年基于重点项目完成额的泰尔指数计算结果及比较

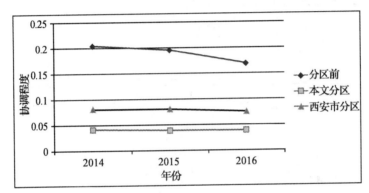

图6-3 2014—2016年基于一般公共预算收入的泰尔指数计算结果及比较

(四)产业项目布局管理

功能区划分完了,接下来需要考虑,怎么样基于功能区去做产业项目的布局管理。对此,我们提出了大西安产业项目布局管理流程再造的观点,即依托大西安五大城市经济功能区的基本划分,以"陕西省重点项目推进办法"为参照,从功能区、功能区内板块等层次,优化设计产业项目布局中的政企沟通、项目立项、项目落地、补偿协调等核心流程。

简单解释一下为什么需要"政企沟通"。因为政府代表着城市整体利益,企业代表的是资本的利益。以前,开发区是分散的,各自为战。在这种条件下,如果资本方没有整体的项目管理办法,可以先跟高新区谈一下,看看其能给出什么样的条件;然后再和沣东新城谈,如果沣东新城跟高新区给的一样,资本方就可以说高新区已经给我了这个条件,而且服务比你好多了。这样一来,沣东新城就可能为了引进项目做出妥协,再让出一些利益来。从而资本得到了更多,但就城市整体而言未必是好事。现在,我们希望新的产业项目布局的逻辑是:对于想来的企业或资本,只要是在西安市的范围里面,我会明确地告诉你,你来我欢迎,但是你往哪里落户,我要论证,也就是说,我们要论证,企业或资本落到哪个板块对城市整体是最优的。如果你接受这种项目论证和结果,那么我们欢迎你来,如果不接受就可以走。这就是新的"政企沟通",基本目的是要避免资本的无序要价。

在达成这个共识之后,就可以进入项目立项、项目落地、补偿协调等后续环节。相应地,还要建立起产业项目布局管理的具体机制,主要包括政商沟通机制、质量评估机制、省级协调机制、市级协调机制、补偿协调机制等。图 6-4 给出了大西安产业项目布局管理的完整流程及相关机制。

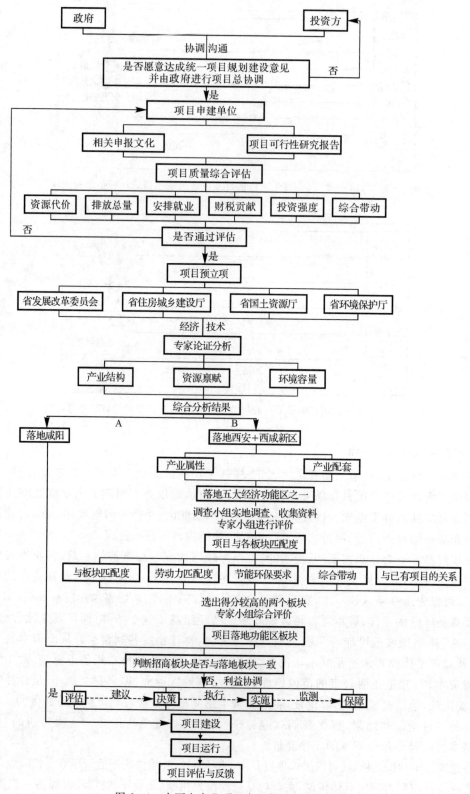

图 6-4 大西安产业项目布局管理的流程模型

(五)板块融合策略

假定功能区可以划分,新的管理流程可以落地,那么接下来的问题是:对于同属一个功能区的不同板块,如高新技术功能区内的西安高新区、沣东新城、沣西新城和咸阳高新区,在新的产业项目布局管理流程的条件下,如何作为一个整体去发展?这就涉及各个功能区内的"板块融合策略"。

简言之,从区域行政的角度看,有6种融合策略:按照行政干预强度从强到弱的顺序,依次是区域合并、区域代管、领导交叉任职、区域联席会、区域联盟、区域规划或协议等。仍以高新技术功能区的融合发展为例,来看其内部板块的融合路径。首先,从各板块属性来看,行政协调难度大,不宜实行区域合并或区域代管;其次,西安高新区的产业优势突出,各开发区对融合发展也有需求,因此应尽可能选择适宜加强区域间紧密联系的融合策略;再次,主官级别之间的差别优势也应充分利用,发挥其中一区对整体区域发展的带动与牵头作用。在这样的背景下,区域联盟及区域联席会都是较为适宜的策略及路径选择。综上认为,大西安高新技术功能区应确立以"区域联盟+区域联席会"为主的板块融合策略。

事实上,区域合并、区域代管、领导交叉任职、区域联席会、区域联盟、区域规划或协议是6种政策工具,共同构成了一个政策工具箱。对于每一个特定的功能区而言,可以根据其中各个板块实际的特点,去挑选不同的政策工具作为相应的融合发展路径。

(六)补偿政策仿真

从"功能区划分"到"板块融合策略",基本上形成了一个比较完整的管理方案。在这个方案当中,基于功能区的产业项目布局管理十分重要,而要落实这一步骤,就必须考虑相关产业项目在功能区内板块之间流转所需的利益补偿。换句话说,大西安城市板块原有的招商模式需要转变,即从"我招、我得"转变为在功能区框架下的"谁适合、谁得",与此同时,得到项目的板块要对最初的招商板块予以利益补偿,以求得项目利益的整体均衡。从而,如何"补偿"就成为大西安城市板块产业耦合发展的关键环节,需要进行详细地政策论证。考虑到这种政策论证并不具备现实的操作性,因此通过政策模拟进行政策试验成为可操作的选项。下面非常简要地介绍一下政策模拟即政策仿真研究的核心内容,具体的细节,大家可以参照笔者发表的相关论文[①]。

政策仿真的基础,包括两个方面。一是"招商模式为何变",简而言之:"老办法"分割产业空间、分散产业资源、阻碍产业集聚;而"新办法"打通产业空间、统筹产业资源、促进产业集聚。二是"招商模式如何变",有四个重要设计:以"招商项目——落地板块"匹配度为关键考量;以老办法抑制而新办法实现"乘数效应"为重要前提;以招商项目的经济产出补偿特定板块为利益纽带;以各板块及城市整体的地均经济产出为观察指标。这中间,匹配度以及乘数效应是比较关键的变量,需要进行仔细的设计。

整体而言,为了验证"通过优化产业项目招商模式有利于城市整体利益提升"的假设,本部

---

① 寇晓东,汪红.板块驱动型城市产业招商模式优化建模及仿真——以大西安为例[J].陕西行政学院学报,2019,33(2):116-124.

分的政策仿真基于大西安城市板块产业发展及招商现状,借助多主体建模方法和 NetLogo 仿真平台,分别建立了"谁招商、谁受益"和"大招商、大受益"原则下的两种大西安产业项目招商模型,并开发了对应的仿真运行程序,借此来开展相应的政策试验,其核心是观察与项目流转对应的利益补偿的程度,对城市整体经济利益的影响。

考虑到相关数据的可得性、完整性以及城市板块的相对重要性,我们选取了大西安 24 个城市板块中具有代表性的 12 个作为研究对象,包括西安高新区、西安经开区、曲江新区、航空基地、航天基地、浐灞生态区、国际港务区以及西咸新区的沣东新城、沣西新城、泾河新城、空港新城、秦汉新城。与此同时,基于建模便利的考虑,也结合 12 个板块的实际产业内容,对其所涉及的产业类型做了简化处理,具体为:高新技术产业,对应西安高新区、沣东新城、沣西新城;先进制造业,对应西安经开区、航空基地、航天基地、泾河新城;现代服务业,对应曲江新区、浐灞生态区、国际港务区、空港新城、秦汉新城。

再考虑到模型的实际运行效率,我们又将 12 个板块做了离散化处理,且每个板块离散化处理后所显示出的"方块"数量相同(这并不影响各板块地域面积的相关计算),整体呈现为 12 种颜色的"方块"在仿真区域内的随机分布;在模型的初始状态,项目也是随机分布在各板块周围,待模型加载运行后,项目实施移动、匹配检测/匹配度计算、板块落户等行为。图 6-5 所示为仿真模型运行界面。

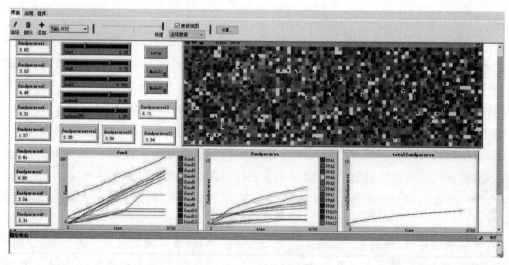

图 6-5 模型运行界面

应该说,整个仿真的建模及运行等工作,还是比较复杂的,需要多学科的知识及方法的共同支撑。实际上,我们完成这个政策仿真工作,前后也用了差不多一年的时间。最后,整个政策仿真工作,还是得到了比较满意的结果。简单来说,这个政策试验的结果是:能够体现各板块和城市整体在新的招商模式下同步受益的满意补偿率区间为[0.10,0.25]。也就是说,在同一个功能区内,如果 a 板块最先招的项目经评估后落户到了 b 板块,那么 b 板块在未来至少要拿出项目收益的 10% 交给 a 板块作为补偿,但补偿最多只能给到项目收益的 25%。这样一个政策设计,在一定程度上可以作为西安市委市政府的政策储备,而且也为决策者提供了一个可能的政策决策区间。

整体来看,大西安产业项目招商模式优化的政策仿真研究,建立起了一整套关于多个城市板块产业项目招商仿真的原则、框架与仿真模型原型,既为大西安产业项目招商模式优化的政策改进提供了探讨与论证空间,也为同类问题研究奠定了开展相关政策仿真的一定基础。

四、研究的"副产品"

最后还想说一下,整个课题研究的一些特殊产出。

(1)"城市经济功能区"这个概念。当时为了界定这个概念,我们还是查阅了很多文献,也认识到城市里的经济功能区和城市经济功能区的确有所不同,所以专门去界定了这个核心的概念,即:城市经济功能区特指符合城市发展整体利益的功能区划分,包括主要依靠市场机制自发形成的理想型城市经济功能区,以及主要在前期人为设置基础上进一步整合提升形成的优化型城市经济功能区。

(2)围绕 WSR 方法论的两个综述。一个是在 2014 年完成的 20 年的综述,题目叫作《WSR 方法论的提出、推广、应用分析与发展展望》,另一个是在 2019 年完成的 25 年的综述,题目叫作《物理—事理—人理系统方法论 25 周年回顾:溯源、释义、比较与前瞻》。应该说,WSR 方法论在整个课题研究过程中,还是起到了比较重要的指导作用,特别是对课题最后研究思路的确定。

(3)研究成果如何影响现实的管理决策。就课题来说,我们是在 2017 年下半年形成并确定了整个核心思路,即划分大西安经济功能区、统筹重点项目布局管理、推进城市板块融合发展,然后把它发表在了《陕西行政学院学报》上[①]。客观而言,学术文章的受众面是比较小的,社会影响力有限。考虑到这个文章的应用属性,我们很快把它做了一个改写,并发到一个当地的公众号"兵马咏"上,题目也改为《大西安生产力布局前瞻》。结果是,这篇文章的阅读量在两天里就达到 1 500 多人次,而且还得到了"陕西发改研究"公众号的转载。一些后续的沟通表明,这篇文章,也就是我们的课题研究成果,对《大西安(西安市—西咸新区)国民经济和社会发展规划(2017—2021)》的编制,起到了一定的参考作用。这件事情对我们的启发是:除了在学术期刊上发表研究成果,还可以在其他渠道比如报纸、自媒体上发声,以得到更多的响应。因为我们做公共管理研究,特别是做这种应用研究,还是希望对实际的管理决策有一定的参考。

最后要说的一点,就是课题研究对研究生培养有着重要的作用,至少包括这几个方面:一是为研究生提供了研究载体,在这个过程中,研究生既是研究骨干,也可以充当项目管理的角色;二是研究生可以收获多维的研究习得,比如理论、逻辑思考、交流、写作等;三是研究生还可以掌握特定的技能,比如仿真工具;四是可以在调研、访谈当中,与实践者、管理者做面对面的交流、碰撞;五是通过课题研究,研究生能够在理论与实践两个维度上实现对城市发展与管理的"双重"认知。

---

① 寇晓东,陆瑶.面向重点项目布局的城市开发板块融合发展:以西安市为例[J].陕西行政学院学报,2017,31(4):45-50.

延 伸 阅 读

新城规划频频出现鬼城,问题出在哪里?

大城市的绵延带来了污染、拥堵等问题,引起了人们对大城市要不要控制人口的争论。实际上,大中小城市各有利弊、各有存在的理由,大中小城市如果要进行协同发展,应当怎么执行?其中有何内在规律?

以上海为例,现在大家都认为上海人口太多,需要控制人口,但是从空间结构来看,上海大约一半的人口住在中心城区,而中心城区仅占上海用地的1/10。如果上海的人口和就业合理分布的话,就可以容纳更多的人口和就业岗位。

我们团队的研究结果显示,当一个城市是多中心空间结构的情况下,最佳人口规模要比单中心人口要大很多。如果使上海的人口比现在更均衡的分布,多中心的结构是不是能缓解中心城区过度拥挤的问题,同时也不至于引起控制人口规模带来的集聚经济损失?这些都是我们研究的核心问题。

截至目前,中国多中心和新城新区的建设成效并不令人满意,以上海为例,中心城区继续绵延,郊区的副中心远远没有形成,除此之外,国内还有很多的二线城市、三线城市出现"鬼城"。问题究竟出在哪里?

成效不好可能有两个原因:第一,多中心本身是对的,但实施过程没有做好。第二,很可能多中心本身就是有问题的,至少从经济效益来讲,它可能损害了"单中心"的聚集效应。

单中心集聚经济效益是提高的,但当增加得不如成本更快的情况下,理论上存在着最大、最佳的城市规模。当集聚不经济超过集聚经济的情况下,自然而然城市就要蔓延和分散了。多中心有利于降低集聚不经济,理想的情况下,从单中心变成多中心,如果能实现职住平衡的话,可以缓解交通拥堵。从房价来讲,单中心的房价是非常高的,多中心结构下的几个副中心可能会降低核心区极端的高房价。因此,多中心、单中心在理论上各有好处,最后的成效取决于具体城市的条件和实践,以及每个城市对集聚经济和不经济的权衡。展望国内外实践,西欧和东亚地区对于多中心城市的实践比较多。中国香港、新加坡都是多中心城市,相对比较成熟和成功,但可能不具有推广性,因为这些城市政府非常自律,规划一旦制定出来是会严格执行的。

由于空间具有尺度敏感性,接下来我分享一下我们团队多年来针对城市市区、市域、城市群以及国家等不同尺度下的空间结构绩效的研究发现。

在市区空间尺度下,根据我们的研究,多中心具有更高的经济绩效,交通成本和地价成本也更低,符合逻辑。但在市域空间尺度下,结论是不同的。100万以下和300万以上就业岗位的城市,单中心效果更好,但100万到300万之间多中心效果好。

为什么300万以上的城市单中心更好呢?因为一些重要的城市有很强的经济资源动员能力,它能把城市的集聚不经济降到最低,比如,修建很多的地铁。北京和上海一旦把集聚不经济的拥堵问题解决,就有更多能量和理由吸引要素来集聚,能达到更高的经济绩效。

在城市群尺度下,我们研究发现,当城市群有1 800万以上人口的情况下,多中心才开始显示出它的正效应。当城市群内部列车互相来往每天24班以上的情况下,多中心才显示出对劳动生产率更高的作用。这些数字不一定精确,只是意味着,当一个城市群足够大的情况下,分散式集中会更好,当城市群内部有足够多联系的情况下,才能实现规模互借、信息来往、产业互动,才能弥补从单中心裂变成多中心带来的集聚经济的损失。

在国家尺度下,我们的研究显示,北京、上海、香港等中国最高等级的经济中心城市,其经济辐射正向效应最大的半径是1 200公里,远远小于中国的东西距离,也小于南北走向。由此可见,从经济中心城市辐射角度来讲,中国不应该是单中心的,除了北京、上海、香港等大城市之外,西南、西北、东北都应该有中心城市,中国的经济中心应该是多中心均衡分布,更有助于促进大国经济的均衡、高效发展。

除了劳动力、资本、技术、人力资本、制度这些公认的经济发展要素外,空间结构或者说空间组织是同样重要的生产要素,生产或经济发展不仅存在诺斯所概括的产品转换成本和交易成本,还存在空间组织成本。集聚是空间组织的一个重要维度,也是新经济地理学的贡献;但集聚是不够的,集聚的空间结构同样重要。即空间组织如果作为要素,至少包括集聚和集聚的空间结构两个方面。

空间结构的作用机制非常复杂,有高度空间尺度敏感性和城市规模异质性。因此,空间规划尽量地尊重科学规律,但是政府的作用还是很重要的。中国的空间结构往往是历史上政府作用形成的,解铃仍须系铃人,北京通州副中心和上海新城建设,如果政府不积极介入,是不可能实现的,未来政府一定要积极介入政策干预。但最后是否成功,取决于市场的力量,在启动之后,什么时候退出,让市场来决定战略是否成功,这要求高超的政策调控艺术,也为政府工作带了难度,这也是世界范围内多中心战略开展不够顺利的重要原因。

从城市角度来讲,考虑主中心和次中心的规模越早越好。城市群中,多中心也是更合适的,但一定要因地制宜,多中心更加强调城市内部交通基础设施的辅助。多中心的成功非常难,因为要实现职住功能的均衡。次中心要自成体系,但和主中心之间有相互的联系。世界上尝试过多中心的城市中,成功的寥寥无几,因为它对政策要求特别高。

多中心城市是否成功,最终是市场决定的,政府就要模拟市场,如果较多偏离市场,是不可能实现的。目前,新加坡实践是非常成功的,这对政府的执行能力有考验。在城市群里面,在当前发展阶段,靠近北京实际上是不利于小城市发展的,在长三角,靠近大城市是有利的,说明在不同的城市发展阶段,不同的城市群应该采取的策略也是不一样的。

文献来源:https://mp.weixin.qq.com/s/6cJzBpBOWGopGxT1i8Y8jg

作者:孙斌栋,华东师范大学城市与区域科学学院教授

第七章 城市政策评估:以西安市创新创业政策评估为例[①]

第一节 问题的提出

自创新驱动发展战略实施以来,推进大众创业万众创新成为我国政府工作重点,国务院及其组成部门先后出台多项政策文件推动双创工作,各级地方政府也迅速响应,制定一系列配套政策跟进。然而,中国科协第三方评估课题组的调查报告显示,虽然双创政策遍地开花,但存在针对性不强、政策质量不高、政策不能落实等问题[1]。创新创业政策作为落实创新驱动战略的重要组成部分,政策质量对战略推进的重要性不言而喻。为了提高双创政策质量,对创新创业政策进行科学、系统的评估尤为必要。

目前针对创新创业政策的评估研究,我国学者已做出一些尝试。梳理已有文献后发现,大部分作者的评估对象选择,都以各自所在地区为主,对研究内容的选择,相对聚焦在政策文本/文件的评估,且研究方法呈多样化。如戚湧、王静运用社会网络分析方法评估江苏省双创政策,发现在激发就业活力、市场活力和创新活力方面取得成效,在市场化机制、创业投融资机制等方面存在不足[2];徐德英、韩伯棠以北京市双创政策为例,构建了包括7个一级政策要素、21个子要素的创新创业政策要素体系,并构建政策要素供需匹配模型,发现小微企业、初创企业和成长期企业匹配度较低[3];武建龙、于欢欢、王宏起对国家及地方"双创"政策文件进行梳理的基础上,选择与企业创新创业相关的8个主要政策工具,通过问卷调查和回归模型研究,分析了引致不同"双创"政策工具效果差异的原因[4];王苗苗、李华和王方以双创政策文件为样本,通过收集、编码、统计等方式进行定量评估,发现协同颁布的政策力度低、时限短[5];张华、王慧敏和刘钢对江苏省科技企业家培育工程政策文件进行梳理后,选取WSBM模型对其政策效度进行综合评估[6];伍虹儒、官建成通过借鉴"三位一体"的政策评估模型,对上海张江与天津滨海两家国家自主创新示范区2010年以来的52项科研人员创新创业政策进行量化评估,提出要重视政策制定部门之间的协调,注重提高政策效力[7]。

在双创政策执行评估研究方面,曾红颖针对第三方政策执行情况评估过程中反映出的一些问题,提出应进一步细化政策,着力破解创业服务供需匹配的错位与缺口难点[8];陈舒、李博对双创政策执行情况审计涉及的若干问题进行分析,建立了政策执行情况的审计评估体系,提出从执行和战略两个层面构建政策效果评价指标体系[9];陈春林等对江西省内2 500多位科

[①] 本章内容,由笔者指导的2019届硕士刘园园据其学位论文完成初稿,再由笔者改定。

技人员开展政策执行效果跟踪调研,在"模糊—冲突"模型基础上,从政策执行主体入手剖析"双创"政策执行进程,继而提出对策建议[10]。

此外,还有部分研究选择对创新创业政策的效果进行评估,再将评估结果折射到政策文本及执行层面。如葛丽婷、胡钰琪通过问卷调查、实地走访、人物专访等方法,对福州市大学城在校生与毕业生不同创业规模的创新创业效果进行了统计学量化评估[11];张英杰面向浙江省科技创新创业政策效果,采用AHP分析法建立科技创新创业政策实施效果评价指标模型[12];郑秋生、李金惠、曾凯华在分析广东科技创新政策评估存在问题的基础上,提出要推动科技创新政策评估工作常态化,重视科技创新政策全链条评估,注重科技创新政策评估方法选择等意见和建议[13]。

从整体看,目前针对地方双创政策的评估研究多从政策文本或政策执行单方面入手,且在地域分布上以东部省市为主。在此背景下,选择政策文本评估和政策执行评估相结合的方式,对我国西部地区的国家中心城市西安市的创新创业政策进行研究,并在文本评估部分与西部地区的另一国家中心城市成都市进行比较研究,以期在评估范围和地域上都有所扩展。

第二节 西安市双创政策的文本评估

本部分主要采用比较研究方法,对西安市与成都市的双创政策文本作比较评估。首先以政策工具为切入点,采取中国科协第三方评估课题组提出的评估架构,对西安、成都两市的双创政策做收集、整理、分类,将政策文字内容编码为可量化数据,结合熵权法求权重、指数,分析两市双创政策文本中政策工具的使用情况;其次选择两市部分重点政策内容,比较其政策"力度"。

一、评估框架

本文选取中国科协创新战略研究院的双创政策评估架构(见表7-1)①,包括目标层、准则层和指标层,其中指标层对应了18个政策工具。

表7-1 双创政策评估架构

目标层(评估内容)	准则层(文件条款)	指标层(涉及政策工具)
创业扶持	创新创业公共平台	(1)政府购买服务、无偿资助、业务奖励
		(2)互联网+创业网络体系
	创业投资引导机制	(3)创业投资引导
		(4)创业担保贷款
	创业孵化服务	(5)众创空间、企业孵化器、大学科技园、农民工返乡创业园等各类孵化机构
		(6)技术转移转化、科技金融、认证认可、检验检测等科技服务

---

① 中国科协"关于推进大众创业,万众创新政策措施落实情况"第三方评估课题组."推进大众创业、万众创新"政策措施落实情况的评估[J].科技导报,2016,34(10):61-68.

续 表

目标层(评估内容)	准则层(文件条款)	指标层(涉及政策工具)
科技成果转化	科技成果转化通道	(7)下放科技成果使用、处置和收益权
		(8)国家科技成果转化引导基金
	科技资源开放共享	(9)科研基础设施等向社会开放
		(10)鼓励企业建立专业化、市场化的技术转移平台
	科研人员创新创业	(11)高校、科研院所专业技术人员离岗创业
		(12)科研人员成果转化收益
企业技术创新	企业技术创新主体	(13)引导企业加大技术创新投入
		(14)以企业为主导的产学研协同创新
	激励制度	(15)知识产权应用保护
		(16)政府采购政策
	普惠性优惠政策	(17)企业研发费用加计扣除
		(18)高新技术企业扶持

二、西安市政策文本整理与编码

为了对西安市双创政策文本做出全面客观地评估,笔者在西安市人民政府、西安市科技局等多个政府网站上搜索创新创业政策文件,统计出自2015年8月至2017年12月的共计16个重要双创文件,包括《西安市人民政府关于推进大众创业万众创新的指导意见》《中共西安市委办公厅西安市人民政府办公厅关于印发〈"创业西安"行动计划(2017—2021)〉的通知》《西安市支持创业的十条措施》《西安市推进"5552"众创载体建设实施方案》《西安市人民政府办公厅关于印发〈西安市发展硬科技产业十条措施〉的通知》等。

政策文件收集完成后,对每项政策中的具体条款进行分析,甄别其所使用的政策工具,然后对其进行相应的政策文本编码。具体编码方式为:

(1)按照政策发布时间的先后次序做一级编号。

(2)逐条阅读政策的各个条例,将涉及具体政策工具的条文做二级编号,以此进行逐级编号。如《西安市人民政府关于推进大众创业万众创新的指导意见》中第一条目的第一小条为"构建多层次创业创新空间。推动产城融合发展,优化创业创新载体布局……在城棚改建设中规划一定比例的创业载体面积,建设商贸企业聚集区和微型企业孵化园。"其内容涉及政策工具5,相应编码为1-1-1。

(3)将编号完成的政策条目,归入评估架构中相应的政策工具,做好记录。

将所有编码完成后,统计每个政策工具的使用次数,结果见表7-2。

表7-2 西安市双创政策中政策工具使用情况统计

政策工具分类	西安市创新创业政策	
	具体条目出处	总计
1.政府购买服务、无偿资助、业务奖励	1-2-1,1-4-1,3-6,4-2,4-3,4-4,4-11,5-11,8-1,8-5,8-6,9-6,9-15,9-16,9-18,9-23,12-8,12-14,13-1,13-4,15-6,15-7,16-7,16-10,16-17	25
2.互联网+创业网络体系	1-2-1,1-4-1,4-3,4-4,4-6,5-14,7-2-2,7-2-3,8-7,12-6	10
3.创业投资引导	1-5-1,7-2-1,7-3-3,10-10,12-9,12-10,15-8,	7
4.创业担保贷款	1-5-2,2-5,3-3,5-14,7-2-1,8-28,10-12,12-11,	8
5.众创空间、企业孵化器、大学科技园、农民工返乡创业园等各类孵化机构	1-1-1,1-1-2,1-3-1,1-4-2,3-4,5-11,7-1,7-3-1,8-1,13-1,13-6,14-1,14-7,15-2,	14
6.技术转移转化、科技金融、认证认可、检验检测等科技服务	1-4-1,7-2-2,7-2-5,7-3-2,8-14,8-32,9-5,9-8,9-18,12-1,12-2,13-8,14-6,15-4,16-16	15
7.下放科技成果使用、处置和收益权	1-3-2,9-12,9-12,9-12,9-13,12-4,13-2,	7
8.国家科技成果转化引导基金	7-2-1,7-2-2,9-14,12-15	4
9.科研基础设施等向社会开放	1-4-1,7-2-2,8-10,9-5,9-14,14-3,	6
10.鼓励企业建立专业化、市场化的技术转移平台的进展和成效	1-4-1,8-9,8-25,9-14,16-8,	5
11.高校、科研院所专业技术人员离岗创业	1-3-2,7-2-3,9-27,12-7,16-15	5
12.科研人员成果转化收益	1-3-2,7-2-3,9-12,9-13,13-2,16-15,	6
13.引导企业加大技术创新投入	6-3-,6-11,11-13,	3
14.以企业为主导的产学研协同创新	1-4-1,6-4,7-2-2,8-26,9-14,9-16,12-5,12-7,14-5,16-15	10
15.知识产权应用保护	7-2-2,8-11,9-24,11-19,14-6,15-9,	6
16.政府采购政策	8-35,9-7	2
17.企业研发费用加计扣除	1-4-3,9-15,	2
18.高新技术企业扶持	7-2-2,8-24,	2
		137

三、成都市政策文本整理与编码

作为西安市的对标城市,成都市于 2015 年 5 月创建了成都创新创业信息平台——科创通,结合其上公布的创新创业政策手册,以及在成都市人民政府等官网上搜索得到的其他政策,共得到成都市的 18 项创新创业政策文件,包括《促进国内外高校院所科技成果在蓉转移转化若干政策措施》《成都"创业天府"行动计划 2.0 版》《加快推进创新创业载体建设若干政策措施的意见》《成都市人民政府关于印发成都"创业天府"行动计划(2015—2025 年)的通知》等文件。

按照与西安市双创政策相同的处理方法,对成都市的双创政策进行整理与编码,见表 7-3。

表 7-3 成都市双创政策中政策工具使用情况统计

政策工具分类	成都市创新创业政策 具体条目出处	总计
1.政府购买服务、无偿资助、业务奖励	1-4,1-6,1-7,1-9,2-5,2-16,3-4,3-6,3-7,8-5,8-8,9-8,9-9,9-10,9-11,9-12,10-2,11-12,12-2,15-25,16-1,16-6,16-8,17-1,17-3,17-5,17-7,18-3,18-3-1,	29
2.互联网+创业网络体系	2-21,13-4-2,15-1,	3
3.创业投资引导	1-8,2-5,2-14,3-9,5-5,6-1,6-7,6-8,6-9,6-12,13-1-4,13-3-1,14-2,15-23,17-10,18-3,	16
4.创业担保贷款	5-6-1,5-6-2,5-6-3,7-2,7-4,7-6,7-11,7-13,14-4,14-9,14-12,18-3,	12
5.众创空间、企业孵化器、大学科技园、农民工返乡创业园等各类孵化机构	2-10,2-11,2-12,2-13,3-1,3-2,3-3,9-7,9-8,9-9,13-2-1,13-2-2,13-2-3,	13
6.技术转移转化、科技金融、认证认可、检验检测等科技服务	1-5,1-6,1-9,2-19,3-8,5-2,9-9,9-10,9-11,13-3-3,15-30,17-9,	12
7.下放科技成果使用、处置和收益权	1-1,1-2,1-3,2-1,13-1-2,15-19,15-20,	7
8.国家科技成果转化引导基金	1-4,1-8,2-17,6-1	4
9.科研基础设施等向社会开放	1-9,18-2,15-30,	3
10.鼓励企业建立专业化、市场化的技术转移平台的进展和成效	1-6,2-20,9-10,9-24,15-30,	5
11.高校、科研院所专业技术人员离岗创业	1-7,2-1,2-6,2-7,8-6,	5

续表

政策工具分类	成都市创新创业政策 具体条目出处	总计
12.科研人员成果转化收益	1-2,1-3,1-10,2-1,18-2,15-21,	6
13.引导企业加大技术创新投入	2-3,4-1,4-2,4-4,5-11,	5
14.以企业为主导的产学研协同创新	1-4,1-9,2-1,15-13,	4
15.知识产权应用保护	1-1,1-6,2-23,4-1,9-9,15-22,	6
16.政府采购政策	2-3	1
17.企业研发费用加计扣除	4-4,8-3,8-6,	3
18.高新技术企业扶持	5-11,9-9,9-10,9-12,	4

比较得到,西安市出台的 16 项双创政策包含 137 条政策工具条目,成都市出台的 18 项双创政策包含 138 条政策工具条目,基本相当。此外,从政策收集过程发现,西安市的双创政策散布多个官方网站,需逐个登录搜索收集,而成都市在科创通网站上公布的双创政策手册,集结了十项权威政策,减少了查阅政策的时间与精力,但存在更新不及时的问题。

四、西安、成都两市的政策文本比较分析

在以政策工具为切入点的评估框架下,分别将西安市、成都市双创政策的政策工具使用情况做出统计,并采用熵权法计算权重,将政策文本内容转换为量化数据,以便于比较。熵权法的应用步骤为:

(1)赋值。按照上文评估架构分别对西安市和成都市双创政策涉及的政策工具在 excel 表格中作统计,若某条政策涉及某政策工具,即在该指标下赋值 1,否则赋值为 0,且将每条政策文件中出现的政策工具的效力视为均等,即假定政府对所出台的每条政策,与其所使用的每个政策工具都认可且同等重视,最后分别累计各个指标的赋值情况,形成矩阵为

$$A = \begin{bmatrix} r_{11} & \cdots & r_{1n} \\ \vdots & & \vdots \\ r_{m1} & \cdots & r_{mn} \end{bmatrix}$$

(2)计算权重。

1)计算第 j 个指标下第 i 个评价单元的指标值的比重 p_{ij},$p_{ij} = r_{ij} / \sum_{i=1}^{m} r_{ij}$;

2)计算第 j 个指标的熵值 ej,$ej = -k \sum_{i=1}^{m} p_{ij} * \ln p_{ij}$,其中 $k = 1/\ln m$;

3)计算第 j 个指标的熵权 w_j,$w_j = (1 - e_j) / \sum_{j=1}^{n} (1 - e_j)$。

若求得权重为 0,表示该指标对评价结果贡献不大,可剔除。

(3)计算指数。将计算出的各指标权重与成都市、西安市政策工具赋值相乘,得到各自指数,进行比较。结果见表7-4。

表7-4 指标权重与计算结果

指标层(涉及政策工具)	各指标权重	计算指数		指数差
		西安市	成都市	
(1)政府购买服务、无偿资助、业务奖励	0.48%	0.12	0.139 2	−0.019
(2)互联网+创业网络体系	26.47%	2.647	0.794 1	1.853
(3)创业投资引导	13.61%	0.9527	2.177 6	−1.225
(4)创业担保贷款	3.48%	0.2784	0.417 6	−0.139
(5)众创空间、企业孵化器、大学科技园、农民工返乡创业园等各类孵化机构	0.12%	0.017	0.016	0.001
(6)技术转移转化、科技金融、认证认可、检验检测等科技服务	1.07%	0.161	0.128	0.032
(7)下放科技成果使用、处置和收益权	0%			
(8)国家科技成果转化引导基金	0%			
(9)科研基础设施等向社会开放	9.80%	0.588	0.294	0.294
(10)鼓励企业建立专业化、市场化的技术转移平台	0%			
(11)高校、科研院所专业技术人员离岗创业	0%			
(12)科研人员成果转化收益	0%			
(13)引导企业加大技术创新投入	5.47%	0.164	0.274	−0.11
(14)以企业为主导的产学研协同创新	16.42%	1.642	0.657	0.985
(15)知识产权应用保护	0%			
(16)政府采购政策	9.80%	0.196	0.098	0.098
(17)企业研发费用加计扣除	3.49%	0.07	0.1	−0.035
(18)高新技术企业扶持	9.80%	0.196	0.392	−0.196

计算结果中,若西安市与成都市各指标指数的差值为正,说明在两市双创政策中,西安市对该政策工具的使用较成都市更为重视,差值为负则情况相反。差的绝对值越大,说明两地在该政策工具使用上的差距越大。

由表7-4可知,西安市双创政策文本中对政策工具的使用较成都市更为全面均衡,此外,两市对政策工具(7)下放科技成果使用、处置和收益权、(8)国家科技成果转化引导基金、(10)鼓励企业建立专业化、市场化的技术转移平台、(11)高校、科研院所专业技术人员离岗创业、(12)科研人员成果转化收益、(15)知识产权应用保护的取值相等,权重为0,表明两市在这些政策工具的使用上用力相当。

两市的不同之处在于：在政策工具(2)互联网＋创业网络体系的使用频率上，西安市显著高于成都市；在政策工具(9)科研基础设施等向社会开放和(14)以企业为主导的产学研协同创新的使用频率上，西安市略高于成都市；在政策工具(3)创业投资引导和(4)创业担保贷款的使用频率上，成都市明显高于西安市；在政策工具(17)企业研发费用加计扣除和(18)高新技术企业扶持方面的使用频率上，成都市略高于西安市。

五、西安、成都两市若干政策内容"力度"的比较分析

前文重点比较了西安市与成都市在推进双创工作中对相关政策工具的使用情况。但对比结果仅表明政府所出台文件中是否使用到政策工具以及使用频率，并不能说明对政策工具的使用"力度"，所以有必要对政策文件中出现的可量化的内容做一比较，作为补充。此外，不难发现中国科协制定的评估框架所涉及的18个政策工具并不全面，如近年受到关注的人才新政、支持公司上市的融资补助等均未涉及。因此，要对创新创业政策做出全面客观的评估，还需注意人才新政、公司上市融资补助等内容。

在对文本内容深入分析后，以双创工作的主要内容，即创新支持、创业支持、人才待遇和企业发展四个方面为主，选取10个具体项目，分别是知识产权保护、公司研发扣除、高新产业支持；大学生创业、创业投资引导基金、众创空间；青年优秀学者待遇、人才发展专项基金、技术型人才待遇；公司上市融资补助。通过观察西安、成都两市双创政策中涉及以上10方面的条文，以投入资金或众创空间面积大小等为标准，对比两地存在的不同。分析结果如下：

创新支持方面，两市政策体现出的资金支持力度相当，西安市在公司研发扣除与高新产业扶持投入更多，且较成都市的政策制定更为清楚明晰；

创业支持方面，成都市的创业引导基金数量更多，针对大学生创业群体的创业补贴力度更大，而西安市对众创载体的扶持补贴更有普惠性，评定也更规范；

人才待遇方面，西安市除配套奖补外，对引进人才的机构也有奖励，还关注高层次人才的创业项目投资，能够体现西安市对引进人才的重视，同时两个城市都考虑了人才的落户、医保、住房等；

企业发展方面，成都市对公司上市融资的奖补资金上限更高、力度更大，如对计划申请挂牌的企业给予50万经费补贴、对成功挂牌上市的企业给予30万元经费补贴等，能更好鼓励企业挂牌上市。

总体看，西安市与成都市的政策文本都体现了对双创工作的大力支持，从各方面为创新创业提供良好条件。相比而言，西安市的政策文本更加注重细节，对奖补的条件设置更多更严格，尽管门槛过高，但能避免资金滥用，能帮助优秀的创新企业和有能力的优秀人才。在对企业融资上市的奖补上，成都市政策的普惠性更占优势，能更好地鼓励企业发展，积极准备挂牌上市。

第三节 西安市双创政策的执行评估

本部分研究西安市创新创业政策的执行评估，包括对西安市双创政策的知晓度、满意度调查以及对其政策网络的梳理，主要采用社会调查方法进行。首先运用问卷调查方法，对西安市的创业企业、创业者、众创空间等发放问卷，听取政策对象对于双创政策执行过程的意见建议；

其次运用深度访谈方法,对双创政策制定者、执行者开展访谈,了解政策出台的背景、目的、执行困难等情况,全面获取双创政策执行的综合信息。

一、问卷调查

(一)问卷设计与发放

问卷调查群体为西安市创新创业者,考虑其受教育程度普遍较高的特性,选择使用腾讯问卷平台制作电子问卷。问卷内容围绕对西安市创新创业政策了解度、政策执行满意度及创新创业者对政策支持的诉求三个方面提出问题。以选择题为主,简答题为辅。问卷内容包括四部分:①问卷调查对象基本信息采集,包括性别、受教育程度、公司注册地、创业时间与创业困难;②问卷对象对西安市创新创业氛围感受、对双创政策的了解程度和是否享受到相关奖补;③利用问卷平台的跳题逻辑功能,向未得到过政策奖补的调查对象了解其未享受政策的原因,向已得到及申请过政策扶持的调查对象了解对政策落实过程中的满意度;④询问问卷调查对象的政策诉求与意见建议。完成问卷初稿后,将其发放给几位创业者试答,确保问题描述明确无歧义。

问卷设计完成后,以邀请链接的形式在"陕西省众创空间统计交流群""西安创新创业政策论坛""环大双创工作讨论组"等创新创业者的微信群中发放。上述微信群聚集了众多西安市创新创业个体,包括众创空间以及创业个人。连续发放三天之后,回收问卷87份。鉴于问卷回收率不高,笔者继续采用进门入户的方式,面对面邀请创新创业者使用扫描二维码的形式答卷,又回收32份问卷,共计119份问卷。剔除无效问卷与重复IP(互联网协议地址)作答问卷后的有效问卷为116份。

(二)问卷调查结果

问卷回收后对作答情况进行相应分析,得到对西安市创新创业政策执行情况的如下评估。

政策宣传工作到位,但对实施的细化与解读需加强。问卷调查显示,78.4%的答题者对双创政策有一定的了解,表明政策宣传力度足以使大部分创新创业者得到相关信息,而在问及未申请相关政策原因时,部分人表示不清楚相关具体政策,以及有申请意愿但不知道找谁办理,在申请政策时,仅有29.8%的人表示没有问题,其余作答者均反映遇到问题或异议。在开放题作答中也有人提到,创新创业政策的申请流程宣传不够。

执行效率较高,但执行过程中监督和反馈机制需完善。87.5%已享受过政策扶持的创业者对政府工作效率持肯定态度,50%的作答者对其工作效率给出"比较高"和"非常高"的评价。但在政策申请过程中遇到问题时,64.9%的人没有找到反馈渠道或者有反馈但无法解决问题。在材料审核未通过造成申请失败后,其中40%的人不清楚未通过原因。值得注意的是,在对问卷问题交叉分析后,结果显示认为审核过程不公开透明的人中,47.62%的人自己申请未通过审核,42.86%的人申请过但还未获得相关支持。不难看出,反馈渠道不通畅、未告知审核不通过原因等问题交织后,就出现了创业者认为审核过程不透明的主观想法。在对西安市双创政策的建议中,填写次数最多的也是增加政策执行的透明度。

二、访谈调查

(一)访谈调查设计与实施

相较广范围的问卷调查,访谈调查能够针对具有代表性的行动个体,了解微观层面上各方的利益诉求,使研究更具完整性与客观性。访谈调查选择结构式访问法,即按照事先设计的、有一定结构的访问问卷进行的访问,是一种高度控制的访问方法①。经过全盘考虑,选择了市级政府部门双创政策制定者、区级以及开发区双创工作负责人,以及有关创业者作为访谈对象,其中创业者包括了众创空间创业者和一般企业创业者。访谈时间为1~1.5小时之间,采用现场录音,后期整理为文档。

(二)访谈调查结果

本部分采取政策网络的分析方法,以访谈内容为研究材料,识别西安市创新创业政策推进过程中的主要行动主体,分析其各自的利益诉求,使该政策网络清晰化。

市级主管双创部门:双创政策的制定者和执行者。作为负责西安市创新创业工作推进的主要部门,西安市科技局除了根据中省文件拟定市本级双创政策之外,还负责各种专项奖补的评定、审核和发放,组织多种大赛、活动培训等,并面临着各项指标考核,向上级汇报工作等事务。拥有资金以及分配资金的权力,在规避风险的前提下,将有限的资金合理分配。

区级部门:双创政策的执行者。为了完成市上下达的指标任务,区级部门可制定各自辖区内政策,如建设众创空间,吸引创业企业入孵,加大对人才的吸引力度,以完成考核任务。各区财政实力的差异,造成各区之间政策力度的不同。

众创空间:双创政策对象。众创空间是新型创业服务平台,采取部分服务收费、部分免费或会员制,通过提供场地、举办活动等方式聚集创新创业者,为之提供孵化环境,为创新创业者的产品展示、项目路演等提供便利。由于众创空间的数量与面积是考核指标之一,因此前期得到政府大力扶持与资金补贴。不同的众创空间为入驻企业提供的服务不尽相同,其知名度与品牌效应所带来的投资资本、对接平台等资源也不相同。

创新创业者:双创政策对象。创新创业者的数量多、类型多,主体为小微企业,其利益诉求与企业自身发展状况、企业定位密切相关。以做技术类产品的企业为例,前期研发需要资金人才,研发产品成功后要寻找合作的生产厂家,产品上市后需要运营推广增加客户,由于整个周期较长,融资成为主要困难。若入住众创空间,可得到低价工位、资源对接等服务,减轻部分负担。

从以上对主要行动者的分析可见,市级部门、区级部门都拥有政策制定和资金分配权,众创空间和创新创业者为政策对象和资金需求方,众创空间的数量、面积和创新创业者的数量、质量都是市、区部门完成考核任务的影响因素。调查得知,由于创新创业者数量庞大,因此政府部门选择将部分政策奖补定向给众创空间,由众创空间对入孵企业再给予一定扶持,而创新创业者可以选择更有利于自己的众创空间入驻。

访谈中还发现,无论政府工作人员还是创新创业者,都认为创新创业本身具有强经济促发展的重要意义,政策的出台也能带动全社会的双创热情,但政策出台后的落地性与有效性差强人意,主要原因有以下几种:

(1)政策质量不高。负责双创政策制定的政府工作人员都提到双创工作推进中存在指标

---

① 风笑天.现代社会调查方法[M].5版.武汉:华中科技大学出版社,2015:137.

考核,反映到政府工作中的影响是:市级部门需在短时间内拿出双创政策以完成上级布置的任务,由于人手不足且来不及深入调研,只能参考国务院或其他地方已颁布的双创政策,开始执行后随即发现精准性不足、落地性不强、执行性不高等问题;区级部门为了完成市级部门规定的考核指标,努力提升众创空间数量、面积,很快出现无特色、同质化众创空间的泛滥,形成恶性竞争,同时为引入较有名气的众创空间,争相提供优惠条件吸引其入驻,"补贴战"破坏了市场机制,造成资源浪费。

(2)缺乏顶层设计。政策执行者们为完成各种考核任务,埋头加班苦干,坦言"效率极低",投入大量资金却收效甚微,为此建议从全局角度,对双创工作的总体目标做系统规划,对能有效调动的资源做统筹规划。

(3)缺乏反馈与监督机制。由于创新创业者数量庞大,对于人力不足、专业性不强的政府部门来说,无法直接面向所有创新创业者为其提供服务,此时众创空间的出现解决了这个矛盾。政府部门为众创空间提供场地或政策奖补,众创空间再为入孵企业提供各种服务。由此形成的突出问题是,创业者无法直接与政府沟通交流,政府部门也很难保证其政策奖补最终是否被用于创新创业者。

第四节 结 论

本章对西安市创新创业政策的文本与执行进行了分析评估。在政策文本评估中,主要采用比较研究的方法,对西安市与成都市的双创政策文件进行比较。利用中国科协创新战略研究院的创新创业政策工具评估架构,对经过整理、编码处理的政策文件做梳理,使用熵权法求权重,运用定量方式得到比较结果;又选择十个方面的政策内容,对两市的政策"力度"进行详细比较,最终完成对西安市双创政策文本的评估。整体而言,西安市对相关政策工具的应用较为全面,对众创载体建设尤为重视,同时降低门槛、大量引进人才,但在对高新技术企业扶持及企业研发费用加计扣除等方面,西安市的政策内容还有待加强。

在政策执行评估中,主要使用了问卷调查和深度访谈的方法。对在以政策对象为问卷对象的问卷调查中,发现西安市双创政策宣传力度较大,但对政策文件的细化实施需要加强,政策执行效率较高,但执行过程中的反馈与监督机制仍需完善。在访谈调查中,访谈对象包括政策制定者、执行者及政策对象群体,结合政策网络方法对各方主体的资源掌握和利益诉求进行分析,发现存在政策质量不高、缺乏顶层设计、缺乏反馈与监督机制等问题。

针对上述评估结果,提出进一步完善西安市创新创业政策的以下建议。

规范政策制定过程,完善政策配套细则。制定政策前期的用户调查非常必要,只有切实掌握创新创业者的实际需求等情况,才能形成目标明确的顶层设计,制定出针对性强、落地性强的有效政策。完善配套细则,包括政策中提及的评定标准、适用条件等,注重政策细节,主要应明确申请利用政策的须知内容,消除政策对象的"去哪,找谁,怎样申请"等诸多疑虑。

激发创新创业活力,培育创新创业意识。作为内陆型城市,地理上的封闭性一定程度上影响到人们对创新创业的感观。在国家大力推进创新驱动发展战略的背景下,西安市应把握机遇,引导大众敢为人先勇于创新,鼓励民众与社会对创新创业的宽容度,改变人们对创新创业的传统意识。尤其要重视对青少年创新意识的培养,根植于思想精神层面的创新意识,是社会不断进步发展的有力保障。

  建立有效的反馈机制,完善监督制度。有效的反馈机制不仅能使政策制定者、执行者听到政策对象的真实诉求,从而发现问题、得到建议,而且能成为彼此交流的桥梁,减少狭隘、片面的想法,有益于维护政府的形象与口碑。监督的意义在于提高政策运行的有效性,避免资源浪费。在推进政府监督的同时,还可邀请社会民众、企业等参与监督。特别是涉及到资金奖补的政策,更要提高公开透明程度,注重对政策落实后的资金使用、项目进展等状况的监督。

第八章　城市战略管理：以大西安"转方式"与"换动力"为例

2016年末,南京、青岛继武汉、成都和杭州之后,加入万亿GDP城市俱乐部,带动新一线城市间的竞争愈演愈烈,直至上演2017年的"抢人大战"。人是城市的核心,城市发展是为了人,城市竞争要依靠人。对以人力资源特别是人才资源为代表的核心战略资源的争夺,已经成为包括西安在内的新一线城市推动城市发展方式转变与经济增长动力转换的不二选择。在这一轮竞争中,西安不仅没有缺席,而且赢得了瞩目和掌声。

2017年,是大西安发展的转折之年、转变之年、转型之年。365天的嬗变,让整座城市精神焕发、形象一新、活力涌现、前程可期。按照大西安新时代"三步走"战略部署,在2020年、2035年、2050年三个重大历史节点,大西安要梯次实现全面建成小康社会、全面建成国家中心城市、全面建成国际化大都市的奋斗目标。

面向未来30年的发展征程,以转变城市发展方式和转换经济增长动力为核心的新一轮改革创新,是推进大西安全域高质量发展的关键所在,需要准确认知、系统谋划、加快推进、有序实施。

第一节　"转方式"与"换动力"有机统一,关键在创新

一、理论梳理:从"增长机器"到"美好家园"

习近平同志在党的十九大报告中明确提出,"我国经济已由高速增长阶段转向高质量发展阶段,正处在转变发展方式、优化经济结构、转换增长动力的攻关期"。显然,实现经济高质量发展,需要转方式、优结构、换动力齐头并进,而中国经济的主战场是城市经济,因此城市经济必须首先做到"转、优、换"。

那么,城市发展与城市经济发展是什么关系?城市系统工程理论认为,城市是包括城市经济、城市社会、城市环境、城市制度和城市文化在内的五维系统,城市发展不仅是这五个方面(即子系统)各自的有序发展,更是它们(子系统之间)的关联耦合发展。因此从学理上讲,城市发展涵盖了城市经济发展,后者从属于前者。

在中国改革开放以后"以经济建设为中心"的具体语境下,特别是在国家持续推进以经济特区、各类开发区和新城新区建设为主要内容的城镇化发展背景下,城市建设发展的首要任务,就是在整座城市所能提供的空间和资源范围内,尽可能实现经济的高速增长。在这个意

上,城市已经成为"增长机器",城市发展也几乎成了城市经济发展的同义语。

到了现在,这种模式已经不可持续,一方面是因为城市经济的整体效率出了问题,另一方面是因为城市经济占用、消耗了过多资源,与城市社会、城市环境、城市制度和城市文化的共生关系日益紧张、矛盾凸显。所以在当前提出经济高质量发展,本质上是对旧模式的一种纠偏。

对城市发展来说,需要尽快告别把城市单纯作为"增长机器"的片面认知,树立起城市经济、城市社会、城市环境、城市制度与城市文化"五位一体"、协同发展的新理念,按照中央城市工作会议和党的十九大精神要求,努力把城市打造成全体居民在新时代安身立命、安居乐业的"美好家园"。

考虑到"发展是第一要务"的客观要求,可以把城市经济与城市社会、城市环境、城市制度、城市文化的协调、同步发展视为一种"硬约束",然后来重新审视城市经济的创新发展。在这种认知模式下,城市经济的高质量发展,必然牵动整个城市的高质量发展,而转变城市发展方式,首先就要转变城市经济的发展方式。从而,转变城市发展方式与转变城市经济发展方式在新的认知模式下得到了统一。

接下来需要回答,转变城市经济发展方式与转换城市经济的增长动力是什么关系?我们认为,在经济高质量发展所要求的"转方式、优结构、换动力"框架中,换动力处在核心地位,只要动力转换能够完成,方式转变就会同步实现,结构优化也将水到渠成。从而转变城市经济发展方式的关键,在于转换城市经济增长动力。这样,转变城市发展方式就和转换城市经济增长动力得到了统一。

综上:转变城市发展方式与转换经济增长动力是一个有机统一体,这个命题具有普遍意义,对大西安同样适用。换句话说,大西安在当前和今后一个时期总的发展任务,就是从一架单调的"增长机器"转变成一个多彩的"美好家园",而其根本路径在于城市的创新发展。

二、实践观察:大西安的创新发展正加速推进

自 2017 年以来,大西安的创新发展无处不在:代管西咸新区、启动富阎板块,拉大城市空间格局;开展"三大革命"、推出"三大新政",持续优化营商环境;举办首届世界西商大会、全球硬科技创新大会,招商引资渐入佳境;铁腕治霾、脱贫攻坚、电视问政,百姓民生显著改善;西安正式成为全国第 9 个国家中心城市;"西安年·最中国""春满中国·醉西安"系列活动以及世界文化旅游大会永久会址落户西安,强力打造文化品牌;等等。

在这些大胆创新和积极改变的背后,是西安市委主要领导对城市发展变革与创新的持续思考。

2017 年 1 月 23 日,"今后五年,西安进入全新的历史机遇期,不但要转变经济发展方式,还要转变城市发展方式";

2017 年 7 月 14 日,"加快土地管理向统一管理、集中储备、有序管理、集约管理、规划融合'五个转变',推动城市发展由外延扩张向内涵提升转型";

2017 年 7 月 29 日,"请冯涛、王飞同志牵头研究并向王国平书记当面请教,并报告:杭州以城市发展方式的转变推动经济结构调整和产业转型升级,进而推动经济发展方式的转变的经验";

2017 年 8 月 1 日,"要加快推进城市发展方式转变,高举开放发展大旗,聚焦改革重点,强

化系统思维,发挥政策叠加效应";

2017年8月31日,"强化规划引领,创新体制机制,加快土地供给侧结构性改革,进一步管好用好土地资源,有力推动城市发展方式转变";

2017年10月14日,"要认真研究城市发展方式转变,推进老城保护和新城建设,实现城市有机更新,走出特大型城市精明增长、可持续发展新路子";

2017年11月8日,"西安正依托国家中心城市、自贸区建设,加快城市发展方式转变,努力打造服务'一带一路'亚欧合作交流的国际化大都市";

2017年12月20日,"希望同杭州国际城研中心在创新城市发展方式等方面,加强交流、长期合作、互促并进";

2018年1月4日,"推动城市发展方式和经济发展方式转变,是贯彻'七个坚持',实现追赶超越,建设国际化大都市的必由之路";

2018年4月17日,"要把特色小镇作为落实高质量发展要求、转变城市发展方式、促进产业转型升级、培育新经济新动能的'新法宝'";

2018年4月24日,"希望同杭州城研中心加强沟通对接,深度合作交流,探索城市高质量发展的新路径";

2018年5月2日,"要坚持高点定位高标规划,加快转变城市发展方式";

2018年8月,市委十三届五次全会审议通过《中共西安市委关于加快国家中心城市建设推动高质量发展的决定》,国家中心城市建设全面加速。

以上根据公开报道所做的不完全整理,已经能够大体反映出西安市委主要领导对大西安转变城市发展方式这一重大问题的高度重视和深度关切。与此同时也要看到,回答并解决这一问题并非易事,更非一日之功。

笔者认为,**实现大西安城市发展方式的转变是一个较为长期的过程,需要沿着已有的创新之路继续探索、改革乃至试错**,而当务之急则是找到"转方式"的着力点。

第二节 找准发展短板,聚焦"转""换"的着力点

当前,大西安在2020年、2035年、2050年三个时间节点的发展目标已经明确,相应的发展战略特别是面向国家中心城市和国际化大都市建设的发展战略也初步得到明晰,如作为国家中心城市战略支撑的"三中心、两高地、一枢纽"和作为国家中心城市以及国际化大都市战略部署的"五都一枢纽"和"北跨、南控、西进、东拓、中优"等。

客观而言,这些战略安排更多是方向性的指引,与国家层面制定的创新驱动发展、军民融合发展、乡村振兴、人才强国等明确战略相比,还需要进一步深化、具体化。限于研究主题,我们在此对大西安的城市战略不过多涉及,而是直接提出大西安当前最为突出的发展短板。

一、空间发展不均衡

大西安是关中平原城市群的核心城市,但目前它对城市群内其他城市的辐射特别是带动作用十分有限,城市间的协作、协同关系还未建立。如2017年西安市的GDP为7 469.9亿元,而宝鸡2 179.81亿元、咸阳2 340.65亿元、铜川348.59亿元、渭南1 656.62亿元、运城1 336.1

亿元、临汾 1 320.1 亿元、天水 614.96 亿元、平凉 388.91 亿元、庆阳 618.97 亿元,反映出城市间经济规模差异较为悬殊。

大西安内部,地位重要的西咸新区和富阎板块尚处在发展初期,产业基础和资源吸附能力弱,而三环以内及其周边是目前人口、产业以及公共服务资源最为集中的区域,此外二环以内及其周边的人口密度最大,但同时仍有西电集团等一批大型工业企业位居其中。

整体看,大西安由外而内的各主要圈层内部以及圈层之间,都存在着发展不均衡的问题,亟待调整优化。

二、区域开发不系统

自 1991 年 3 月西安高新区获批成为国家级高新区,至 2017 年 1 月西安市代管西咸新区,大西安范围内已有二十多个拥有市级及以上经济管理权限的开发、新区和组团区域,包括高新区、经开区、曲江新区、浐灞生态区、国际港务区、航空基地、航天基地,渭北工业区的高陵、阎良、临潼组团,灞河新区、大兴新区、土门地区、幸福路地区、小寨地区、常宁新区、曲江临潼度假区,以及西咸新区下辖的沣东、沣西、空港、泾河、秦汉新城等。

这二十多个城市板块普遍实行开发区体制,事权、财权相对独立,一方面在西安市下辖的 13 个区县之外对整个城市的经济社会和产业发展形成了有力支撑,与此同时也导致了这些板块间激烈的产业及项目资源竞争,造成了当前大西安经济产业发展特别是城市开发的碎片化现状。

三、产业结构不协调

2017 年西安市三次产业占比为 3.76∶34.75∶61.48,而成都市为 3.6∶43.19∶53.2,此外西安市第二产业增加值是 2 500 多亿元,成都市则接近 6 000 亿元,差距显著。

要认清大西安工业占比低、总量小、发展很不充分的现状,坚持把工业作为大西安发展实体经济的主战场,还要认清大西安第三产业占比较大的主因是城市人口规模较大,本质上属于"虚胖"。只有进一步做大做强工业,生产性、生活性服务业的成长才会更加均衡、健康。

四、开放程度不够高

2017 年,西安市进出口总值 2 545.4 亿元,增长 39.1%,高于全省 1.7 个百分点,占全省进出口总值的 93.8%。而成都市 2017 年实现进出口总额 3 941.8 亿元,增长 45.4%,比西安分别高出 1 396.4 亿元、6.3 个百分点。表明西安经济的外向度横比还有明显差距。

此外,尽管大西安拥有亚欧合作交流的地利条件和"一带一路"起点的独特品牌,但在用足用好自贸试验区等政策优势、打造内陆改革开放高地和制度创新高地等方面,仍然存在改革力度不够大、开放程度不够高、创新能力不成体系等问题。而一些资源禀赋不如我们的城市却发展迅速,如郑州市把富士康项目与空中丝绸之路相结合,通过航空空港同时解决了货源和手机出口问题,重庆不生产咖啡,却通过水陆联运和中欧班列的无缝连接,打造了全国最大的咖啡现货电子交易平台,赣州市通过建设我国首个进境木材内陆直通口岸,实现"木材买全球,家具卖全球",成为全国铁海联运外贸集装箱吞吐量最大的内陆港,等等。

因此,大西安的对外开放需要积极借鉴兄弟城市的好做法、好经验,大胆想、果断试、加快干,真正把"枢纽经济""门户经济""流动经济"发展起来。

五、创新引领带动不足

2017年西安市GDP的名义增速达到19.38%,位居全国第一,其中的一个重要原因是研发投入加大,研发经费支出资本化实现GDP增量200.91亿元,其占GDP比重为全国省会城市第一。此外,2017年西安市每万人发明专利拥有量达到33.69件,远高于成都的19.2件。

但这些指标的提升,对大西安创新驱动的贡献还不明显,对大西安经济新动能的支撑还不充分,特别是与西安市所拥有的科技、军工、人才资源规模并不匹配。此外,尽管已经出现了"一院一所"模式、环大学创新产业带等积极变化,但由于整体上的制度创新不足和激励不到位,加上科技成果转化与市场需求、经济转型和产业升级的结合不充分等因素,造成大西安的创新创业工作仍面临突出挑战,创新驱动、引领、带动的作用都亟待加强。

六、文化内涵彰显不足

2017年全年,西安接待国内外游客1.8亿人次,旅游业总收入1 633.30亿元;成都为2.1亿人次、3 033.42亿元,均高于西安;杭州为1.63亿人次、3 041.34亿元,虽然旅游人次少,但旅游收入远高于西安。表明西安在旅游消费方面做的还不足。此外,2017年西安市规模以上文化企业达到340家,年营业收入535.93亿元,而同期杭州市的文创产业实现增加值3 041亿元,虽然统计口径有一定差异,但也能反映出西安文创产业的基础仍然薄弱。

应该看到,尽管大西安的历史文化资源最为丰厚,但迄今为止对这些宝贵资源的全面保护、深入研究、完整呈现、有序开发、品牌塑造、市场营销等方面工作还很不够,立足于这些资源的文化、旅游、创意产业等的培育发展也很不足,能够精准、传神地反映大西安丰富文化内涵的城市定位表述、城市形象用语和城市标志符号等仍然缺失。

七、环境品质提升不足

对当前大西安的城市发展来说,提升营商环境最为紧迫,改善人居环境最为关键,而优化生态环境则最为根本。有针对秦岭北麓违建等问题,习近平总书记重要批示,中央工作组专项整治的要求,以及中央办公厅督察组反馈的三个方面六个具体问题。除此之外,中央环保督察组向陕西省委、省政府反馈的督察意见中,都暴露出大西安生态环境上的诸多问题。

西咸新区环保责任落实不到位,基础治污设施建设滞后,环境监管缺失,每天近4万吨工业废水和生活污水未经处理直排渗坑或河流;西安市因部分区域污水管网建设不到位,多个污水处理厂采用"河道纳污、抽取河水"方式收集处理污水,渭河西安段天江人渡、耿镇桥两个断面水质仍为劣Ⅴ类;江村沟垃圾填埋场一直向唐家寨水库直排垃圾渗滤液,造成严重环境污染和风险隐患,群众反映强烈;等等。

如果大西安的生态环境不能得到持续改善和优化,那么人居环境和营商环境就会成为无本之木和"空中楼阁"。

八、公共产品配套不足

2017年,西安市财政用于民生的支出达到837.2亿元,占到一般公共预算支出的80.1%,

保障了"三大革命"、教育、社保等重点民生支出需求。但今年一期"教育问政"电视节目的火爆以及节目现场观众给市教育局答卷"21.89分"的评分,则从一个侧面反映出当前大西安公共产品及服务的配套仍然不足。

此外,自2017年3月至2018年4月,全市已新落户50余万人,对公共产品供给提出了新的需求,而此前全市很多已经完成的城棚改项目因为短视,还留下了大量公共设施及服务配套欠账。总之,新的需求和旧的欠账使得教育、医疗、交通出行等基本城市公共产品面临着更大缺口,必须下大力气应对解决。

第三节 "八大创新"引领城市发展方式转变

一、以关中平原城市群为依托,创新区域协同发展机制

实现"空间均衡"发展,既是大城市发展的一大潮流,也是转变城市发展方式亟待解决的难题。围绕关中平原城市群建设,大西安必须首先优化城市空间布局和拉开城市骨架,这样才能在一个新的层面打开城市的未来。

2017年以来,大西安借鉴成都空间布局经验,提出了"北跨、南控、西进、东拓、中优"的空间发展战略,确立了"三轴三带三廊一通道多中心多组团"的城市发展格局。今年国家中心城市的获批,要求大西安必须创新区域协同发展机制,增强城市空间布局的整体性和协同性。

统筹推进关中平原城市群协同发展。 借鉴国内外城市群发展先进经验,建立城市群各城市主要领导年度会晤制度。大西安要充分发挥首位城市作用,牵头成立关中平原城市群发展规划委员会,研究制定《区域协同发展规划方案》,建立陕晋甘三省主要领导、城市群各市市长年度会晤制度,推动落实《关中宣言》,促进区域设施共建、产业协作、功能统筹和环境共治。特别是产业协作上,要发挥市场的集聚/扩散效应,促进各地产业专业化、差异化发展。

统筹推进大西安都市区空间均衡发展。 准确定位大西安东、中、西三条发展轴线的总体功能,依次为生态文化开放轴、西安城市发展轴和科技文化创新轴,支持、引导各城市板块特别是西咸新区和富阎板块加快融入大西安都市圈。加快推进"中优"战略有序落地,促进中心城区和整个城市功能提升。实施老城区有机更新,加强对历史文化街区、历史建筑等的整体性保护,有效展示老城区城市风貌。积极推动城三区合并,有效疏解主城区人口和产业功能,引入更多的旅游服务、总部经济等全球性高端服务职能。

统筹推进大西安城乡一体化发展。 实施乡村振兴战略,按照"五个振兴"要求,加快"五个美丽"建设,促进城乡要素平等交换和公共资源均衡配置。坚持质量兴农,打好特色牌、走好融合路,壮大农产品深加工产业集群。坚持绿色发展,开展美丽宜居示范村创建,加强农村突出环境问题综合治理。培育乡土文化人才,实施文化惠民工程,发挥乡村舞台、文化广场、农家书屋等作用。壮大基层干部队伍,推进村务公开,加快县乡村三级便民服务基础设施建设。立足资源条件和区位优势,严格科学选址,建设农业特色小镇和田园综合体。

二、以五大发展理念为引领,创新优化生产力空间布局

深入贯彻创新、协调、绿色、开放、共享发展理念,加快形成"三轴三带三廊一通道多中心多

组团"的城市发展格局,在此基础上进一步优化大西安生产力空间布局。

以高新区为引领,建设"高新区+航天基地+沣东新城+沣西新城+大学城+科研院所+交大创新港"等区域为依托的科创大走廊,成为大西安创新增长极,发展万亿级高新技术产业。以经开区为引领,建设"经开区+高陵组团+临潼组团+航空基地+泾河新城+富阎板块"等区域为依托的工业大走廊,成为大西安工业增长极,发展万亿级先进制造业。以曲江新区为引领,建设"曲江新区+秦岭生态保护区+白鹿原+临潼景区+秦汉新城"等为依托的文创大走廊,成为大西安文化产业增长极,发展万亿级文化旅游产业。此外,建设"国际港务区+空港新城+浐灞生态区"等为依托的对外开放大通道。

在全市统筹布局建设各类新城、片区、特色小镇和城市综合体,打造主导产业明确、专业分工合理、差异发展鲜明的产业功能区,推动大西安从城墙时代走向"八水"时代,构筑起大西安都市区。充分利用存量资源,以市场化方式推进产业园区"二次创业""二次开发",推进开发区融合发展,合理确定园区空间布局和主导产业,引导不符合园区定位产业向外转移,打造一批特色鲜明、分工合理、产城融合的专业化园区。

三、以产业结构调整为契机,创新产业培育方式

以产业结构调整为契机,创新产业培育方式,把转型发展落实到有效投资和产业项目上,重点围绕军民融合产业、战略性新兴产业、生产性服务业等,着力构建具有大西安特色的现代化产业体系。

加快发展军民融合产业。以航天基地依托,推动航天科技及空间技术、空天无人飞行器的民用化开发。以经开区兵器科技产业基地为依托,发展军民两用装备制造、新一代节能材料等产业。以高新区电子信息、船舶科技产业园及核技术应用产业基地为依托,重点发展通信、集成电路、电子元器件、水中兵器、舰船动力、民用核技术、核燃料、核电设备等产业。以航空基地军民融合产业示范园为依托,围绕3D打印、智能制造、航空新材料等航空新技术方向,加快军民融合产业项目培育。

壮大发展战略性新兴产业。以三星项目为引领,构建存储芯片完整产业链,建设世界一流高端芯片产业基地,在下一代新型存储器产业中保持世界领先。构建节能与新能源汽车完整产业链,打造全国新能源汽车研发生产基地。依托西飞、西航、航天四院、六院等龙头,加快发展航空航天产业集群。依托西北有色、隆基股份等龙头,加快发展新材料产业集群。依托金花、迪赛、清华德人等生物医药企业,大力推动工程皮肤生产化项目。

着力发展生产性服务业。加快以西安国际港务区为核心的"两港三园三体系十中心"物流项目建设,推进三大聚集区和京东、中通、传化、新光、海航等重点企业项目建设,实施物流发展八大工程,培育壮大物流产业集群,打造万亿级商贸产业集群。围绕"一带一城"科技服务业发展布局,大力发展技术转移、研发设计、检测检验、创业孵化、科技金融等科技服务业,加快建设环大学创新产业带等重点聚集区,加快推进中俄丝绸之路高科技产业园、高新区孵化器产业集群及技术转移聚集区等项目建设。

四、以供给侧结构性改革为主线,创新土地开发利用模式

借鉴杭州经验,创新土地要素供给方式,探索实施城市开发建设以城市基础设施为导向

(X - Oriented Development，XOD)的模式,对城市基础设施和城市土地进行一体化开发利用。

围绕城市空间布局和产业园区定位,优先保障产业功能区用地,引导企业在功能匹配的产业园区选址建设,促进土地开发利用与城市空间调整、经济地理优化高度契合。建立土地产出效益与新增建设用地计划分配挂钩制度,全面清理低效闲置土地,鼓励企业实施空间综合开发提高容积率,大力推广以物流成本为导向的紧凑式工厂布局,科学合理确定物流用地容积率,构建工业用地亩产效益评价体系,实现土地高产高质高效综合利用。完善工业用地弹性供给,分类采取弹性年期出让、租赁、先租后让等多种供地方式,促进土地出让年限与产业生命周期、产出效益紧密结合。

五、以全面创新改革为指引,创新技术资源供给方式

建立统一的科技资源开放共享平台,依托西安科技大市场,建设国家技术转移西北中心和国家知识产权交易运营平台,设立知识产权运营转化基金,打造西安丝路科技成果交易市场。

瞄准世界科技前沿,加强应用基础研究,突出关键技术创新,建设面向"一带一路"的能源装备服务中心、国际技术转移中心,打造"一带一路"创新中心。

全力支持高校"双一流"建设,重点支持高校创办国际校区,全面深化与高校的战略合作,探索"政产学研用"有机结合新模式,创新校地共享合作新机制。

六、以投融资体制改革为抓手,创新金融供给方式

创新金融要素供给方式。以国企改革为契机,加快推进投融资体制改革,组建国有资本运营公司,盘活国有资产,做实做强政府投融资平台。

梳理整合产业类、商贸类产业引导基金,构建财政资金引导投资机构和社会资本系统联动机制,发挥财政资金杠杆作用。

运用产业引导基金,促进创业投资、股权投资、产业投资和并购重组等各类基金支持城市转型发展。

鼓励企业上市融资,降低融资中间环节费用,落实好鼓励直接融资的扶持政策、奖补措施。

七、以高质量发展为目标,创新制度供给方式

强化政策引导和要素配置,支持优质资源向优先产业和优秀企业倾斜。深入推进"放管服"改革,加快构建法治化、国际化、便利化,审批最少、流程最短、成本最低、服务最好、诚信最优的"三化五最"营商环境,进一步为企业松绑减负。

深化"四张清单一张网"建设,开展市场准入限制专项清理,制定完善政府权力清单、责任清单、涉企投资负面清单、专项资金管理清单,提升政府服务网,支持民营资本有序进入医疗、养老、教育等民生领域,提高市场准入的透明度和公平性。坚持以企业需求为导向,定期发布产业发展白皮书,制定引导产业集群发展的激励政策,着力突出差异化发展,有效引导企业行为。

八、以政府和社会资本合作(Public - Private Partnership, PPP)模式为引导,创新公共服务供给方式

科学规划、统筹实施,构建布局合理、功能齐全、适度超前的城市功能设施体系。推广运用

PPP融资模式,超前策划一批基础设施项目,加快完善教育、医疗、市政、交通、环保等公共服务配套,加快组团和组团之间的交通网络建设,打造快捷的交通运输设施。

按照"区域间高效畅通、城际间快速通达、城区内高效转换、城乡间便捷连通"的发展要求,建成高效的综合枢纽体系、完善的对外交通网络、便捷的城市交通系统,加快建设大西安立体综合交通发展体系。加快高铁、路网、空港、一路一带物流枢纽建设,不断提高城市承载力和竞争力。

第四节 "五型""五化"带动大西安经济增长动力转换

一、发展数据型经济,推动产业数字化

数字经济是以使用数字化的知识信息作为关键要素,以现代信息网络作为重要载体,以信息通信技术的有效使用作为重要推动力的一种新的经济形态,已成为经济提质增效的新变量和新旧动能转换的"新蓝海"。

西安应以"推动数据开放、加强技术研发、深化应用创新"为抓手,加快发展数字产业,构建全市大数据产业生态体系。以政务数据开放为突破口,建设全市大数据共享开放平台,推动大数据与工业、旅游、交通、医疗、教育等领域融合发展,实施大数据应用示范工程。

支持大数据相关硬软件产品发展,加快推进大数据、云计算、物联网技术向各行业融合渗透。要加快基础设施建设,率先开展5G网络试点,大力推进信息终端、下一代互联网IPv6芯片和系统设备等关键产品的研制和产业化。

加快发展服务型数字产业,重点发展电子商务、数字金融、智慧物流等生产性服务业,加快推进集成电路(Intergrated Cirait, IC)设计与测试、基础软件、工业软件、数字媒体、系统集成与运营服务、新兴信息服务、软件外包七大产业集群发展,建设全球软件制造基地和世界软件名城。

二、发展开放型经济,推动产业外向化

开放型经济是依靠人才流、信息流、资金流、知识流、物质流等要素资源的流动而带来经济效益的经济业态。在未来发展中,谁能控制流量和入口,谁就能赢得发展主导权、占领竞争制高点。坚持以开放促改革促发展促创新,持续拓展开放合作广度和深度,以高水平开放推动高质量发展,争创"一带一路"综合改革示范城市。

加快构建开放型经济新体制,推进投资贸易自由化便利化,建设高质量外资集聚地和高水平对外投资策源地。依托航线联通、铁路贯通、公路畅通的综合交通网络,打造东西双向国际贸易大通道、东向出海大通道、南向国际贸易大通道,加快构建立体开放通道,形成陆空内外联动、东西双向互济的开放格局。整合陆港空港现有口岸,以互设指定口岸监管仓的方式实现陆港与空港口岸功能共享,提升口岸综合服务功能。加强与沿海沿边口岸通关协作,构建大通关综合服务体系。

打造国际产业合作高地。坚持"引进来"和"走出去"并重,统筹利用国际国内两个市场、两种资源,深度参与国际产业竞争与合作,实施交通商贸、国际产能合作、科技教育、国际旅游等"一带一路"建设四大重点工程,推进与丝路沿线国家在航空航天、农业、电子信息、装备制造、

轻工、食品、服务外包、卫生检疫等领域的合作,加强与其他国家在高新技术、现代服务业等领域合作。鼓励支持有实力的大型企业集团走出去跨国经营,在有条件的国家(地区)布局境外经贸合作区。积极承接产业转移,推行"一园两地"合作模式,加快推进欧亚经济综合园区、中俄丝路创新园等园区建设,打造一批特色鲜明、分工合理、产城融合的国际高水平产业开放协作平台。

加强国内区域交流合作。加快推进大西安都市圈建设,优化疏解功能布局,完善外围组团功能,推动西安—咸阳一体化发展,打造带动西北、服务国家"一带一路"建设、具有国际影响力的现代化都市圈。加快区域经济一体化发展,加强与西北地区城市群协调互动,聚焦规划对接、改革联动、创新协同、产业协作、市场开放、设施互通、服务共享、环境共治,努力打造优势互补、合作共赢的区域发展共同体。强化与京津冀、长三角、粤港澳地区在技术研发、生态环保、公共服务、投资、金融等领域对接合作,建立与长江中游城市群、成渝城市群合作机制,推进与中原城市群、山西中部城市群、呼包鄂榆城市群联动发展,实现战略规划、文化旅游、基础设施、产业发展方面的互惠协作。

建设高水平自贸试验区。围绕建设全面改革开放试验田、内陆型改革开放新高地、"一带一路"经济合作和人文交流重要支点,以制度创新为核心,以可复制可推广为基本要求,加快推动服务贸易促进体系建设,拓展科技、教育、文化、旅游、健康医疗等人文交流的深度和广度,用好物流中心、保税区、出口加工、高新综合保税区等平台,积极开展资本项目收入支付审核便利化试点工作,探索建设内陆自由贸易港,放大自由贸易试验区辐射和溢出效应,建成投资贸易便利、高端产业聚集、金融服务完善、人文交流深入、监管高效便捷、法制环境规范的高水平、高标准自由贸易园区。

三、发展创新型经济,推动产业高端化

发展创新型经济,要从产品、服务、技术、要素、模式等方面进行创新,更多依靠产业化创新来培育新的增长点。

统筹高校等高端创新资源,全力支持高校双一流建设,实施创建国家实验室计划,加快推进国家综合性科学中心、国家技术转移西北中心和西安科学城建设,争取建设组建西部分子科学、生命、光学、机械、环境与军民融合等领域国家实验室,打造国家级科技创新策源地。

高水平推进科创大走廊规划建设,加快布局一批创新平台和大产业平台,培育壮大电子信息、航空航天、软件与信息等一批千亿级产业集群,成为中国西部创新驱动发展的重要增长极。

增强原始创新能力,促进产业关键技术研发,是建设现代产业体系的强有力技术支撑。应充分发挥大西安高校、科研院所的技术优势,大力发展院士经济、教师经济、校友经济、院所经济、大学生创业经济,推进产学研协同创新、应用创新、知识创新和技术创新,构建产学研用高端技术平台,加速重大科技创新成果产业化,让科研成果加速转化为生产力。

充分利用先进技术和工艺改造传统产业,开展工业互联网创新融合试点,加快建设智能工厂和工业云服务平台,运用大数据、人工智能等新技术构建产业生态圈,推进产业和园区智能化。提升新模式服务实体经济能力,以"互联网+"思维改造提升实体经济,积极探索发展新零售、新制造、新金融、新技术、新能源等新模式,重塑产业链和价值链,推动产业高端化发展。

四、发展融合型经济,推动产业智能化

跨界融合是新一轮产业转型升级的大趋势。大力发展融合型经济,才能赢得产业升级的先机和主动。

依托西安制造业基础厚实的突出优势,把智能制造作为发展人工智能的重要突破口和主攻方向,加快智能产品的研发生产,推进生产过程的智能化,以智能制造带动服务业等各领域人工智能发展。

以生物技术和生命科学为先导,加快发展涵盖医疗卫生、营养保健、养老服务、健身养生、健康咨询等领域的大健康产业,加快建设一批康养小镇,构筑全生命周期的健康产业链。

五、发展低碳型经济,推动产业绿色化

低碳型经济是以传统产业经济为基础,以促进经济与环境和谐为目的而发展起来的一种新的经济形态。低碳型经济将成为国民经济新的支柱产业,改变未来世界经济发展格局。

推动绿色资源的转化利用。加快在清洁能源储能和转化利用上取得突破性进展,积极构建城市能源互联网,建设清洁能源受端城市和市场化示范基地。

大力发展绿色产业。持续对高能耗、高污染企业依法依规进行置换清理。着力发展生物材料、石墨及碳素材料等关键性、战略性新材料,打造国家级新材料高新技术产业基地。聚焦节能环保领域,围绕治霾、治污等应用,重点发展环境监测及污染治理技术研发和装备制造产业。

倡导推动绿色生活。大力培育绿色消费文化,建设绿色消费体系,在城市建设中加大新能源、新材料、节能环保产品开发利用,改造提升垃圾收集处理及利用产业,加快建设宜居宜业生活城市。

参 考 文 献

[1] 中国科协"关于推进大众创业,万众创新政策措施落实情况"第三方评估课题组."推进大众创业、万众创新"政策措施落实情况的评估[J].科技导报,2016,34(10):61-68.
[2] 戚湧,王静.江苏省大众创新创业政策评估[J].科技管理研究,2017,37(1):75-81.
[3] 徐德英,韩伯棠.政策供需匹配模型构建及实证研究:以北京市创新创业政策为例[J].科学学研究,2015,33(12):1787-1796;1893.
[4] 武建龙,于欢欢,王宏起.面向企业创新创业的政策工具效果研究:来自278家企业的问卷调查[J].科技进步与对策,2016,33(19):88-93.
[5] 王苗苗,李华,王方.大众创新创业政策发展评估:基于政策工具、创新创业周期、政策层级[J].中国科技论坛,2018(8):25-33;57.
[6] 张华,王慧敏,刘钢.基于WSBM的创新创业政策效度评估及优化对策:以江苏省"科技企业家培育工程"政策为例[J].科技管理研究,2016,14:37-44.
[7] 伍虹儒,官建成.科研人员创新创业政策评价研究:以上海张江与天津滨海为分析对象[J].技术经济与管理研究,2018(2):42-47.
[8] 曾红颖."双创"的实施进展与建议[J].宏观经济管理,2015(12):21-23.
[9] 陈舒,李博.双创政策执行情况的审计评估体系研究[J].审计月刊,2017(5):18-20.
[10] 陈春林,林浩,邹慧,等.科技人员"双创"政策执行现状及建议:以江西省省属科研院所为例[J].科技管理研究,2017(20):88-93.
[11] 葛丽婷,胡钰琪."互联网+"背景下大学生创新创业现状的调查与反思[J].科技资讯,2017(17):232-234.
[12] 张英杰.科技创新创业政策效果评价与优化研究:基于浙江省的监测数据[J].科技管理研究,2018,38(5):57-62.
[13] 郑秋生,李金惠,曾凯华.广东省科技创新政策评估现状、问题及对策研究[J].特区经济,2017(6):40-42.

下篇　实践探索篇

第九章　城市更新中的空间治理创新：
以西安老城根 Gpark 为例[①]

2020年9月19日，蜚声中外的"方所"正式在西安老城根 Gpark 与公众见面了！

方所的选择出人意料，又在情理之中。随着 the morning after 西餐厅、ice monster 冰馆、浅葱小唱音乐餐厅、adidas 西北首家城市旗舰店、ZARA 西北首家旗舰店、Air Jordon one 西北旗舰店等相继入驻 Gpark，这里俨然成了时尚标签，跻身西安潮流街区前列，方所与老城根在西安结缘，将共同演绎、推进西安这座城市文化的新浪潮（见图9-1、图9-2）。

然而，2014年以前，这里还是一条杂草丛生、污水横流、垃圾遍地、臭气熏天的臭水沟（见图9-3），是令政府头疼的旧城改造"老大难"。短短6年时间，是谁赋予了一条臭水沟新生？在商业街区遍地开花的当下，是什么让老城根 Gpark 脱颖而出，又是什么让老城根 Gpark 得以获得众多国际品牌的青睐？一切的源头，还要从老城根 Gpark 的"蝶变"之路说起。

图9-1　西安方所东书廊

图9-2　繁华的 Gpark 街区

图9-3　昔日的退水明渠

第一节　因由：机遇中谋发展

一、大兴新区迎机遇谋发展

"南金、北银、东铜、西铁"，形象地说明了20世纪末西安各区域的发展境遇。大兴新区就位于"西铁"地区，"烂摊子""经济滞后""厂子多""环境差"等是"西铁"地区的代名词。随着"西咸一体化"进程的加快，西咸新区异军突起，西安城西也一改颓势，成为大西安炙手可热的焦点

[①] 本章内容，由笔者指导课程研究生杨敏、薛晚、尉丽媛、刘小莞共同完成初稿，再由笔者改定。

区域。大兴新区隶属西安市莲湖区,位于西安市二环内西北角,南起大庆路,北至汉长安城遗址—北二环,东起明光路—纬二十六街—北关正街—红庙坡路—星火路—环城西路北段,西至西二环,总规划面积约14平方千米(其中莲湖辖区约10平方千米),是西安高新区和西安经开区的枢纽地带。

二十世纪五六十年代以来,大兴新区共建有铁路专运线39条,是西安市的物流仓储区,年均物资吞吐量在800~1 000万吨,为全市乃至全省的物资流通做出了历史性贡献。但随着社会发展和技术进步,大兴新区的物流功能被取缔,辖区内基础设施不完善、工业企业落后,在一定程度上阻碍了新区的发展。2005年,西安市对大兴新区开发提出"两带、三线、九里坊"的规划理念(见图9-4、图9-5),以解决大兴新区在新时期的发展与定位问题,其中的"两带",一条就是实施北郊城河退水明渠改造、建成550余亩的大兴公园,二则是沿陇海铁路及专用线两侧,建设景观绿化带。2008年,大兴新区综合改造管委会正式成立,具体负责大兴新区的综合改造工作。

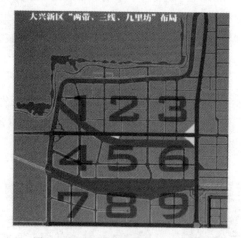

图9-4 "两带、三线、九里坊"布局

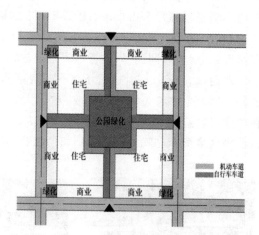

图9-5 标准里坊单元示意图

二、红庙坡现实骨感求契机

回望Gpark所在地即红庙坡十字周边,其时没有休闲广场、没有景观绿地,只有一条日夜流淌的退水明渠。"脏、乱、差"的落后面貌,长期困扰着生活在红庙坡地区的居民群众,"改造明渠、建设广场"成了广大群众最迫切的期望。但关于焦点矛盾如何破解,一直没有有效的突破点。大兴新区综合改造工作的启动,成了解决矛盾的重要契机。

大兴新区综合改造是西安首例综合性成片旧城改造、工业企业搬迁改造项目,是西安市"十一五"重要项目和唐皇城复兴计划的重要组成部分,按照改造规划,退水明渠将改建成为占地面积550亩的城市生态绿色长廊和休闲景观带。而当时的明渠还是一个人见人厌的臭水沟,且南北两侧有正在运营的铁路专用线,最宽的地块范围也只有50米,此外,还有一些拾荒人员私自搭建的窝棚(见图9-6)。骨感现实与丰满规划预期之间的巨大差距,何以实现乃至超越成为摆在政府面前的一道难题。

图 9-6 退水明渠地区改造前景象

三、新区政府定风貌初规划

(一)确立"新汉风"风貌特色

大兴新区综合改造既是西安城市规模化综合改造的重要区域,也是西安建设国际大都市的重大工程。大兴新区秉承有特色才有发展的理念,致力塑造具有差异性的特色人文城市区域。因此,如何塑造大兴新区的独特性成为新区改造面临的首要问题。

2005年,里坊空间概念的提出,引发了规划师和建筑师对区域内历史文化建筑风格塑造的探讨,也为大兴新区的改造提供了新思路。从大兴新区的历史来看,其位于汉长安城和唐长安城遗址之间,是汉唐的过渡区和历史文化交融区,在文化内涵上具备承接汉唐文明有机联系的独特意义。根据自身的历史文脉特点,通过对区域内汉代建筑遗址考证,以及借鉴张锦秋大师新唐风的经验,大兴新区管委会邀请各领域专家多次论证,最终确定大兴新区区域空间风貌的特色——"新汉风"。与此同时,大兴东路整体新汉风风貌改造取得成功,更加坚定了大兴新区管委会在新区改造中走新汉风特色城市风貌个性路径的理念。丰富的历史文化内涵为大兴新区在城市空间形态布局中继承和发扬城市文化和打造特色形象区域,提供了充足的文化积淀和发展机遇。

(二)指明"臭水沟"开发方向

对西安来说,城墙以及护城河是城市形成的标志。明清时期退水明渠曾是漕运河,有运输军粮之责,解放后一直承担着城市污水、雨洪的排泄任务,因渠道年久失修、渠岸杂乱,逐渐成了一条"臭水沟"。群众有着强烈的明渠改造诉求,大兴新区管委会为回应群众诉求和响应新区综合改造的需要,决定对这条长3 000米、宽18~20米的"臭水沟"进行重点改造。经过规划与论证,提出了三种改造方案:

方案一:彻底废除其雨污排放功能,建设地下排水管网,将污水引入水库截污箱涵进行处理,并在地面形成550亩的城市生态绿色长廊和休闲景观带,建成绿色主题公园。

方案二:保留明渠,引入水源,建成一片水面,打造水润新大兴的效果。

方案三:改污回填、兴废利旧,建设具有产业支撑的绿带。

此外,管委会规划在明渠附近建设一个占地面积近百亩的广场,规划将广场建在大兴东路东口的红庙坡十字西北、西南角,广场主体为高标准的景观绿化,同时配备街景小品和城市雕塑,旨在将改造后的明渠区域、红庙坡广场以及拓宽为70米的大兴东路打造为古城西北角的城建亮点,彻底改变大兴路地区城市建设相对滞后的面貌。此时,明渠的绿带定位毋庸置疑,但以何种方案进行改造成为一个悬而未决的问题。

第二节　结缘:老城根与红庙坡

一、国际竞赛开启明渠改造

2008年4月底,西安市政府召开第72次专题会议,要求加快大兴新区北郊城河退水明渠改造及红庙坡广场建设工作,以更好地实现大兴新区大兴路区域的城市面貌更新。7月初,大兴新区管委会发布西安大兴新区北郊城河退水明渠改造及红庙坡广场建设概念设计国际竞赛公告,正式启动国际竞赛活动,并组建了由西安市规委会秘书长梁锦奎、西安建筑科技大学教授吕仁义、西安市市容园林局副局长陈宪章等组成的专家评审团,以收集更多明渠改造的新思路。公告发布后,来自国内外十余家知名设计机构报名参赛,经初审会确定日本全日新建筑设计咨询(上海)有限公司、北京清尚环艺建筑设计有限公司、陕西水石合景观设计咨询有限公司、上海百岸建筑设计有限公司等国内外一流规划设计机构入围参赛。在评审会上(见图9-7),时任莲湖区委书记表示:"大兴路地区的开发和改造,必须要做成示范区。"相关专家表示:"一个城市区域为了一个广场,进行如此规模的国际招标,吸引这么多的国际知名公司参加,本身就是一次值得肯定的探索与尝试。"自此,退水明渠改造项目全面启动,在设计成果评审会圆满结束后,主办方将从获奖方案中甄选出最能体现出大兴新区建筑风格、最符合新区建设理念的成功之处,借鉴并运用到具体建设工作中去。

图9-7　退水明渠改造及红庙坡广场建设概念设计国际竞赛成果评审会现场

二、机缘巧合碰撞创新思路

经过吸收借鉴各方思路,大兴新区综合改造的风格已经确定为"新汉风",退水明渠改造方案也确定为建设成树木葱郁、环境优美、宽约42米的景观长廊,而红庙坡广场将建成一个占地面积近百亩的景观绿化场所。接下来,大兴新区管委会需要确定谁来做这个项目。

红庙坡商圈堪称大兴新区的核心区域,2013年前,周边就已经布局了多个楼盘,龙湖地产、金辉地产、天朗地产等强势入驻,天朗大兴郡更是占据了大兴东路—梨园路大片区域。在前期论证阶段,大兴新区管委会就该项目建设与辖区内天朗、老城根等企业接洽沟通,探讨如何才能更好地进行城市更新,各企业积极参与并提出建设性意见。天朗集团因其开发体量大且规划理念与新区建设理念相符的特点,一开始就备受新区管委会属意。但恰好就是由于天朗开发体量过大,导致企业一时无法开展明渠改造工作。

那么大兴新区管委会是继续与天朗合作还是另寻别家?正当大兴新区管委会犹豫不决时,老城根公司出现了。老城根秉持着"高规划、高谋划"的开发理念,强调在设计中不仅仅要满足改善周边生态环境的要求,而且要更加关注整个区域乃至西安市民的生活环境升级。这一理念打动了大兴新区管委会,于是双方开始接洽。在保证"新汉风"风貌的前提下,新区管委会与老城根就规划、设计、建设、运营等各方面进行了深入碰撞,多次召开方案论证会,探讨如何做好商业街区、如何更好实践"新汉风"理念。期间,莲湖区委书记向老城根负责人建议前往法国香榭丽舍大街、美国第五大道等地方考察,学习世界一流商业街的管理运营模式,同时高水平地规划建设好这个项目。

2014年,退水明渠改造设计方案获得全国人居经典方案竞赛金奖,明渠改造工作就此步入正轨——由大兴新区管委会对明渠进行改道和清淤回填,由老城根公司负责设计和施工。但昔日"臭水沟"将以怎样的新形态重现,新区管委会仍无法预见,对于老城根的高规划能否最大限度落地也是存疑的。

第三节 发展:政企创新求突破

一、传统汉风引领全新时尚

老城根Gpark总建筑面积20万平方米,分两期开发,一期建筑面积约11.4万平方米,二期建筑面积8.6万平方米。项目所在地大兴新区也是汉朝原址及张骞出使西域的"起点",具有深厚的历史底蕴,如何将历史的厚重感与当代商业的新需求结合起来是老城根项目运营需要解决的问题。大兴新区管委会在建筑风格方面有明确的要求,即唐文化元素和汉文化元素结合。汉唐文化元素的建筑在西安比比皆是,如曲江大唐不夜城,而商业街在西安更是屡见不鲜。如何定位老城根Gpark成为老城根必须回答的问题。

一方面,项目组通过与各方商讨,确定加入"新汉风"作为项目规划设计要素;另一方面,考虑到建筑规划需具备企业特色以及地标性功能,需要考虑老城根Gpark的DNA以区别其他商业街。项目组先与全球知名商业地产服务机构(戴德梁行、仲量联行、CGV衡信柏迪和美国飞大建筑设计公司)进行深度接触,对全国知名商业项目、特色商业街进行全面的考察研究,学习北京、上海、广州、深圳、成都的商业经营模式和消费模式,最终高价邀请了美国飞大建筑设计公司进行设计与布局,并邀请了住建部总规划设计师唐凯专家来西安帮助项目把脉会诊,在商业街入口处的双阙建筑、灯柱顶部装饰的汉雕貔貅、四神兽和龙凤纹样的装饰原图、汉陶俑中的杂耍人物等等,增加建筑以及城市的可识别性。此外,建筑师在东侧入口处设置的一对高大门阙式建筑以及漂浮于整条街道之上的多媒体透光天棚,不论在城市尺度还是街道空间上均营造了独特的可识别性。

在设计规划过程中,老城根项目组结合西安的自然人文环境及传统魅力,最终确定了以"文化引领时尚、以时尚弘扬文化"为规划主题,以"商旅结合、商文结合、商情结合、商产结合、商居结合"等五大要素为该项目的整体规划目标,放弃传统的三五公里社区性商业街,通过融入生态、科技、文化、旅游及艺术等元素,用现代手法将汉文化元素表现在不同空间,设计时尚购物、异国风情美食、文化创意等三大主题街区,以新视觉重现汉文化辉煌,打造成为本地人常到、外地人必到的商业繁荣地、品牌首选地、文化展示地、旅游目的地及市民休闲地的国际特色商业文化街区。老城根通过传承与创新,成功地将文化与时尚理念传递出去,让市场知道老城根,并通过老城根的独特性留住市场!

二、企业创新突破技术难点

办法总比困难多,是老城根的工作态度。Gpark 水晶曾被称是"史上最高难度 LED 显示屏项目",在拿到该项目的设计草图时,很多业界人士都认为"这是一个不可能的任务",因为项目从钢结构设计到电路设计的难点非常多——36 个锥体、400 多个面、多达 1200 种不同规格的模组拼接。但老城根与韩国顶尖团队——锐拓,历时三年研发,成功解决了承重、拼缝和多面异型联屏拼接等诸多行业难点,并通过采用国际专业级视频多媒体服务器,对各种视频类型进行随心所欲的特效处理、视频编辑,集成声、光、电高科技元素,以水晶质感体现,震撼的音效,带来强烈的视听冲击,结合超大的舞台设计,满足了未来商业表演、节日庆典、时尚品牌发布、都市浪漫约会等多种场景的需求。在声、光、电交相辉映中,极具震撼力的三维声像,将观众带入一个意境空间,真正做到了"让光彩与艺术成为街区的娱乐灵魂之作"(见图 9-8)。

Gpark 水秀由曾为 2010 上海世博会开闭幕式打造震撼世界的大型水秀表演——全球顶级法国水秀公司打造,是将声、光、水、电融为一体的视听享受场所,堪称世界顶级水舞 SHOW 场,多媒体现代水秀舞台可承办新品发布会、微型演艺、浪漫求婚地等,是西安首席城市展台。但是 Gpark 水秀在设计实施阶段却碰到了诸多难题,它是 Aquatique show 数码水帘技术第一次在国内商业上运用,尤其是运用到户外还是首例,要考虑很多新的因素,如出水孔较细、易受风吹的影响等。因此企业在前期进行了多番论证,包括水秀设计尺寸、摆放位置,舞台下面如何接水,是否应该做水池等。法国设计师、国内设计师以及开发商经历了长达两年时间的研讨,最终提出双环设计,顺利解决水秀难题,并获得了水秀外观专利。至此,一个高 24 米、外圈直径 6.5 米、内圈直径 3.5 米的世界上规模最大、高度第一的双层数码水舞秀场成为西安独一无二的地标建筑(见图 9-9)。

图9-8　24米LED异形水晶体大屏

图9-9　世界最大双层数码水帘

三、点状出让创新空间利用

南广场属于市政用地，需要用于建造各种公共基础设施的用地，如供应设施、交通设施、环境卫生设施等的用地，必须保证用地的公共性与公益性。由于南广场与老城根相连关系到老城根的发展，老城根致力打造时尚商业步行街，南广场若按照政府以往的土地招标方式，即出台南广场建设规划，在明确容积率、绿化率、楼间距等指标的基础上公开招标，价高者获得南广场建设项目，南广场将成为西安常见的普通休闲娱乐健身广场，成为广场舞的天下，这将严重制约老城根的定位与发展，如何实现在保证企业利益的基础上保障公共性成为大兴新区政府与老城根亟须解决的问题。

老城根作为民营企业有很强的主人翁意识，积极建言献策，思考如何设计规划实现"变废为宝"并最大程度上保障商业街展面的格局。老城根的努力没有白费，继2014年项目实施后，提出"点状出让"的方式成功拿下2016年南广场建设项目，自此老城根"L"型公园式商业娱乐大道的雏形初步形成。通过政府搭台、企业唱戏的方式，让企业充分参与其中，企业提出自己的规划设计与政府研讨，经过多轮讨论和专家论证，最终确定南广场的设计方案。现在的南广场建有滑板区、篮球场等，成为西安第一家极限运动公园，总占地面积共1 600平方米，可满足滑板、轮滑、BMX、极限单车以及滑雪等极限运动项目的比赛及训练，场地包含了符合国内外大型标准赛事的专业街式及碗池道具，为爱玩的朋友打造一个无拘无束、随性耍乐的潮玩聚集地。

第四节　腾飞：涅槃中获新生

一、高科技掀起时尚浪潮

投资就是赚钱？老城根的部分投资却是免费的，水晶秀耗时3年，水幕耗时2年，投资巨大，但项目却是免费播放。这是为何呢？老城根Gpark告诉你是为了解决人来的问题，吸引投资商和消费者，利用附加值赚钱。如何让客户愿意来？这就涉及客户定位问题，是80后还是90后抑或新兴的00后？文化引领时尚，时尚弘扬文化，谁更能代表当下的时尚潮流？毫无疑问,是 90 后和 00 后!为此,植入了两大高科技:元素之一是法国水秀,组成水秀的基本构成是水晶,集声光电顶尖科技为一体,科技与娱乐、时尚与文化的相得益彰,为商业街的氛围营造铺设了诸多娱乐情景,旨在打造西安都市娱乐独一无二的中心地标;元素之二就是 LED 灯,它是异形 LED 灯,由全球顶级法国水秀公司打造,将顶级水喷泉与最先进水幕投影技术结合,将声、光、水、电融为一体的城市舞台,目标是成为最受时尚关注的城市 T 台。高科技、亚洲独有、国际接轨等关键词,吸引了大批游客来到商业街。此外,项目运营组也通过倡导游客拍照,在抖音、朋友圈、微博等平台传播,达到比传统商业广告模式更好的推广效果。

二、高格局打造品牌效益

从整个运营角度来说,老城根 Gpark 面临着如何实现规划、如何传达理念、如何解决品牌招商等问题。是什么让商业街拥有 152 个国内外品牌,其中 40% 品牌为首次入驻西北五省?是什么让老城根成为西安新时尚?是什么让老城根受到西安年轻人的青睐?是什么让老城根两年半完成市场培育期?这与其特有的招商策略、运营管理以及活动推广密不可分。

(一)按需定商,引领时尚

为何老城根 Gpark 会成为诸多国内外品牌西北首店的首选之地?为何可以在短短两年半时间内实现四轮品牌升级?这就不得不谈谈老城根特有的招商策略:牢记定位,主动选择!老城根单独成立了运营管理公司开展运营工作,不同于传统的招商模式,该项目是直营合作,招商策略打破了传统模式,并不是只要商家来谈租金,就一定租给他,而是根据自己的需求主动寻找品牌进行合作,将品牌组合和商业街文化相匹配,并通过末位淘汰方式,保证品牌组合的持续改造升级。

(1)从商业街的品牌组合定位而言,商业街针对特定消费者的特定需求,按照一定的战略目标,有选择地运用商品经营结构、店铺位置、店铺规模、店铺形态、价格政策、销售方式、销售服务等经营手段,提供销售和服务的类型化服务形态,即解决业态问题。将"文化引领时尚、以时尚弘扬文化"的商业街定位与品牌组合相结合,确定谁来引领的问题、用哪些品牌来辐射带动整个商业街的时尚发展的问题。

(2)末位淘汰的经营策略。一个商业街如何保证持续的新鲜感?这就要保证商业街的持续的良性变化。老城根通过统一管理所有商家的运营大数据,结合实际经营情况、预期经营目标以及市场品牌更新等,"百货店一天三变",通过实行末位淘汰实现商业更新与升级。最后,从招商结果而言,国际大牌对老城根的运营定位高度认同,实现了 40% 以上的品牌都是西北首店(旗舰店);对比之下,反倒是一些国内品牌"半信半疑",前期在陕西代理的品牌几乎没一个认可。为何商业街的前期规划、建筑风格、品牌定位能瞬间吸引了外资品牌?为何迪奥、小米、阿迪等来这里开城市概念店而不是去世纪金花、万达、大悦城这些西安有名的商业街?为何一个民营企业能做到这一高度?老城根作为一个民营企业,其商业街国际品牌占有率、品牌旗舰店占有率达到前十,位居西安市第一,与全国的著名商业街如成都太古里、三里屯几乎并肩,这些都是值得思考和探索的课题。

(二)以人为本,做好服务

基于如何给客户提供更好的服务的管理思路,老城根定位了两个服务对象,一是商家,二是消费者和员工。在整个商业地产领域,招商流程都是自上而下的管理,每个级别的管理者的权限不一样,而老城根却是相反的,具有人性化的自下而上的服务管理方式,领导为员工做服务,企业为品牌商做服务。在商家服务中,项目根据商业街零售、餐饮、娱乐、美容美发等业态,提供个性化服务满足品牌商的经营需求,使其经营有保障。同时,项目也为后续的整个经营提供了无障碍通道,即解决商家一站式的证书证件的办理、整个经营空间的需求满足以及品牌商的员工需求和金融保障等。在消费者服务中,整个商业街提供全网覆盖、无障碍的消费空间以及舒适的购物环境,如采用了德国维克多福泰克公司的 ETFE 膜结构天幕,在满足建筑采光和美观的要求的同时,打破西安传统购物中心"封闭盒子"的布局,也起到遮阳的功能,搭配定时的加湿,给予消费者最佳的消费体验。

(三)理念引导,潮品文化

紧扣"文化引领时尚,时尚弘扬文化"12 个字的主题。商业街运营以来组织了各类文化艺术活动,整合文化资源,兑现文化价值,完善造血机制,以文化为切入点,例如举办国际性的文化活动,促进文化交流,实现文旅商贸齐头并进,多种业态和盘托出,追求社会目标与经济目标的统一,致力多元参与和合作共建的实现,助力实现文化产业的可持续发展,给西安带来新文化、新时尚、新体验。从开业到现在的音乐节、跨年夜活动、圣诞国际嘉年华活动、体育嘉年华活动等都围绕这 12 个字的主题进行,这些文化活动都是纯公益性质,不仅产生了良好的社会效应,也提升了整个城市的文化氛围。

此外,商业街也会举办如黑胶票展之类的艺术展,以期产生一定的国际影响力,第三类活动针对会员推出,如插花艺术、烘培艺术、咖啡艺术等文化艺术活动。Gpark 项目每年举办活动多达四百场,其显著区别于西安市其他同行,但紧紧围绕"文化引领时尚、时尚弘扬文化"的主题,其文化凸显了"慢生活、轻文化、快时尚"的特征。此外,老城根牢把质量关,先外出学习经验,再进行本土化创新;在具体运营操作上,会要求承办方先出方案,商业公司再进行评审,评审通过后开始洽谈租金问题。为何 Gpark 举办的各类活动被西安商业地产同行们纷纷效仿?为何老城根实现红庙坡的蜕变?只因"八年蜕变,不忘初心",品牌效应高于经济效益!

三、高标准唤醒空间意识

以前,在"脏乱差"的小沟渠,周围居民可能开窗都会经常受到蚊蝇的困扰。而现在,商业街的发展带动交通的崛起,四通八达,车来车往,购物便利,环境优化,居民生活质量显著提高。除此之外,企业也承担了很多社会责任,如 Gpark 是全市第一家开展"烟头不落地""烟袋使用"等活动,并组织物业管理人员向消费者进行管理的企业,通过物业管理人员赠送烟袋,以一种更加委婉的方式引导消费者不要吸烟,这样的沟通更具人性化,同时也为吸烟者划定了特定的区域,在一定程度上是对公共环境的一种优化。

此外,公共环境的优化及公共空间意识的崛起还体现在群众的精神面貌上。Gpark 作为兼具商业和休闲双重特征的街区,周边市民往往为了便利会拎着菜篮子走进商业街,或穿着睡衣家居服逛商业街,这在一定程度上降低了商业街的品质,而且 Gpark 的管理非常注重细节,因此街区严把商业街公共空间品质关,安保人员会向居民解释 Gpark 街区的文化和请求,事实证明正是有这样的严格把关,商业街才能保持其高端的品格! Gpark 坚持让进入街区的群众着装得体,这不是管理缺乏人性化,而是对商业街品质的坚持,也正是因为 Gpark 商业街坚持细微化的管理,才达到全市商业街区管理的领先高度,受到市民的广泛青睐。

第五节 创新:内涵及其实现

作为推进国家治理体系和治理能力现代化的重要内容,空间治理及其创新正在受到越来越多的关注。2019 年 8 月,习近平总书记在中央财经委员会第五次会议上强调指出,"要根据各地区的条件,走合理分工、优化发展的路线,落实主体功能区战略,完善空间治理,形成优势互补、高质量发展的区域经济布局。"尽管总书记的这一论述是针对国家的区域协调发展战略而提出,但"完善空间治理"的总体要求对当前全国范围的城市更新工作也具有鲜明的指导意义。梳理文献发现,空间治理概念源于治理和城市治理研究,主要指相关主体对特定尺度内空间资源及要素的配置利用的协调过程。根据治理理论,该协调过程不仅要充分体现政府、市场、社会等多元权利主体的利益诉求,还要统筹政治、经济、社会、文化、生态、技术等多重关系,是一种基于特定空间利益的多元博弈过程。

在推进西安大兴新区城市综合改造的进程中,莲湖区委、区政府和大兴新区管委会有效发挥政府作用,协同企业和社会力量开展区内的退水明渠改造工作,在政企社三方协同努力下,使昔日的城市退水明渠"变脸"为今天的老城根 Gpark 街区,无论区域形态风貌、空间结构功能还是城市品质、人居环境,都得到极大提升与改善。本部分侧重分析大兴新区城市更新过程中,围绕老城根 Gpark 街区的空间治理及其创新的内在逻辑,具体以政府和企业两大行为主体为重点,揭示其在空间规划创新、空间利用创新及空间运营创新三大环节中的创新行为及作用(见图 9 - 10),以期为推进城市空间治理创新研究提供有效的案例借鉴。

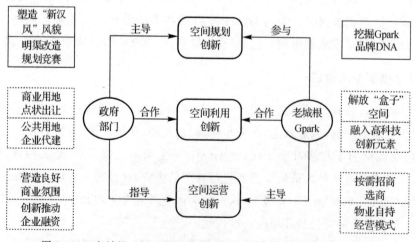

图 9 - 10 老城根 Gpark 街区空间治理创新中的主体协同关系结构

一、空间治理及其创新的理论内涵

习近平同志指出:"规划科学是最大的效益,规划失误是最大的浪费,规划折腾是最大的忌讳。"改革开放以来,各类空间性规划对促进经济社会发展、优化空间布局和资源配置等方面发挥了重要作用,但也存在规划类型过多、内容重叠冲突,审批流程复杂等问题。因此,面对城市特色遗失、建成品质粗劣、人文环境恶化等饱受诟病的通例,只有通过对城市空间资源重新规划配置来提升和改变城市产业结构,使**城市更新**渐进式发展和持久性行动,才能激发城市的内生活力,不断满足人民群众日益增长的美好生活需要。

不局限于城市更新这一局部范围,所谓空间也是需要治理的,诸多学者对空间治理这一概念进行了相关界定。战强认为空间治理是对空间资源利用、保护、调配等的综合部署,空间规划的本质就是空间治理,是以物质空间为载体平台,在人、事、物、规则等共同参与下,协调多方利益主体的博弈过程①。樊杰主张空间治理的行为主体是政府,即空间治理是政府为实现空间布局合理化、空间结构有序化,以期提升空间品相、效能和竞争力而实施的体制机制和运用的政策工具的过程②。张丽新从不同的两个研究视角出发,认为从地理学的视角可将空间治理理解为以空间为平台进行利益博弈的过程;从地区发展和资源配置的角度理解,空间治理是指通过资源配置实现国土空间的有效、公平和可持续的利用,以及各地区间相对均衡的发展③。基于此,本文认为,空间治理即指以**空间内资源配置为核心**,涉及政府、市场、公众等多元主体的共同参与,通过协调社会发展单位的不同利益诉求**使空间资源得以有效、公平和可持续利用**,即政府管理者与多元利益主体在某一范围内对社会公共事务进行合作管理。

此外,在系统论述空间治理基础上,空间治理创新作为破解转型难点的关键,能够更加有效地达到空间治理的公平性及可持续发展目标。为此,关于空间治理创新这一概念界定,本文认为空间治理的内涵和外延是一个**动态演变的过程**,必然随着公众的需求、设计理念的发展、法律法规的完善、新兴技术的涌现以及治理能力的提升而不断推陈出新。本案例作为空间治理创新探索的一项成功尝试,无论是政府的可开放性态度还是企业的深图远虑方面,都具有一定的可借鉴性与代表性,存在进一步系统研究分析的必要。

二、政府创新

作为西安市"十一五"规划的重点项目之一的大兴路地区城市综合改造,继相关拆建工作全面启动之后,大兴新区退水明渠改造及红庙坡广场的建设,再次成为大兴新区改造的焦点。本部分以 Gpark 案例为例,分析政府在空间规划、空间利用、空间运营过程中体现出的创新思维和创新做法。

(一)创新开发理念,引领空间规划

塑造"新汉风"建筑风貌。城市特色,"千城一面"的问题依旧是一个热点话题,对西安来

---

① 战强,赵要伟,刘学,等.空间治理视角下国土空间规划编制的认识与思考[J].规划师,2020,36(S2):5-10.
② 樊杰.面向中国空间治理现代化的科技强国适应策略[J].中国科学院院刊,2020,35(5):564-575.
③ 张丽新.空间治理与城乡空间关系重构:逻辑·诉求·路径[J].理论探讨,2019(5):191-196.

说,能不能在深入挖掘文化内涵的基础上,取得城市整体环境风貌的协调,有形有神,形神兼备,是其规划与建设优劣成败的关键。基于大兴新区的历史文脉特点以及对区域特色形象的打造,大兴新区管委会在借鉴张锦秋大师新唐风经验的基础上,多次考察区域内汉代建筑遗址,并邀请各领域内专家学者进行论证,最终确定大兴新区区域空间风貌的特色—"新汉风"(见图9-11)。目前,Gpark作为西安首个3 300米公园式商业娱乐大道,5万平方米汉文化主题公园点睛"体验"圣地,汉唐古韵俨然成为宣示大兴商圈崛起的特色之一。

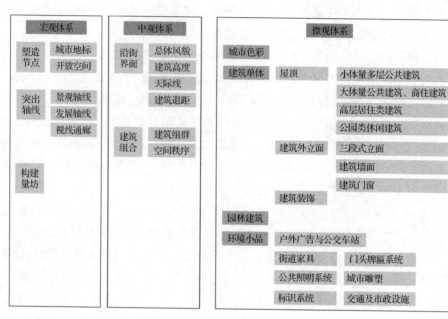

图9-11 "新汉风"文化体系构建

开启"锦标赛"式明渠改造。地方官员的治理"锦标赛"也驱使地方政府开展"为创新而竞争"的激烈竞赛。在项目规划阶段,政府部门通过开展西安大兴新区北郊城河退水明渠改造及红庙坡广场建设概念设计国际竞赛成果评审会对其进行方案设计,同时,积极联系天朗、老城根等本地知名企业进行招商,由此可以看出大兴管委会的积极作为。

(二)创新管理方式,撬动空间利用

点状出让创新空间利用。近年来,在市场需求和政策供给的双轮驱动下,产业发展与土地利用的矛盾日益凸显,"点状供地"无疑是一种创新探索,可精准挖掘用地潜力。在项目的开发建设过程中,南广场与老城根相连关系到老城根的发展,而南广场属于市政用地,需要用于建造各种公共基础设施,若按照政府以往的土地招标方式,价高者获得南广场建设项目,将严重制约老城根的定位与发展。面对这种情况,政府与老城根积极作为,寻求"变废为宝"的措施,最终以"点状出让"的方式在保证公共性的基础上,最大限度保障了企业的利益与发展。此外,点状出让的创新性出让方式突破了政府出让广场的建设权、运营权,保留监管权,企业通过代建、代运营,实现了双赢。

(三)优化营商环境,服务空间运营

Gpark 商业街建成之后,2016 年项目开业,但商场周边市容环境和交通不畅影响了其商业氛围,此时,政府相关工作人员立即赶赴现场召开协调会,抓好环境整治和星火路立交建设拆迁协调。同时,面对企业融资难的问题,帮助其顺利融资 4.3 亿元,缓解项目融资难题。在政府和企业的共同努力之下,目前,老城根 Gpark 已成为一个有较大影响的、初具雏形的商业文化主题小镇。

推进地方政府创新是国家治理体系和治理能力现代化的重要课题,地方政府创新的生成机制亦是创新研究的核心议题,当地方政府面临着经济增长的任务要求,政府创新便成为地方治理绩效的关键工具。

三、企业创新

熊彼特首次将创新概念引入经济领域,认为"创新"是各种能提高企业配置资源效率的新活动,涉及企业生产、技术、管理、市场等各个过程,包括技术、产品、工艺、市场和组织制度等广泛的创新内容[①]。

(一)挖掘品牌定位,创新空间规划

挖掘 Gpark 品牌 DNA。企业创新是随机和独立的,企业创新活动具有显著的不确定性,并隐含地认为影响和促进企业创新活动的因素往往是有限的。在老城根 Gpark 街区的空间治理创新中,企业家的高规划、高谋划是成功的主要推动力。一个民营企业要将"臭水沟"打造为西安乃至西北唯一的地标性户外商业街,愿意耗时 3 年去论证方案的可行性,愿意为高科技的更好展示反复论证,巨额邀请美国飞大建筑设计院操刀设计,耗巨资引进两大高科技打造"免费"城市 T 台与地标,凝练"文化引领时尚,时尚弘扬文化"的品牌 DNA,经济效益让位于品牌效益兼顾社会效益。

一个"臭水沟"投入十几亿是绝大多数人难以想象的事,但老城根做到且提供了商业街的新样本! 回头看老城根的发展,无一不体现高规划、高谋划以及高定位,这与企业家(创新者)的格局、决断、见识以及眼界息息相关,企业家的富有冒险新的英雄行为是老城根项目得以成功的核心动力。

(二)统合先进技术,创新空间利用

解放"盒子"购物空间,实现空间资源最优配置。三大广场+四大分区构成了别具一格的老城根 Gpark,其中,童梦 PARK 将儿童教育娱乐化;风尚 PARK 将时尚消费娱乐化;舌尖 PARK 将美食体验娱乐化;动感 PARK/午后庭院将休闲生活娱乐化;欢乐广场实现公共空间娱乐化;水舞广场实现购物空间娱乐化;晶彩广场实现公共事件娱乐化。公园式、开放式、娱乐化的商业打破了传统购物中心的"孤岛"模式,作为城市公共空间的延伸,告别传统消费的密切、封闭和拥挤,将公共空间打造为市娱乐空间,满足的是都市娱乐而不是购物的某个单项。

---

① 林如海,彭维湘. 企业创新理论及其对企业创新能力评价意义的研究[J]. 科学学与科学技术管理,2009,30(11):118-121.

此外，老城根 Gpark 一期二期特别规划 2000 个停车位，一次性解决西安市场上普遍商业停车位紧缺的问题。

融入高科技创新元素，打造独特视觉盛宴。Gpark 的整体建筑为"汉文化风格"，除了传统汉唐文化的运用，Gpark 业主更是将眼光投向水晶、水舞天幕等高科技元素，从建筑设计到施工都耗费了巨大的心血和精力，集合了韩国、法国、德国、加拿大、美国、荷兰等国家的顶尖团队和设备，传统的建筑风格与现代的高科技装置结合，形成很强的视觉冲击。老城根 Gpark 的成功是多元创新主体协同整合的结果，通过整合国内、国际相关专家，以及在不同领域顶尖的团队和公司的创新技术，结合老城根的特殊区位以及独特需求，实现创新与突破（见图 9-12）。当下，根据场地因素，因地制宜设计出来的老城根水秀的外观专利属于老城根企业，不可否认这个水秀的成功展现是所有参与项目的工作人员的智慧的结晶。

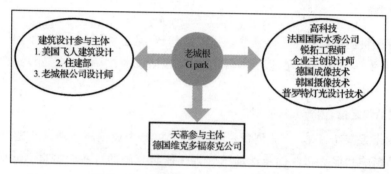

图 9-12 老城根 GPark 的多元参与主体

（三）塑造品牌价值，创新空间运营

在挖掘 Gpark 品牌 DNA 的基础上，品牌价值建立如何和招商需求相结合，如何与政府携手打造世界级商业"奥斯卡"成为企业需要思考的问题。

实现品牌主张与价值。品牌主张是企业向消费者所传达的核心认同和价值观，在品牌塑造过程中有着十分重要的地位，是把静态品牌活化与人格化的一种关键策略。在老城根 Gpark 商业街众多入驻品牌中，很多国际大牌因信任愿意将首家旗舰店开设于此，与国内品牌相比反而更多获得了国际高端品牌的信任，使得 Gpark 品牌主张得以认可，品牌价值得以实现；此外，老城根单独成立了运营管理公司开展运营工作，根据自己的需求寻找品牌进行合作，将品牌组合和商业街文化相匹配，并通过末位淘汰方式，保证品牌组合的持续改造升级。

物业自持经营模式。全部自己持有物业，更有利于向客户提供一站式解决方案，通过差异化产品提高商业物业产品的客户让渡价值。同时，根据业态量身定制物业管理模式，打造一流商业平台，为商家解决后顾之忧，从客户体验舒适角度，做好服务。

商业运营推广。定期组织店庆、时尚品牌发布、明星活动、季折扣等促销活动，整体带动全体商户销售业绩，通过老城根 Gpark 网站、主流媒体、广播等大幅面覆盖造势，聚集客流制造商机。此外，城市未来地标营造充满迷幻色彩的未来世界，为商家举办发布、表演等公关活动，剧场化购物体验。

四、空间治理创新与城市更新的互动

(一)城市更新带动空间治理创新

Gpark老城根改造以地域既存的资源为基础,在多样化的主体参与和协作下,对居民自身附近的居住环境进行渐进的改善,不仅创造可观的商业价值,而且城市更新很好地提高活力与魅力,带动空间治理创新。主要可以体现在两个方面:一方面是经济效益上的带动更新,另一方面则是文化理念上的带动更新。

从经济效益上的带动更新来看,Gpark商业街是从臭水沟改造而来的,从一条脏乱差的沟渠转变成为一座城市的商业、景观、娱乐最中心,3 300米Gpark作为大兴商圈的主轴,耗费巨大的人力物力资金引进国外顶尖设计团队,打造异形水晶体和数码水帘等让人惊叹不已的设计品,做到了传统商业街不敢想不敢做的设计,极富创新性。Gpark项目的成功未来必将以城市商业、景观和娱乐优势承接起周边的商业项目,完全激活大兴商圈进而辐射到整个西安。

从文化上的带动更新来看,公众对公共空间的认知从模糊到逐渐清晰,并逐步萌发主导意识。在Gpark商业街建成之前,红庙坡这一公共空间不仅脏乱差,而且很多居民并无自觉意识,更不要说提出诸多美化的要求,甚至在Gpark建设过程中受到部分居民的干扰,认为商业街建设会困扰自身的生活。而在Gpark建成运营之后,不仅带来了环境的改善、基础设施的完备,使这一公共空间焕然一新,而且可视化的空间更新让居民更有获得感及满足感,Gpark所推崇的"慢生活、轻文化"的理念,也成为消费者和周边居民紧绷的生活状态得以缓解的"栖息地",也正是这一商业文化的存在,吸引更多的消费者去关注自身精神生活的满足,去全方面地提高自身的生活质量,去认真地体会"慢生活、轻文化"。

(二)空间治理创新赋能城市更新

空间治理"升级"为城市更新赋能。面对城市竞争加剧,社会问题日益复杂的局面,如何对社会资源进行优化、整合运营,如何实现城市功能布局、区域形象、气质塑造、管理和品质升级,产业、城市如何更好融合,生产、生活、生态如何更好调和,政府主导、社会参与如何更好合力,这是时代命题,也是提升区域品质、形象和竞争力的重要机遇。在老城根Gpark推动实施的各个环节,优质、高效和创新的治理是城市更新最为重要的无形资产,也是区域竞争力的最重要的来源。

第十章 城市老旧街区微更新：以西安建国门老菜场为例①

又是一个普通的早晨，鸟叫声、汽车鸣笛声、上班族穿巷的脚步声逐渐唤醒了这座沉睡的古城，城墙脚下的老菜场也如往常一样开始热闹起来，商贩们把新鲜蔬菜、肉蛋、瓜果整齐地码在桌上，叫卖声、议价声此起彼伏，空气里弥漫着鲜活的市井气息。从信义巷染织生产合作社到平绒厂，再到如今的建国门综合市场，时代悄无声息地在街角脱落的墙皮、在巷口盘根错节的大树、在人们的脸上留下岁月的痕迹，如果细心寻找，很轻易发现年代从这里溜走的证据。而这里的人，仍旧日复一日忙碌着生活着。

日上梢头，距老菜场十步之遥的店铺也纷纷开始响动，年轻人懒洋洋地打开店门，伸伸懒腰打一个呵欠，望着路过的买菜人群，开始打理自己的店铺，咖啡馆、杂货店、手工工作室、文创馆、小吃店，顾客陆陆续续光临，他们停留、摆弄、挑选、品尝、离开，体会城墙一隅这不大属于现代都市的喧嚣和温暖，细细感受着市井文化与现代文明碰撞激发的火花。市集、画展、穿越剧、嘻哈派对、肖像速写……所有你熟悉的、不熟悉的现代城市生活形态每天都在这里上演，吸引一批又一批的年轻人前来驻足打卡。市井、现代两种城市形态，无不涌动着城市鲜活又生动的血液，在老菜场这片土地上，竟奇迹般地共生、交融、生生不息。

第一节 对老菜场创意街区的基础调查

一、背景与政策

建国门，是西安南城墙一段最东边的门，于建国后开放，门内道路为建国路，门外与环城南路形成丁字路口。建国路信义巷内，是西安市平绒厂的旧址所在，当时的厂房大多保留下来，外立面的墙壁和车间高窗也依旧存在，在此基础上，内部被改造成了菜市场，即"建国门综合市场"，人们习惯称之为"建国门菜市场"，曾经的纺织工厂变成了现在品类齐全的菜市场，运营已有接近20年的时间。如今的建国门菜市场整个面积有7 000平方米，分了几个区域，接近大门是蔬菜肉蛋类经营大厅，旁边是新建的水果干货经营区，由从前的成品库改建而成，后面是水产豆制品经营区，是过去的小织绒车间，新加的餐饮小吃城则是以前的医疗室。

1950年，在西安市建国路信义巷5号（分为南北厂区，南厂区位于顺城东路东南角），西安

---

① 本章内容，由笔者指导课程研究生王霜、鲁鉴威、何增兰共同完成初稿，再由笔者改定。

市平绒厂的前身——信义巷染织生产合作社成立,占地12.75亩,后来改名为地方国营西安市东风染织厂,并开始试制平绒等产品。9年后的1961年,西安市平绒厂的名字正式叫响,以生产平绒为主。80年代末,平绒流行起来,可以做成衣服、窗帘、幕布等,彼时正值电器开始进入老百姓家中,人们对这些贵重的电器非常爱惜,常常用平绒制作的罩子盖着,以防被灰尘污染,故平绒制布料在当时大受欢迎,西安市平绒厂的产品供不应求。

20世纪90年代,乡镇企业实行自主经营,平绒市场波动较大,供应与需求难以保证,同时,西安市城区禁止使用燃煤锅炉,禁止抽用地下水,在此背景下,西安市平绒厂于1998年全面停产。为了给单位谋出路、求生存,解决700多名下岗职工的生活保障问题,2000年前后,西安市平绒厂将南厂区的集体设备售卖,把原来的染绒车间、锅炉房等改建成约5 000平方米的建国门综合市场,实行自主招商、自主经营。2004年,西安市平绒厂将建国门综合市场从南厂区迁至北厂区,设置各类摊位300余个,蔬菜新鲜、价格公道,解决了周边近10万居民的购物需求。瓜果蔬菜和日用百货进入"织布车间",到了市民的菜篮子里,上了千家万户的餐桌。2017年,建国门综合市场进行了整体提升改造,后续进行的"微更新"与"轻改造"的商业项目都为市民提供了更加良好的购物环境。

老菜场的提升改造依托于西安市政府各项老旧小区改造与背街小巷改造方案,响应了西安市十四运全国运动会背景下的统筹城市规划建设管理任务。早在2015年,西安市人民政府就出台了《西安市老旧住宅小区更新完善工程实施方案》①,规定了通过消除安全隐患、完善配套设施、提升景观环境、整新建筑风貌及建立长效管理机制,使得改造后的老旧住宅小区基本达到城市居住区规划设计规范要求,由市建委牵头,城六区政府具体实施,各级职能部门分工协作,共同推进,在2015年完成10个老旧小区的更新改造,2017年全面完成城区有实施条件的小区更新改造工作。

2019年,西安市政府出台了《西安市老旧小区综合改造工作升级方案》②和《西安市老旧小区改造工作实施方案》(市政办函〔2019〕225号),加强和深化老旧小区综合改造工作,进一步改善人居环境,提升城市治理水平,在前一阶段工作基础上,学习借鉴先进城市经验,将老旧小区打造成"环境整洁、配套完善、管理有序"的美丽新家园。关于背街小巷改造,市政府相关部门也印发了工作方案。自然资源和规划局研究制定了《关于规范西安市背街小巷综合整治工作规划设计指导意见》,制定背街小巷提升改造工作实施方案,对全市599条背街小巷,采取"一街一巷一审查"的模式,开展8项方案技术审查,主要包括:道路设施提升方案审查、市政设施提升方案审查、街景绿化提升方案审查、建筑物外立面提升整治方案审查、城市家具提升方案审查、牌匾标识提升方案审查、架空线缆落地方案审查、街巷文化空间提升方案审查等内容。城市管理和综合执法局印发了《市容环境集中整治提升行动工作方案》③,以城中村、校园、庭院、医院、商业繁华街区、背街小巷周边及一、二类主次干道等区域为重点,加大对占道(出店)

---

① 西安市人民政府办公厅.关于印发《西安市老旧住宅小区更新完善工程实施方案的通知》(市政办函〔2015〕59号) [EB/OL][2021-03-15]. http://www.xa.gov.cn/gk/zcfg/szbh/5d490e3bfd850833ac598155.html.

② 西安市人民政府办公厅.关于印发《西安市老旧小区综合改造工作升级方案》的通知(市政办函〔2019〕44号) [EB/OL][2021-03-16]. http://www.xa.gov.cn/gk/zcfg/szbh/5d4921c7f99d6572b768b937.html.

③ 西安市城市管理和综合执法局.关于印发《市容环境集中整治提升行动工作方案的通知》(市城管发〔2019〕122号).[EB/OL][2021-03-16]. http://xacg.xa.gov.cn/xwzx/tzgg/5d710530fd8508123e91520e.html.

经营、野广告整治等沿街"九乱"等现象以及建筑外的立面整治。

西安市以承办第十四届全国运动会为契机,统筹城市规划建设管理各个方面,加速国家中心城市建设和城市有机更新,2019年底,西安市全面启动"三改一通一落地"工程,在老旧小区、城中村(棚户区)、背街小巷改造提升和"断头路"打通、架空线落地等影响城市形象、事关民生福祉的短板上集中发力,到2021年6月前完成绕城高速以内80%以上老旧小区改造,打通断头路58条,完成主城区道路以及城中村、老旧小区通信架空线落地工作,城市建设管理事权下放,提高西安国家中心城市治理能力和水平,让城市更优美,百姓更安居。在这些政策方案以及建设工程背景下,老菜场进行了拆除违建、街景绿化增加、牌匾标识整治、架空线缆落地、建筑物外立面整治等方面的改造,极大程度地保留了区域的文化底蕴,改善了居民生活品质。

二、街区改造过程

针对城市老旧公共空间的城市更新,是预防城区衰败的重要举措,其意义不仅在于优化城市空间功能,更在于复兴区域活力。对老旧城区而言,相比于传统的城市更新模式,"微更新"更加强调从细小的地方入手进行除旧布新,让空间焕然一新。通过给空间动一个"小手术"达到激活整片区域活力的效果。类似于建国门菜市场这样的市井文化、市井生活,一直是市民生活最鲜活的部分,菜市场、老城街巷、老式建筑都承载与见证了时光流动中保留生活痕迹。如此一来,更应该思考如何赋予旧的建筑新的生命,让城市变得宜居,同时又不破坏原有居民生活状态,保留原有市井文化。城市更新进程中,能够保留这些重要的具有人文历史价值的生活肌理,是一个重大的城市课题。

背街小巷提升改造,关乎城市功能、关乎城市形象,也是改善人居环境、方便市民出行的一项重要民生工程、民心工程。按照市委、市政府关于迎接第十四届全运会的总体安排部署,计划在2021年6月底前,完成主城区599条背街小巷提升改造任务。主要内容包括街景绿化建设、城市家具提升改造、建筑物外立面提升整治和丰富街巷文化内涵等。

位于碑林区柏树林街办的信义巷全长460米,由南北巷和东巷两部分组成,街巷空间较为封闭且人口密度大,是老城区最为典型的背街小巷,也是碑林区127条需要提升改造街巷中的两条示范街之一。因为年代久远,信义巷周边得以拥有西北局机关食堂旧址、张学良公馆、高桂滋公馆、十世班禅故居、原统战部办公楼等部分民国时期以及建国初期遗留建筑。除此之外,南段原西安市平绒厂改造的老菜场使得整条街巷具有丰厚的历史文化资源和浓厚的市井气息。

基于这些资源,信义巷改造以尊重、保留历史文化,打造近代民国风情街巷为目标,坚持拆旧还旧的原则,不搞大拆大建。在保留原有建筑群的基础上统一规划,清除居民或商业建筑中违章搭建部分,并融入时尚设计元素和现代新型材料,让整个建筑焕然一新(见图10-1);采用大面积玻璃幕墙,与历史建筑的砖木墙体形成鲜明反差;通过增加绿化、搭建景观连廊等方式提高立面丰富性;内部结构采用现浇框架与钢结构结合形式,满足店铺和消费者对内部大空间使用的需求。

在立面改造方面,将多处围墙顶部做了镂空处理,部分墙面被打磨显露出原有的红砖质感(见图10-2)。曾经的信义巷道路老化严重,路面狭窄导致街巷空间封闭,沿街商铺店招杂乱影响了街巷的整体形象。该工程设计师杨哲明说:"信义巷所在的建国路街区拥有很多民国时期以及建国初期的老建筑,本身很有特色,因此改造不需要大拆大建,只要在片区风格统一的基础上进行一些调整。比如说,我们计划释放一部分空间建成口袋公园,增补座椅方便老年人休息;保留好'信义'等文化积淀,将其打造成显著的标识展示在大量的围墙上。"对周边围墙进行整体提升,对政协大院、55号院、6号院等多处围墙顶部进行收口和镂空处理。在改造过程中,他们选择对部分墙面进行打磨,显露原有的红砖质感,为街道增加温暖的颜色和历史感,并"原汁原味"地应和街区的民国风和红色文化的定位。

图10-1　碑林区信义巷改造现场 | 图源:西安市人民政府网站

图10-2　信义巷墙体美化 | 图源:建国门老菜场公众号

在环境整治与设施完善方面,对街巷空间环境进行重新规划设计,增设座椅、小品、景观雕塑、街心公园等;修缮路面、铺设青石地砖;增设照明设施,提升居民的居住环境水平;完善供电、供水等市政基础设施,满足居民与商户的日常生活需求。同时,利用已有建筑及空间格局、街道和环境氛围,形成以小院落为单元的系统,营造出强烈氛围感。

在建筑活化与空间营造方面,注重公共空间和交流空间的打造,通过在二号楼与三号楼之间架设空中景观连廊,实现人与建筑互动、人与商业活动共享的互动空间;运用创意将建筑物转化为独特的文化地标。在一、二号楼前建成开敞式大台阶,打破了建筑主体本身的距离感;在二号楼天台设计制作了无边界空中文化广场,视野开敞、功能多样,是对望城墙最好的视角

(见图 10-3)。另外,公共空间缺失是背街小巷普遍存在的问题,为增补街道休闲设施,碑林区计划利用两处违建拆除形成的空地在信义巷增设"口袋公园",丰富周边居民的活动空间,目前还在筹划协商过程中。

图 10-3 老菜场市民休闲空中广场 | 图源:建国门老菜场公众号

老菜场创意街区以"保留原居民原有生活状态"和"保持菜市场的市井风貌"为前提,依托菜市场自身独有的日常生活气息,对建国门菜市场持续进行"微更新"与"轻改造",通过城市展厅的方式将老厂区、老街巷的前世今生记录下来,将扎根于民间的老故事、老店铺深挖出来,以此为载体让大家更直观地了解建国门的风情味道,去熟悉它的脾气性格(见图 10-4)。用一个个有市井生活气息的活动去还原一个真实的、多元的、充满想象力的建国门菜市场,将人们对菜市场真诚、亲切、热闹和杂乱的记忆定格在那里。

图 10-4 老菜场城市展厅 | 图源:建国门老菜场公众号

三、街区现状调查

(一)区域特点

建国路这条宽 20 余米、长 800 余米的道路拥有丰富的历史资源和厚重的文化底蕴,其建筑风格以明清、民国建筑为主,文物保护单位较多。方圆 1.5 千米内,囊括大型公园、30 余所学校、诸多住宅小区等,同时也兼具了张学良公馆、古城墙、卧龙寺、柏树林、建国门、永宁园等旅游胜地。

建国路片区的业态多为商业(临街商业、闲散商业等)、民居(合院、简易平房等)、办公(陕西省政协、省作协等)、厂房(华强机械厂、平绒厂等)、文教(建国路小学、二十六中等)等,市井生活氛围浓,业态多元复合,建筑空间适度优良。在此居住生活的多为上班族、老人、原工厂工人、外来务工租户、商贩以及接送孩子的家长等,其市井生活氛围浓厚,传统的生活方式得以完整保存。而欠发展的经济现状和单一的生活方式也导致人居环境较差,消费水平较低。

老菜场项目自带海量流量,用 20 余年的时间,奠定了拥有庞大群众基础的现状,每天建国门综合市场近 3 万人的流量。这里是最具市井生活气息的样板街区,也是都市青年打卡圣地。这里地处繁华,交通便利,附近设立有地铁 4 号线、5 号线、6 号线和 50 余公交站点,紧邻古城墙建国门,地理位置极为优越(图 10-5)。

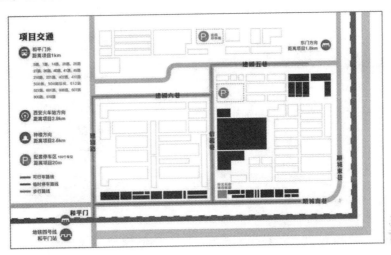

图 10-5 老菜场区位交通 | 图源:建国门老菜场公众号

(二)建筑与业态规划

老菜场特色街区项目体量 15 000 平方米,项目一号楼位于信义巷路北,房屋属私人所有。该楼体共四层,其中,一楼为便民超市,建南社区租赁二楼作为办公场所,项目单位租赁三四层(及屋顶)用于改造提升,面积共 674 平方米。二号楼位于一号楼南侧,为西安平绒厂生产楼,改造范围为二三层楼(一楼为建国门综合市场)占地 3 360 平方米,其中二楼共五间租赁铺位,三楼共四间租赁铺位。二号楼南侧的三号楼为平绒厂家属院,改造范围为五六两层楼,面积为1 122 平方米。顺城南路与信义巷丁字路东角的四号楼为平绒厂宿舍楼,共三层 2 185 平方米。其中一楼共十间租赁铺位,二楼共三间租赁铺位,三楼共二间租赁铺位。五号楼位于顺城南路与信义巷丁字路西角,属陕西秦岭航空电器公司西安分厂所有,共三层 2 528 平方米。其中一楼共二十间租赁铺位,二到三楼共六间租赁商户。六号楼南侧紧邻五号楼位于信义巷路西,为中共陕西省委印务中心,共两层 634 平方米,其中一楼共 23 间租赁铺位,二楼共 15 间租赁铺位。还包括现为省委所有的 21、22 号院,约 2 200 平方米,其中 21 号院(原西北局伙房)

为独立院子,共六栋建筑,面积为630平方米,22号院(原张学良卫兵楼)共两层,共1 570平方米。

"老菜场市井文化创意街区"先后与西安市平绒厂、陕西秦岭航空电器公司西安分厂、中共陕西省委印务中心、陕西省省级机关房屋建设公司签署房屋长期租赁合同并共同达成了老菜场市井文化创意街区的战略合作,整体街区规划为三个板块,即老店街(顺城南巷东段)、时光街(建国门综合市场)、城门院子(建国五巷),寻找有价值的老旧厂房和工业建筑群,将其整体租赁下来之后,深入挖掘其独有的文化底蕴及特色加以活化利用,发掘其潜在价值点,进行专业的招商运营,使该建筑群及区域焕发新的活力与生机。

在未来的菜市场及周边区域,加入独特经验内容与特色业态(见图10-6),引入特色品牌店、文创手工体、精品民宿酒店、特色小食、品牌餐饮、主题餐吧、咖啡酒吧、独立书屋等多种业态组合,打造复合型商业文化空间,融入美食、民宿、咖啡、杂货、阅读、展览、酒吧等元素,营造与展现"市井西安"的独特魅力,将新的生活方式与活力注入原有的市井人文中去,让新旧生活方式在这里交融、碰撞。

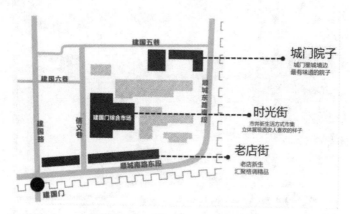

图10-6 老菜场业态规划 | 图源:建国门老00菜场公众号

(三)特色活动策划

老菜场特色活动策划是整个项目运行的一大亮点,基于品牌餐饮、主题餐吧、咖啡酒吧、独立书屋等建筑形式与业态,策划和落地各种丰富多彩的特色活动,充分挖掘老菜场的历史文化底蕴与现代文化价值,使其成为西安地区新时代潮流的引领地。

自2018年年底至今,老菜场成功策划并实施数十种特色活动,与社会艺术团体及个人、艺术院校、自媒体网红、创意街区店铺展开深度合作,活动类型涵盖艺术展览、艺术表演、艺术体验、生活市集、交流分享等种类,紧密贴合街区美食、咖啡、杂货、阅读、展览、酒吧等业态,综合包括秦腔、皮影戏在内的传统文化与包括动漫展、音乐会在内的现代文化,充分吸引不同年龄段的人群前来深度体验。老菜场活动策划的亮点在于:①充分了解西安有关艺术团体与艺术院校,发掘与街区文化的契合点,精准捕捉市民的需求,不断寻求与尝试各种类型的合作;②充分依托街区新兴业态,活动贴合各个业态的发展需要,挖掘街区内店铺的艺术价值与经济效益;③横向对比其他艺术街区,活动内容多而新颖有趣,能极大程度地吸引各年龄段各兴趣点人群;④街区在疫情期间进行了文学、影像、心情分享等形式的活动征集,在疫情限制外出的情况下也能带来一些流量热度,突出了老菜场的社会价值,具体活动见表 10-1。

表 10-1 老菜场特色活动一览

类别:艺术展览		
市井生活系列——老菜场也有春天之人在城墙下	市井生活系列——老菜场也有春天之学生作品展	INDIE COFFEE FEST 独立咖啡节
「城市漂流客厅」共创计划——串门蹭 FUN 装置	RE-DESIGN 花艺装置展	《大唐国风》动漫嘉年华
《西望》国际青年艺术家作品展	《艺术而立》油画艺术展	《FC》动漫展
《记忆时光》油画展	微笑抑郁症主题公益展	
类别:艺术体验		
老菜场诗歌朗诵会	匠心"革"调——手工皮具 diy 活动	♯她真生活艺术学院-体验班 3 月课♯
西安城墙诗会	镜·鉴国风之美——汉服主题摄影活动	
类别:艺术表演		
赵海涛巨幅屋顶艺术创作	《生活剧场》老菜场皮影戏剧	老菜场品秦腔 喜迎全运碑林情
云顶嘻哈派对	抖音青春短剧	快闪
类别:生活市集		
上城集市	二手跳蚤市场	周末书集
百货市集 牛年开运		
类别:交流分享		
互动文化展"时光有痕——城市更新展厅"	艾绿《爱 原来是孤独的》新书分享会	
综合类别		
建国门菜市场大会	"老菜场首届丰收大会"系列活动	《BDMG 百家饭》艺术展 X 天台集市
西安美院艺术史剧场 & 免费肖像速写		
其他:活动征集		
《以爱之名,散发你的战疫之光》防控疫情征集活动		

数据来源:建国门老菜场公众号

第二节 对老菜场创意街区的几点思考

一、改造遇到的问题

老菜场"城市微更新"的改造保留了老西安特有的市井气息,同时增添文化创意,依托老菜场自身独特的日常生活气息,将新的生活方式与活力,注入原有的市井人文中去,让新旧生活方式在这里交融、碰撞。而对于老旧厂房的改造,更是促进城市有机更新的重要载体和宝贵资源,真正实现了在改造中更新,在更新中发展,实现了历史传承,和谐共生。

在改造过程中,不可避免地遇到一些问题:

首先,房屋收储区域有限,产权主导性不强。"老菜场所在的信义巷建筑产权主体众多,一号楼位于信义巷路北,房屋属私人所有;二号楼位于一号楼南侧,为西安平绒厂生产楼;三号楼为平绒厂家属院,四号楼为平绒厂宿舍楼;五号楼位于顺城南路与信义巷丁字路西角,属陕西秦岭航空电器公司西安分厂所有;六号楼南侧紧邻五号楼位于信义巷路西,为中共陕西省委印务中心。区域建筑涉及西安市平绒厂、陕西秦岭航空电器公司西安分厂、中共陕西省委印务中心、陕西省省级机关房屋建设公司等多方主体,在街区改造中协调沟通难度较大。另外,区域内居民众多,多为上班族、老人、原工厂工人、外来务工租户,居民构成多样,且对于街区文化的态度不一,针对街区改造可能造成的道路封堵与建筑噪音等问题,前期征集意见与沟通协调过程时间长,耗费的时间成本与人力成本比较大。"微更新"改造应选择收储区域面广、房屋产权明晰、居民意愿强烈的地段入手,避免因产权不清引发的问题。实施由"单点式"项目向"点、线、面"的"多点联动型"项目的转变,在尊重居民意愿前提下,对部分居民、商户通过分批次、分时序的改造,完成街巷业态的置换;通过对零散的、边缘的存量空间进行整合设计,带动周边区域提升空间品质,进而丰富城市功能。

其次,我国的微更新理念尚处于初级阶段,微更新的做法在北京、上海、南京、广州等一线城市正在逐步推广实行。如 2015 年出台的《广州市城市更新办法》就将"全面改造"和"微改造"列为城市更新的两种主要方式,并对"微改造"概念进行了界定;上海市 2016 和 2017 年开展的"行走上海——社区空间微更新计划",在老旧小区、街巷、公共空间等多领域实施微更新。而当前西安还没有相关的配套政策,相关政策规定仅涉及西安大区域的"老旧小区改造"、"背街小巷改造"等全面改造问题,没有针对小片区出台的"微改造"政策,相关政策较为笼统宽泛,不能满足西安市各个区域城市微更新的需求。需要市级以上部门尽快研究出台相应的城市微更新的实施办法,改变以往"家长式"的参与模式,使自己成为规则的制定者和项目的裁判员,将工作重点聚焦于顶层、引导性的管控规则制定与完善,使其监管领域贯穿项目前期审批、中期实施、后期验收各个阶段。

再次,当前"微改造"过程中涉及的手续和"全面改造"几乎一样,手续繁杂,涉及部门繁多,且并不关联。虽然碑林区成立了独立的部门负责全区特色街区的建设与管理,但实际工作依然依托规划、城建等部门,并没有做到统一审批、统一管理,政策出台的部门多种多样,责权不够明晰。区域规划审批程序需进一步加快进行,市级部门应积极探索微更新改造行政许可审批绿色通道,或将与"微改造"相关的行政审批、行政确认、行政服务、行政处罚等职权逐步下放至区级层面。规划、建设部门可采用"临时+长效"行政许可的方式,灵活审批机制;消防部门应以消防安全"整体性能评估"取代现行的"逐一条款审查",解决办理消防登记前置条件不足的问题;卫生部门应加强对改造中涉及餐饮、食品和医疗行业等经营场所和设备设施运行情况的检查;城管部门应对在项目地举办的各类公益性、文化性的活动提供便捷的审批通道,对有条件的街区允许其适度占道经营。这些举措将进一步加快特色街区的建设步伐,大力推动城市的更新改造。

最后,公共区域绿化景观提升专项资金有待落实,为建设居民的口袋公园打下资金基础。公共区域绿化对改善人居环境,提升群众生活的舒适度和满意度具有重要意义,应联合区城管局尽快落实此项资金,确保提升行之有效。

二、对微更新的几点思考

(1)我国长期的粗放型建设使城市微更新面临许多困境,首先城市微更新必须面对粗放型建设所引发的各种城市问题,诸如功能不完善、公共空间不足、空间尺度过大、空间界面不清、大量的闲置或剩余空间、土地利用效率低下等问题,①其中最大的问题是由于空间形态与尺度混乱以及功能协调性不足而导致的日常性的丧失,这是难以应对的城市建设后遗症。其次,城市存量空间的微更新是对之前大拆大建的彻底否定,它对城市建设的管理者、开发商和设计师的思维习惯都提出了新的、革命性的挑战,专业知识、技术能力必须更新。再次,土地政策存在所有权主体缺位、管理多轨、产权结构分离、产权界定模糊和流通管制等缺陷②,还有小规模用地所带来的更为复杂的土地出让金问题和增大开发成本的问题,都会阻碍城市微更新的具体落实。最后,面对已经定型的复杂的城市空间格局,管理、规划与设计部门陷入了策略与技术的困境,很难找到完善城市功能和提高城市空间品质的切入点。因此城市微更新从何入手是我们在城市管理与规划中必须直面的问题。

(2)老菜场创意街区改造涉及多元主体的参与,形成"政府主导、市场运作、社会参与"的综合空间治理模式。那么,城市微更新中政府的角色定位究竟在哪里?空间治理研究中,除了政府主体之外,还存在其他的治理主体,多方利益集团共同进行空间治理。据此政府角色在空间治理中应重塑,不是全能政府而是服务型政府,如奥斯本(Osborne)在其著作中强调:第一,政府需要起到催化作用,是"掌舵",而不是"划桨"③。第二,在公共治理模式中,多元主体合作监督和权力制衡,共同治理形成网络管理体系④。"治理应该包含多元主体而不是仅仅局限于政府治理"。第三,权力的有限化,强调政府应重视参与协作的分权模式,做有限政府而非全能政府,一方面缩小政府权力边界,另一方面实行参与多元管理机制,节约管理成本。第四,以市场

---

① 蔡永洁,史清俊.以日常需求为导向的城市微更新 一次毕业设计中的上海老城区探索[J].时代建筑,2016(4):18-23.
② 黄晓燕,曹小曙.转型期城市更新中土地再开发的模式与机制研究[J]城市观察,2011(2).15-22.
③ David Osborne. Loboratories of Democracy[M],1988.
④ JANE J. The Death and Life of Great American Cities[M].New York :Random House,1961.

导向的政府,通过市场力量进行变革①。萨拉蒙(Safamon)指出非政府组织在社区营造中起着举足轻重的作用②。

(3)城市微更新中农贸市场市井文化的文脉传承也是需要重点关注的层面,在当今经济建设飞速发展的同时,消费者们越来越重视自己的精神文化需求,越来越多的人认为这种顾客—商品—卖家之间的近距离互动和它带来的一种原始淳朴具有生活气息的氛围值得传承和保留③。这种生产者直接将产品交到消费者手中的过程是美好的,让参与产销环节的人和产品的价值都得到了充分的体现和尊重。市井文化在这一过程中得以体现,并且焕发出其独特的生命力。因此农贸市场的更新需要以人为本的设计理念,这需要建筑设计师融入当地人民的生活圈,了解当地人民的生活习惯和文化特色,在为人们提供便捷舒适的交易环境的同时,也为使用者带去精神慰藉。

(4)城市更新中如何处理文创产业和工业遗存两者的关系也是一项重要的问题,老菜场城市微更新改造中充分融合了平绒厂的工业遗存与现代文化创意街区。由于工业遗存通常在城市中占据着大量的空间资源,如何对其进行再利用成了社会广泛关注的问题。随着城市的更新,城市主导产业纷纷转型,第三产业在城市经济结构的占比中不断增加,人们的消费需求也在不断地发生改变。在此基础上,催生了强调创新、以文化艺术为基础的文化创意产业,其低能耗、高附加值的特点正好符合我国当前经济发展与转变④。工业建筑遗存是工业遗产型文创产业区存在的物质空间基础⑤,在规划中除了考虑到文创产业园这一设定目标之外,还应该对应当保留下来的工业遗存的再利用多加思考。这样既能保证这些有价值的建筑得以留存,又使他们的留存具有现代意义;既保护了工业文化的生存空间,又使旧工业空间能达到再生产。在工业遗产的再利用中,务必将工业遗产保护的目标与区域发展、园区发展的目标相结合起来,将保存下来的工业遗存空间达到最大适应程度。

(5)老菜场改造还涉及社区公共空间的留存与改造的问题,以及改造中面临的人地关系重塑问题,日常生活内嵌于日常公共空间中,只有还原真实的地方日常生活图景,以人文关怀和公平正义为价值导向,才能保持社区地方感和历史文脉的稳定和延续⑥。以人为核心的新型城镇化建设明确提出通过加强精细化管理、人性化服务以及吸纳多元人群参与空间治理,来提升城市品质的新型城镇化战略⑦。落实到微观层面的社区微更新正是对人民日益增长的美好生活需要的积极回应,而地方营造是形成社区地方感的依据,影响着地方保育和社区融合,是社区力培育的落点,使社区微更新具有邻里修复、多元参与、文化传承的多义性。社区微更新

---

① Jill Clark.Six Urban Regime Types:The Effects of State Eaws and Citizen Participation on the Development of Alternative Regimes[J].PAQ Spring 2001.

② Salamon,Lester M.The tools of government :[M].New York:Oxford Unicersity Press,2002.

③ 陈凯伦,周潮."留住当年的烟火气"——基于市井文化的传统农贸市场改造研究[J].智能建筑与智慧城市,2020(10):52-54.

④ 曹蓉,郭应龙,杨培峰.新产业空间视角下创意产业园之新空间观念的建构[J].规划师,2019,35(7):64-68.

⑤ 白钰.工业遗产型文创产业园规划策略研究[D].西安:西北大学,2020.

⑥ 中国风景园林学会.中国风景园林学会2018年会论文集[C].北京:中国建筑工业出版社,2018.

⑦ 杜伊,金云峰."底限控制"到"精细化"——美国公共开放空间规划的代表性方法、演变背景与特征研究[J].国际城市规划,2018,33(3):92-97,147.

对物质性环境和社会性环境进行双重地方营造,是一种充满人文关怀的小尺度、渐进式、多角度的协同治理更新方式,老菜场如何进一步建设居民"口袋公园"这一公共空间,通过链接地方特色、文化脉络、历史记忆与地域风貌,来恢复居民的场所情感体验,需要进一步思考。

第三节 对老菜场创意街区的双重理论分析

目前对城市微更新的研究主要来自于城市规划学界,大致分为技术逻辑和社会逻辑两个维度[①]。技术逻辑关注的是空间规划与改造的理念、方法和路径,如依据现有的历史、文化、地理,通过创造性挖掘和外部性连接,展现新的景观和风貌,或者通过项目运作吸引社会力量广泛参与,激发升级、生长与发展的动力,实现对原有形态和内在活力的重塑[②]。

社会逻辑则关注微更新背后的人文关怀和社会互动,甚至认为,城市微更新的本质就是城市治理,是不同利益方得以调和并采取联合行动推进城市发展的持续过程。在这个过程中,项目设计仅仅是治理的一个环节,脱离治理背景来谈项目设计是毫无根据,也毫无意义的。因此,微更新的发生和展开不仅仅是技术实现的过程,同时对有关政策和各主体之间的行动相关性和结构化提出了更高的要求。

一、文化生态保护视角下的分析

(一)保护街区文化生态系统特色

老菜场市井文化街区位于历史文化名城西安的中心城区,街区处于城墙脚下,具有独特的西安本土文化特色。街区存有的建筑风貌、街区景观、街区记忆以及民风民俗等均是老菜场市井文化街区文化生态系统中最生动的文化生态因子。这些文化生态因子,共同构成了老菜场市井文化街区特色的文化生态系统。但伴随着西安的快速发展,之前街区内的空间环境已经无法承载新时期的功能需求。因此,通过对老菜场市井文化街区的微更新,能有效改善街区空间环境,维持街区居民的生活生态,保护街区文化生态系统特色。

(1)促进街区文化生态的多样统一。随着老菜场市井文化街区的发展,街区内的各类文化观念、行为方式、物质环境在街区空间环境中积淀并相互依存发展,形成了丰富多样的差异性文化。多样性的文化使老菜场市井文化街区的文化生态系统结构趋于多元化,各个年龄段的人都可以找到文化的共鸣处。因此在老菜场市井文化街区微更新中,通过深层次挖掘街区内各种有价值的文化并进行有效利用,使其在适宜当今街区空间发展的基础上,产生出多样统一的街区文化形态,进而营造出老菜场市井文化街区生态系统氛围的多样性统一。

(2)从"输血"到"造血"唤醒街区活力。如果将老菜场市井文化街区视为一个文化生态有机体,那么微更新就类似于一种渐进式的输入"造血细胞"的更新方式,强调以微小的介入激发街区整体机能,而不是以往大规模的"输血"型的更新。街区更新时通过有效的更新节点介入,

---

① 谢涤湘,范建红,常江.从空间再生产到地方营造:t国城市更新的新趋势[J].城市发展研究,2017,24(12):110-115.
② 左进,孟蕾,李晨,等.以年轻社群为导向的传统社区微更新行动规划研究[J].规划师,2018,34(2):37-41.

激活更新节点周边的活力,随后街区内多个更新节点之间进行呼应联系,争取创造联动效应,从而催化街区其他部分的渐进式更新,最终使整个老菜场市井文化街区得以更新,唤醒街区活力。

(二)老菜场创意街区的微更新内容

(1)街区生态核塑造:继承优化,合理引入,造福一方居民。老菜场市井文化街区的微更新,离不开生活在其间的街区原生居民,街区更新很大程度上是为了改善街区居民的生活环境。街区居民是构成街区文化生态的生态核,是街区非物质文化的根本载体和传承基础。街区居民的生活生态大大增强了街区文化生态的生动性。在老菜场市井文化街区微更新时,主导方坚持了原真性的设计原则,最大程度保留了老菜场及其附近设施的原貌,将居民的生活及生产需求作为更新改造的第一参考标准,尽可能地保持街区原生居民的生活生态,延续街区生活的原真性(见图10-7)。例如,老菜场市井文化街区居民主要以老年人为主,因此主导方在更新时也增加了对此方面的休闲设施设计,为居民提供一个舒适的休闲活动空间。

图10-7　老菜场现有样貌

同时合理置入商业空间,在之前,老菜场市井文化街区内已有部分商业空间满足居民生活,在街区微更新时,主导方结合了街区居民的生活习惯与更新节点所需商业类型,避免了与街区地域文化、市井文化相违和的业态置入。同时,将商业空间与居民的日常生活空间进行了有机隔离,避免商业开发对街区居民原有生活领域的过度侵扰。

(2)街区生态基塑造:无形文化有形化,加强动态保护。老菜场市井文化街区的文化是在建国门信义巷范围下整体文化生态系统中孕育产生。因此,在老菜场市井文化街区文化生态要素提取时,主导方坚持了整体性原则,结合街区文化生态特色与居民需求,营造了既保留老菜场的市井文化特色,又与当下时新的青年潮流文化相和谐的街区风貌。具体而言,街区的生态基塑造从街区物质文化与非物质文化方面进行塑造。

1)物质文化要素提取与利用。街区物质文化要素的塑造包括了老菜场的屋顶涂鸦、对平绒厂原有建筑的艺术化改造,微改造也保留了信义巷等文化积淀,将其打造成显著的标识展示在大量的围墙上(见图10-8)。同时建筑色彩上选择了黑白灰为主色调,既继承了老工业企业的传统元素,也通过青砖与城墙相呼应,最大限度地保留了街区建筑的历史要素。

图 10-8　信义巷元素

2)非物质文化要素的提取与运用。非物质文化的运用可以将相对隐性的文化进行有形的展示,即非物质文化要素的可视化。老菜场市井文化街区改造以来举办了多次文化创意展览和创意活动,例如白菜展览、大唐风快闪活动等(见图 10-9),将原有文化通过更加生动形象的方式展现给大家,也让街区的文化属性大大增强。

图 10-9　大唐文化快闪活动

(3)街区生态库塑造:因地制宜,完善基础设施,促进循环发展。老菜场市井文化街区的空间环境是街区文化生态系统的生态库,是保存和展现街区记忆及历史文化的重要载体。但随着西安城市现代化的快速发展,老菜场街区的空间环境越来越无法承载街区发展的需求,之前脏乱差的环境导致街区逐渐衰败,无法适应现代生活,从而影响了街区文化生态的保护与传承。因此,更新主导方基于整体性设计原则,在保持街区整体空间格局基础上,从以下几方面促进老菜场街区空间环境适应新时代要求。

1)延续空间肌理。老菜场市井文化街区的空间肌理是在街区长期发展过程中形成的,通过街区的空间肌理,可直观地看出街区空间生长的历史脉络和空间格局特征。因此在空间肌理更新方面,采用整体肌理保护与延续,局部肌理修复与塑造的措施。明确街区格局、街巷关系、建筑布局形式等内容,保证更新的空间节点要延续街区空间生长形态。

2)更新节点选择。更新主导方不仅关注到街区现状,而且结合街区的未来一起考虑。更新节点是可以引起周围元素的变化,为街区未来的发展带来积极的连锁反应的空间。例如,老菜场市井文化街区内的居民经常聚集的空间、街区居民的入口空间、街区废弃的旧厂房等。这些更新节点有些是居民活动聚集处和居民必经之处,可以为居民日后生活服务;有些因为具有良好的开敞空间,可以成为街区日后最具有潜力成为街区公共活动的空间,形成强烈辐射作用。总的来说,更新节点具有多样性特征,它既可以是建筑节点,也可以是街区内主要街巷、街区废弃空间、街区绿地等。主导方在这些节点处都进行了别出心裁的设计,让街区的细节处也更加完善,潜移默化中增强了街区的文化内涵。

3)完善公共设施改善街区的生活质量。老菜场市井文化街区作为居住型的老旧街区,在街区更新时,主导方着重增设生活服务类设施。且生活服务类设施考虑了可达性,方便居民使用,另外,选取的材质和颜色也是经久耐用且与周围街区风貌统一的,从居民心理角度出发进行了改善,通过改善的设施资源来提升街区的服务功能。

(4)街区文化生态系统保护。街区文化生态氛围的营造,不但能给街区文化生态要素以人文营养,更能激发街区居民对街区环境的心理认同感和归属感,促进街区文化生态系统的保护与传承。特色的文化活动空间蕴含着丰富的文化内涵,它是创建街区文化生态氛围的重要因素。街区内的文化交流空间最大的价值就在于,它是为文化的创造者街区居民而存在的,是创造和传承街区文化的"文化容器"。生态宜人的文化交流空间,不但能使街区居民日常生活行为模式得以延续,而且能形成街区特色的文化生态氛围,促进街区文化生态系统的循环发展。

因此,老菜场市井文化街区文化生态氛围的营造,主要是从两方面出发。首先是保护街区原有文化活动场所,并运用老菜场市井文化街区特色文化要素对街区文化场所进行再创造,延续街区独特的文化生态氛围。其次以街区居民日常生活作为主轴线,结合居民日常生活和老菜场市井文化街区文化发展的时代需求,利用街区中建筑空间,营造数个可供街区居民休憩、聚会的文化交流场所空间,如街区居民的买菜购物空间、餐饮空间、公共活动空间、交流空间等。街区居民会在这些空间内将老菜场市井文化街区的历史文化演绎得更加丰富精彩,使老菜场市井文化街区的特色文化等得以传承发展下去。最终,使街区文化得以循环发展,街区整体文化生态系统得以保护。

二、共同生产理论视角下的分析

(一)街区共同生产的动力机制

在老菜场改造中,是什么推动微更新的不断发展和最终形成?我们在访谈中发现,老菜场微更新中政府与社会的互动关系突出表现在"初始性动力"与"持续性动力"的生成和相互影响机制之中。"初始性动力"是指集体行动的提议,并得到了认同和响应。"持续性动力"主要是指微更新得以扩大、规模得以形成的整合力量。可以说,没有初始性动力,更新行为就难以发生;而持续性动力不足往往会限制更新行动的效果甚至导致其中途夭折。

调研发现,打造老菜场市井文化街区的创意最早是由企业方提出的。而在改造之前,老菜场附近商铺破旧、门面招牌混杂、街巷交通拥堵等情况,使当地民众希望可以早日改造带来新气象。这个民意基础使得企业提出的方案更容易得到大多数当地居民的认同和积极响应,形成了初始性动力;之后这个项目得到了碑林区委、区政府的高度重视,被列为区级重点项目,区委、区政府主要领导多次到项目现场调研指导。这使得微更新项目得到了后续的持续性动力。

(二)街区共同生产的互动合作

从老菜场案例中可以看出,各方互动合作得以形成的关键要素是政府与社会之间的互益和互信。

(1)更新方案切合了各方的共同需求,这是"互益"的重要基础。企业出于保留老城记忆和商业发展需要一块区域进行微更新和业态植入,当地居民及商铺有对原有空间进行更新和改变的需求,政府也需要环境改观以配合城市发展,契合这些需求是初始行动能够得到响应和后续接力的基本背景。从深层次看,居民之间存在通过公共空间进一步联络感情、闲话家常的需要,把握这个需求对于成功激发共同行动至关重要。

(2)在微更新过程中各方互信也非常重要,居民作为一个群体,企业在执行项目的过程中非常容易陷入"众口难调"的困境,如果政府选择直接包办和代替,某种程度上是对企业能力的"不信任",会对共同生产造成损害。而老菜场更新过程中,各方信息透明,交流沟通也非常及时,政府也为企业配套了相关政策,正是基于这种互信,老菜场微更新轻改造才能顺利完成。

(三)街区共同生产的总体框架

总的来说,老菜场空间的微更新牵涉到复杂的社会关系,需要沟通与协调的过程。参与主体寻求各自的角色定位,企业扮演发起人的角色,同时扮演设计者和组织者的角色,组织沟通的任务变重;政府扮演协助者的角色,不过多地参与到更新过程中,但会对总体方向进行把控;居民则是更新过程中的主要受益者和参与者,是市井文化的承载主体和街区重要组成部分。表10-2、图10-10分别给出了老菜场创意街区共同生产的模式内涵和重要机制。

表10-2 街区共同生产的模式内涵

力量来源	主体	模式:共建共治
外部	企业	发起项目,担任设计,提供资金,组织运营
	政府	审议方案,政策支持,组织改造,协助监管
内部	民众	提供反馈,协助推进,担任主角

在共同生产机制下,民众的个人参与需求、企业责任感与关联感不断提升,积极参与老菜场市井文化创意街区微更新项目中,并得到政府的物质资源和政治资源赋能,从而产生共同生产的参与积极性。因此,微更新改造中不仅需要拓展公众参与的效能和空间,也需要企业等外部力量的介入推进,更需要政府转变引领机制,进一步赋能和助推公众的共同生产行动。

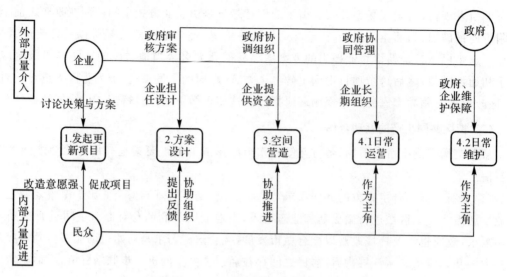

图 10-10 街区共同生产的重要机制

延 伸 阅 读

"十四运"背景下西安城市交通管理观察①

中华人民共和国第十四届运动会(以下简称"十四运")于 2021 年 9 月 15 日至 9 月 27 日在陕西省举办,作为主会场所在地以及大部分赛事项目举办地的陕西省会西安市迎来其历史上规模最大的一次运动会。在"十四运"的筹备过程中,西安市政府总计投资超过 2600 亿元,开展 500 余个项目,对西安的体育基础设施、城市建设、交通建设进行升级与改造。本部分着眼整体改造中的交通部分,通过实地调研,街头走访,资料查询等方式,对西安迎"十四运"城市交通管理建设进行分析。

一、缓堵保畅:以灞桥区新医路改造为例

按照市委、市政府部署,为全力推进十四运和中心城区交通优化提升行动,为实现支队"两争一迈进"的工作目标,优先解决社会关注高、群众反映强烈的交通拥堵问题,根据支队缓堵保畅擂台赛工作安排,灞桥大队对拥堵路段新医路(长乐路-新寺路)进行了综合治理改造。

(一)新医路基本情况

新医路(长乐东路至新寺路段)是灞桥区纺织城区域南北向城市支路,全长 556 米,单幅路断面,路宽 9 米,双向两车道设置。沿线设有新医路十字、纺建路十字两处灯控路口,新寺路口为丁字口交通组织,相邻路口间距不足 300 米,为典型路段、交叉口多路段。新医路北段连接唐都医院、中段辐射长乐东路城东客运站、华阳购物广场、香王收费站,南段连接灞桥区政府及各机关部门,就医、工作、购物出行需求较大,人、车流量密集,在早晚高峰期间道路通行压力巨

---

① 本篇延伸阅读的一、二部分,由西北工业大学古识泽、代蕤恺两位同学分别完成初稿,并由笔者完成定稿。

大(见图10-11,图10-12)。

图10-11 新医路的道路交通状况

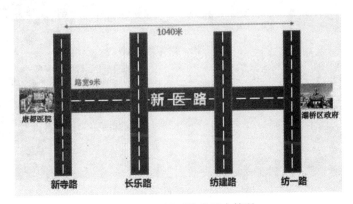

图10-12 新医路的基本情况

(二)改造措施

为提高新医路通行能力,缓解交通拥堵问题,灞桥大队多次前往现场实地调研,并从优化交通组织、完善信号灯配时、划分道路功能区等方面研究具体对策,做到缓堵、治乱、保畅精准施策。及时跟进区政府落实缓堵保畅各项措施,辖区中队增派警力加强管控、多措并举(见图10-13),确保道路畅通。

图10-13 新医路缓堵保畅的多措并举

道路断面整合腾挪(见图10-14)。大队多次与灞桥区城管等部门协调,在本次新医路道路改造工程中,压缩两侧道沿上空间,在人行道与机动车道边缘之间增加非机动车道。通过拓展道路两侧空间,将非机动车道平移至路肩两侧,实现慢行交通与机动车道有效分离,保证行人及非机动车路权,降低交通事故率,提高通行效率。

道路节点组织优化(见图10-15)。大队积极联系灞桥区住建局、城管局等部门,对新医路十字、纺建路十字、纺一路丁字口进口进行重新渠化。通过优化交叉路口交通组织,重新渠化十字进口车道,将原有进口车道一变二,确保车辆快速通过。

图10-14 新医路改造前后对比

图10-15 道路节点组织优化

坚持微改造大提升(见图10-16)。协调施工单位将新医路沿线道路交叉路口道路转角由原90°垂直交叉进行柔性调整,扩大车辆转弯半径,一方面缩短车辆通行路口时间,另一方面满足机动车、行人行车安全视距,降低因视线受阻引发的交通安全隐患。通过道路"微改造"获得交通"大提升",全面提高新医路交通节点通行速度与效率。

图10-16 微改造大提升

"一灯一策"因路制宜(见图10-17)。调整优化新医路两处信号灯控制策略。针对道路沿线路口间距较短,不同路口、不同时段车流量差别较大等问题,一是"一灯一策"优化信号配时,制定早高峰、平峰、晚高峰、夜间四个时段多套配时方案,精准调节车流量;二是在平峰时段对新医路十字、纺建路十字信号灯采取干线协调控制,并进行混放模式下的搭接相位放行,不断优化时空设置,确保车辆有序、快速、安全通行。

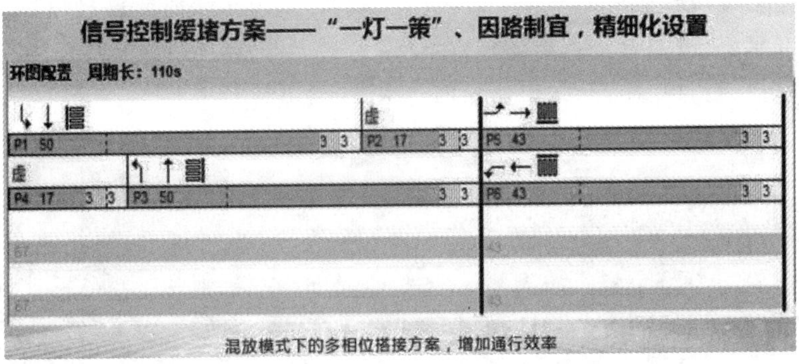

图10-17 "一灯一策"因路制宜

创新举措,共创城市停车共治体系(见图10-18)。灞桥大队联合灞桥区政府协调唐都医院将内部员工车辆腾挪至院外,将医院内停车位提供给就医人员使用;同时协调人民日报社家属院面向社会提供70个停车位;利用路外空间、闲置基坑、废弃工厂建设停车场共计6处,提供停车位约700个;协调灞桥区政府、灞桥区住建局向社会开放错时共享停车位。

治乱缓堵持续跟进。增派警力持续跟进,紧盯道路沿线治乱疏堵工作不放松。辖区中队加大新医路沿线违法停车的纠处及拖移工作力度,减少沿线车辆违停蹭停现象,每月在该路段纠处违法停车大约3 000余例,取得良好的治乱保畅效果。

图 10-18 城市停车共治体系

(三) 改造效果

总体而言,新医路的治理取得了四方面的显著效果:一是路面加宽,行驶更高效;二是机非分离,行人更安全;三是信控方案更精细,绿灯损失更少,具体体现在全天共有 11 套方案,分高峰、平峰、低峰时段进行控制;四是道路断面一幅变三幅,通行更顺畅。

图 10-19～图 10-22 依次给出了相应的治理效果图示。

图 10-19 路面加宽

图 10-20　机非分离

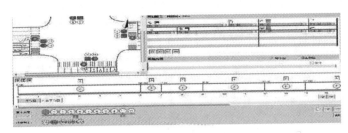

图 10-21　信控方案

图 10-22　道路断面改变

二、占道施工围挡整治与管理

　　自 2015 年底获得十四运举办权以来,西安就紧锣密鼓推进"迎十四运"建设,为做好城市道路环境提升工作,对各处道路进行围挡施工。由于此次建设涉及道路环境的各方面,包括人行道地砖更换,沥青铺设,下水管路检修,商铺外立面和广告牌换新和统一,绿化带整理,地铁建设等,造成了围挡面积进一步增加,难免造成交通拥堵,市民出行困难。同时,施工带来的噪声和灰尘也对正常生活造成不小的影响。

　　虽然大家都明白,这是西安加速其国家中心城市的发展和形象塑造的必由之路,"十四运"对于这一发展过程来说,更像是一剂催化剂。但是设想归设想,以上提到的问题却是真实存在的,如果在建设过程中没有找到合适的方法进行缓解,势必会带来不利影响。那么,针对"十四运"建设期间交通拥堵,市民出行困难的问题,相关政府部门采取了哪些措施呢?

据了解,为贯彻落实"缓堵保畅"措施,西安市交警部门对占道施工管理流程不断优化,坚持从严审批与高效服务相结合,指定"2+5"的管理模式,即:两套规范的管理模式+5项高效的管理经验,全力做好城市占道施工围挡整治与管理(见图10-23)。

图10-23 "2+5"管理模式

针对围挡施工的情况,交警不定期进行实地勘察,规范围挡样式,采取标准化围挡。对围挡外围杂物进行清理,尽全力对可收缩空间围挡进行优化组织,尽可能提升道路通行空间。充分尊重所有交通参与者路权,在保障行人非机动车有路可走,安全出行的前提下进行交通组织,还路于民。

同时,交警部门还十分注重采集民众意见,积极走访各施工项目周边单位、小区,努力将围挡周边群众出行的各种诉求考虑在交通组织方案中。考虑到交警人数有限,有关部门还对安保人员进行针对性培训,积极进行交通疏导组织,手把手教会安保人员交通疏导技能以及西安交警公众号违法随手拍功能,警保联动,持续对围挡周边乱停乱放现象进行治理,保障围挡周边交通环境。

当然,只对围挡路段进行规范是远远不够的,城市交通牵一发而动全身,在实施围挡规范化管理的同时,交警部门还对城市道路交通进行重新规划,协调施工单位,不断对围挡周边交通设施进行优化,设立各种国标规范化警示牌,警示标语以及警示灯。同时要求辖区各项目形成自检、自查机制。多方共同保障围挡周边交通设施完整无缺。同时使用互联网手段进行监察,发现问题可以第一时间通知整改。通过这些举措,累计整治围挡 585 公里,拆除、退让围挡 26 万余平方米。目前全市占道项目 936 个,全部采用通透式透明围栏。

在做好前期规范之后,交管部门积极运用科技手段对施工部门和交通信息进行实时监测,在大流量的交通要道或路口加装"智能车检器+自适应配时"系统,根据车流量自主调节信号灯配时,有效缓解高峰期交通拥堵。而为了保障弯道安全,在弯道入口处使用无线雷达车辆采集技术,实时获取过往车辆速度和行驶数据,发送到对向车道入弯处的预警显示屏上。通过预警屏,驾驶员在进入弯道前就能了解到前方对向车道的车辆行驶信息,对驾驶员有警示和提示的作用,从而有效提示驾驶员减速谨慎驾驶通过弯道。

三、城市拥堵治理的整体成效[①]

2021 年 8 月 9 日,记者从西安市交通运输局了解到,西安在 7 月全国拥堵前 15 个城市排名中,位列第 14 名,属于轻度拥堵级别。此项排名中,西安从今年 2 月的第 4 名、3 月的第 2 名、4 月的第 3 名,5 月的第 13 名、6 月的第 11 名,再到 7 月的第 14 名,说明全市交通拥堵正在持续缓解。

相关统计显示,2021 年 7 月份西安市公交平均运行速度达到 26.19 千米/小时,较 2019 年同期提高了 16.7%;出租车 7 月的平均营运速度,创下近 5 个月中最高,达到 42.46 千米/小时,全市路网通行效率明显提升。数据的背后,西安进行了哪些努力?

(一)基础路网改造建设提速

2020 年 4 月,西安市发布《中心城区交通优化提升三年行动方案(2020—2022)》。旨在通过综合治理和系统思维,从优化交通设施供给、提升公共交通效率、加大拥堵路段治理等为突破口,统筹城市交通规划建设管理工作,从根本上解决交通拥堵的难题,为群众出行提供更加便捷的出行环境。

在全市上下的加快推进下,《西安市断头路打通工作实施方案(2019)》确定的 58 条断头路

---

① "西安发布",拥堵排名从全国第 2 降至第 14,西安怎么做到的? https://mp.weixin.qq.com/s/K85ekStOwVWhCU7oiG5Slw。

及新增任务红庙坡断头路打通工作,已于今年5月31日全部完成。与此同时,昆明路、朱宏路、新兴南路、广安路等一批城市快速路及纬零街"2.5环"建成通车,城市快速路骨架体系已初具规模。

为了进一步畅通城市"微循环",西安还通过次支道路建设,打通城市堵点,目前已建成65条。并积极对外开放小区内部道路,已累计打开封闭大院51个。为了加强拥堵路段交通疏解整治,已完成207个路名及交通标志标识问题专项整治销号工作。

记者了解到,西安中心城区交通优化提升三年任务,仅用一年多时间就完成了80%。断头路、路网和立体交通滞后等难题得到有效缓解,城市路网毛细血管畅通了微循环,大幅提升了市民的出行效率。

(二)缓堵保畅有"新招"

2020年以来,西安市启动占道围挡变围栏整治,解决施工围挡对城市交通造成的拥堵。截至今年6月,已对1 136处围挡进行"透明化"整治,拆除不规范围挡50.39千米,更换透明围栏209.5千米,节约路面占有率23%,新开工地要求100%使用透明围栏。记者了解到,西安透明化、网格化、栅栏化的"橱窗式"施工围栏,不仅改变了交通出行的外部环境,也为全国占道施工区域交通安全管理提供了可借鉴的先进经验。

现在开车出门,能发现很多新的行驶举措。例如"借道左转""可变车道"(见图10-24)这些,不仅能在高峰期缓解拥堵,也让驾驶员感受到了道路上的人性化。

图10-24 "借道左转"与"可变车道"

2021年以来,为解决道路拥堵问题,西安公安交警不断加强对路口车流量的分析和调研,针对左转与直行流量各时段不均衡、上下游车道不够匹配、道路资源仍有富余等情况,大胆创新、精细组织、精准施策,提出"借道左转+可变车道"交通组织新模式,在有限的道路资源下,最大限度盘活了路口的通行潜能。

2021年8月1日起,西安公安交警还在二环路优先推广"拉链式通行"交通组织,在道路合流交会路口,倡导"车让车"交替有序通行,进一步规范城市交通秩序,减少车辆争道抢行现象。该举措在倡导文明出行的同时,也有效规避了道路合流交会口因抢道发生的拥堵和安全隐患。

此外,为了进一步提升城市通勤效率,西安市每月发布《西安市交通优化提升监测月报》,分区域、分时段发布交通拥堵指数,找准城市常态化、机动化"堵点",激活城市交通脉搏。开展"一灯一策"十字路口信号灯优化,累计完成主城区1 341处信号灯智能化改造,建成常态绿波带 114 条,自适应控制 220 余处。

(三)建设公共立体交通体系

公交和地铁线路越来越多,是很多西安市民的普遍感受。近年来,西安以筹备十四运会为契机,全面开启中心城区交通优化提升,加快城市公共交通体系建设,提升路网密度,增强服务水平。

2021 年以来,西安市新开调整公交线路 79 条,其中新开线路 17 条,调整线路 62 条。常规公交与地铁 153 座车站接驳 333 条以上,接驳距离为 100~150 米,基本实现地铁与公交无缝换乘。此外,全市第一条自行车专用路绿色通勤示范段建成投用,有效引导市民骑车通勤和绿色出行,进一步缓解了南三环区域交通拥堵。

西安在实施"公交优先"战略,深化"公交都市"创建成果的同时,大力开展城市轨道交通建设。截至目前,西安地铁"八线在建、三线齐通、八线运营",总运营里程达 259 千米,公共交通分担率趋近于 60%,开通里程跃进全国前十。轨道交通的快速发展,极大地方便了市民的出行,也为城市交通拥堵减轻了压力。

(四)多措并举缓解"停车难"

目前,西安市机动车保有量突破 420 万辆,城市停车供需矛盾日益突出,加剧了城市拥堵。为此,西安提出充分利用闲置用地建设停车场,缓解停车压力,实现盘活土地,配备停车设施,最大限度缓解"停车难"问题。

2021 年 7 月刚刚亮相的小寨公园,就配套了停车区。10 月底,地下面积达 3.5 万平方米,拥有 904 个停车位的小寨公园综合停车服务区正式开放,极大缓解了小寨核心商圈"停车难"的问题,这也是西安在中心城区盘活土地,配备停车设施的新案例。

根据《中心城区交通优化提升三年行动方案(2020—2022)》,西安计划每年建成 5 025 个停车泊位。2021 年上半年,已建设停车位 3 940 个,建成 P+R 停车场 16 处,中心城区停车泊位供给量持续增长。同时,西安大力推行错时共享停车,上半年累计新增错时共享车位 32 806 个,有效节约了道路资源。

参 考 文 献

[1] 张原浩.广州旧城传统居住街区微更新设计策略研究[D].广州:华南理工大学,2018.
[2] 宫芮."微更新"视角下的社区公共空间设计研究[D].上海:华东师范大学,2019.
[3] 钟明海.基于微更新的旧城公共空间改造设计研究[D].长春:长春工程学院,2020.
[4] 郑山.历史文化街区微更新策略研究[D].南京:南京工业大学,2018.
[5] 贺军.浅谈城市中有形文化遗产的保护[J].聊城大学学报(社会科学出版),2008(2):372-374.
[6] 胡晨.城市更新视角下文化创意产业与工业遗存改造[J].产业创新研究,2020(21):9-11.
[7] 贾硕.国内外城市更新经验及启示[J].城市管理与科技,2021,22:52-54.